Abitur 2017
Baden-Württemberg

Biologie

Gotthard Jost

Liebe Abiturientin, lieber Abiturient,

FiNALEonline.de ist die optimale Ergänzung zu diesem Abiturtrainer. Hier finden Sie:
- die Original-Prüfungsaufgaben 2016 nach Eingabe des Codes: **BI6GN71**
- eine Abi-Checkliste für die effektive Zeitplanung
- allgemeine Tipps zur Prüfungsvorbereitung

Einfach mal reinschauen: www.finaleonline.de

Autoren:
Gotthard Jost sowie Dieter Feldermann, Philipp Klein, Dr. Rüdiger Lutz Klein, Dr. Karl Pollmann

Bildquellenverzeichnis:
fotolia.com, New York: 123 M1 (shupian), 123 M2 (Lambertini); OKAPIA., Frankfurt/M.: 81 M2 (Scharf/Arnold), 110 M2 (Chris Bjornberg/NAS).

Hinweis: Die Original-Abituraufgaben wurden mit freundlicher Genehmigung des Ministeriums für Kultus, Jugend und Sport Baden-Württemberg veröffentlicht.

© 2016 Bildungshaus Schulbuchverlage
Westermann Schroedel Diesterweg Schöningh Winklers GmbH, Braunschweig
www.westermann.de

Das Werk und seine Teile sind urheberrechtlich geschützt. Jede Nutzung in anderen als den gesetzlich zugelassenen Fällen bedarf der vorherigen schriftlichen Einwilligung des Verlages. Hinweis zu § 52 a UrhG: Weder das Werk noch seine Teile dürfen ohne eine solche Einwilligung gescannt und in ein Netzwerk eingestellt werden. Dies gilt auch für Intranets von Schulen und sonstigen Bildungseinrichtungen.
Auf verschiedenen Seiten dieses Buches befinden sich Verweise (Links) auf Internet-Adressen. Haftungshinweis: Trotz sorgfältiger inhaltlicher Kontrolle wird die Haftung für die Inhalte der externen Seiten ausgeschlossen. Für den Inhalt dieser externen Seiten sind ausschließlich deren Betreiber verantwortlich. Sollten Sie bei dem angegebenen Inhalt des Anbieters dieser Seite auf kostenpflichtige, illegale oder anstößige Inhalte treffen, so bedauern wir dies ausdrücklich und bitten Sie, uns umgehend per E-Mail davon in Kenntnis zu setzen, damit beim Nachdruck der Verweis gelöscht wird.

Druck A^1/Jahr 2016
Alle Drucke der Serie A sind im Unterricht parallel verwendbar.

Redaktion: Sabine Klonk
Kontakt: finale@westermann.de
Layout: Druckreif! Sandra Grünberg, Braunschweig
Umschlaggestaltung: Janssen Kahlert Design & Kommunikation, Hannover
Illustrationen: Karin Mall, Brigitte Karnath
Satz: KCS GmbH · Verlagsservice & Medienproduktion, Stelle/Hamburg
Druck und Bindung: westermann druck GmbH, Braunschweig

ISBN 978-3-14-**171779**-2

Inhaltsverzeichnis

1 Arbeiten mit *Finale*

Liebe Abiturientin, lieber Abiturient 5
Tipps zum Umgang mit *Finale* 6
Die Kompetenzbereiche nach EPA 7
Umgang mit dem Selbstdiagnosebogen 9

2 Operatoren und Anforderungsbereiche

Die Operatoren laut EPA 12
Die Anforderungsbereiche 14

3 Inhaltliche Vorgaben zu den Unterrichtsvoraussetzungen

Warum sollten Sie sich mit den „Inhaltlichen Vorgaben" beschäftigen? 16
Von der Zelle zum Organ 16
Angewandte Biologie 17
Aufnahme, Weitergabe und Verarbeitung von Informationen 17
Evolution und Ökosysteme 17

4 Überprüfung der Methoden- und Kommunikationskompetenz

Umgang mit Texten 18
Umgang mit Diagrammen 19
Umgang mit Bildern 23
Umgang mit schematischen Abbildungen 24
Umgang mit Experimenten 25
Umgang mit Hypothesen 28
Umgang mit Modellen 29
Umgang mit Stammbäumen in der Evolution 31
Umgang mit der Codesonne 32

5 Basiswissen

Einleitung 34

Von der Zelle zum Organ

Vorbemerkung 34
Die Zelle als Grundbaustein des Lebens 35
Moleküle des Lebens und Grundlagen der Vererbung 40

Angewandte Biologie

Vorbemerkung 48
Werkzeuge und Verfahrensschritte der Gentechnik 48
Anwendungen der Gentechnik 53

Aufnahme, Weitergabe und Verarbeitung von Information

Vorbemerkung 55
Neurobiologie 55
Immunbiologie 62

Evolution und Ökosysteme

Vorbemerkung 68
Grundlagen evolutiver Veränderung 68
Evolutionshinweise und Evolutionstheorie 71
Transspezifische Evolution der Primaten 77

6 Übungsaufgaben

Aufgabe 1: Genetische und epigenetischer Regulation der Genaktivität 80
Aufgabe 2: Glutarazidurie Typ I bei den Amish 90
Aufgabe 3: CODIS, das genetische Fingerabdrucksystem des FBI 97
Aufgabe 4: Schmerzen 102
Aufgabe 5: Signaltransduktion beim Riechen und bei der Cholera –
ein Vergleich auf molekularer Ebene 109
Aufgabe 6: Die Erdnuss – ein lebensgefährlicher Snack 115
Aufgabe 7: Großbär oder Kleinbär? Einordnung des Großen Pandas
und des kleinen Pandas in den Stammbaum der Bären 122
Aufgabe 8: Untersuchungen zur Rassen- und Artbildung beim Grünen Laubsänger 131

7 Original-Prüfungsaufgaben

Einführung 136

Original-Prüfungsaufgaben 2014

Aufgabe 1: Die giftigsten Schlangen der Welt 138
Aufgabe 2: Bakterien produzieren Lysin 144
Aufgabe 3: EPO regt die Bildung von Blutzellen an 151
Aufgabe 4: Antibiotika-Einsatz im Hühnerstall 157

Original-Prüfungsaufgaben 2015

Aufgabe 1: Pflanzliche Lock- und Abwehrstoffe 164
Aufgabe 2: Ist eine HIV-Infektion heilbar? 170
Aufgabe 3: Farbvarianten von Leguanen 176
Aufgabe 4: Das Adrenogenitale Syndrom 183

Hinweise zum mündlichen Abitur 190
Stichwortverzeichnis 191

1 Arbeiten mit *Finale*

Liebe Abiturientin, lieber Abiturient,

Sie haben sich für Biologie als Kernfach entschieden? Dann bietet Ihnen Finale die ideale Unterstützung in der Prüfungsvorbereitung und beim Lernen auf Klausuren. Vor dem Hintergrund der Erfahrungen aus den vorausgegangenen Jahren sowie unter exakter Beachtung der offiziellen Vorgaben für das Abitur 2017 im Fach Biologie wurde *Finale* passgenau für die Vorbereitung auf diese Prüfung entwickelt.

Zur gezielten Vorbereitung auf das Abitur bietet Ihnen *Finale*:

- präzise und übersichtlich angeordnete Informationen zu den Vorgaben für das Abitur 2017 im Fach Biologie sowie zum Aufbau, zur Gestaltung und zu den Bewertungskriterien der schriftlichen Abiturprüfungsaufgaben;
- zahlreiche Aufgabenbeispiele mit vielfältigen, unterschiedlich gestalteten Materialien und Aufgabenformulierungen, die nur die Operatoren enthalten, die in den einheitlichen Prüfungsanforderungen für das Abitur definiert und vorgeschrieben sind, sowie die dazugehörigen ausformulierten Musterlösungen;
- Selbstdiagnosebögen am Ende jeder Übungsaufgabe, die Ihre individuellen Stärken und Schwächen aufdecken, sodass Sie eine direkte Hilfe zum passgenauen Lernen der biologischen Inhalte und Methoden erhalten und diese wiederholen und vertiefen können;
- Hinweise zum strukturierten Umgang mit den Abituraufgaben, vor allem den Materialien, sodass Sie zusätzliche Handlungssicherheit in Ihrem Vorgehen beim Lösen der Aufgaben erwerben;
- übersichtliche Zusammenfassungen des Basiswissens, das für die Abiturprüfung besonders relevant ist;
- Original-Prüfungsaufgaben aus den Jahren 2014 und 2015 mit ausformulierten Lösungen und zusätzlichen Lösungstipps;
- eine Checkliste auf www.finaleonline.de zur eigenen Bearbeitung und Absicherung ihres Kenntnisstandes.

Finale ermöglicht eine individuelle Vorbereitung. Je nach persönlichen Stärken und Schwächen in den verschiedenen Lern- und Kompetenzbereichen, z. B. Neurophysiologie, Planen und Auswerten von Experimenten, Umgang mit Grafiken oder Tabellen, können einzelne Kapitel und Teilkapitel nachgeschlagen und gezielt durchgearbeitet werden. Inhalts- und Stichwortverzeichnis sowie zahlreiche Querverweise erleichtern dabei die Orientierung. Der systematische Aufbau und die komprimierte Form fördern eine zeitökonomische und effektive Abiturvorbereitung, auch in Ergänzung des Fachunterrichts.

Tipps zum Umgang mit *Finale*

Sowohl Kapitel 5 (Basiswissen) als auch Kapitel 6 (Übungsaufgaben) sind nach den inhaltlichen Schwerpunkten der offiziellen Vorgaben für den vierstündigen Kurs strukturiert. Daher wäre es nützlich, sich zunächst einen Überblick über die inhaltlichen Schwerpunkte in Kapitel 3 zu verschaffen und diese parallel dazu mit dem ausgewählten Basiswissen in Kapitel 5 zu vergleichen. Bei diesem Vorgehen können Sie leicht feststellen, in welchen Lernbereichen Sie noch Defizite aufweisen.
Sodann suchen Sie sich passend zu diesem Lernbereich eine Übungsaufgabe heraus und bearbeiten diese.
Gemäß dem ausführlichen Lösungsschlüssel notieren Sie sich dann im Selbstdiagnosebogen, den Sie am Ende einer jeden Übungsaufgabe finden, die entsprechende Punktzahl zu den Teilaufgaben. Anmerkung: Der Umgang mit dem Selbstdiagnosebogen wird Ihnen ausführlich im nächsten Abschnitt vorgestellt.
Beim Vergleich Ihrer erreichten Punktzahl mit der Höchstpunktzahl ergeben sich möglicherweise größere Abweichungen. Dies kann verschiedene Ursachen haben. Danach richtet sich Ihr weiteres Vorgehen:

- Haben Sie die Teilaufgabe aufgrund des Operators (im Aufgabentext fett hervorgehoben) nicht verstanden, so schlagen Sie im Kapitel 2 „Die Operatoren laut EPA" die Definition für den entsprechenden Operator nach und prägen sie sich ein.
- Liegen Ihre Schwierigkeiten im methodischen oder inhaltlichen Bereich, so finden Sie in der Spalte Förderung im Selbstdiagnosebogen Stichworte und Verweise zu Kapitel 4 Methoden oder Kapitel 5 Basiswissen. Dort arbeiten Sie dann die entsprechenden Abschnitte durch, um so Ihre Lücken zu schließen.

Nachdem Sie auf diese Weise möglichst ökonomisch gelernt haben, beschäftigen Sie sich mit den Originalarbeiten und den dazugehörenden Tipps. Vor allem das Kapitel 4 „Überprüfung der Methoden- und Kommunikationskompetenz" sollten Sie am Ende ganz durchgearbeitet haben, weil Sie hier wertvolle Punktesammeltipps erhalten.

Beschreibung der verschiedenen Kapitel

1 **Arbeiten mit Finale:** Hier erhalten Sie Tipps, wie Sie aufgrund Ihrer persönlichen Stärken und Schwächen möglichst ökonomisch mit dem Buch arbeiten können.
In diesem Kapitel wird Ihnen auch der Selbstdiagnosebogen vorgestellt, der bei der Bearbeitung der Übungsaufgaben nicht nur Ihre Stärken und Schwächen diagnostiziert, sondern Ihnen auch gleichzeitig zielgenaue Hilfen für die Auswahl weiterer Teilkapitel und Abschnitte zur Verfügung stellt.
2 **Operatoren und Anforderungsbereiche:** Die Bedeutung der Operatoren wird Ihnen in Erinnerung gerufen, damit Ihnen keine Fehldeutungen der Aufgabenstellung unterlaufen.
3 **Inhaltliche Vorgaben zu den Unterrichtsvoraussetzungen**: An der strukturierten Übersicht der Schwerpunkte können Sie sich beim Wiederholen des Basiswissens orientieren.

4 **Überprüfung der Methoden- und Kommunikationskompetenz:** Klausur- und Prüfungsaufgaben enthalten unterschiedliche Materialien. Neben den Texten sind auch Bilder, Diagramme, Schemata, Stammbäume und Experimente enthalten. In diesem Kapitel erhalten Sie Tipps, wie Sie möglichst schnell die Aussagen der Materialien erfassen und zu einer Lösung führen. Verweise auf Übungsaufgaben und Abituraufgaben (2014/1 Teil 3 bedeutet Jahr 2014, Aufgabe 1, Teilaufgabe 3) in diesem Buch ermöglichen, die Kompetenzen direkt an eine konkreten Aufgabenstellung zu üben.
5 **Basiswissen:** Hier finden Sie in einer Kurzfassung die im Biologieunterricht der Kursstufe vermittelten Inhalte, z. T. mit Definition wichtiger Fachbegriffe. Die Inhalte werden miteinander vernetzt und sind durch dieses Ordnungsprinzip leichter zu lernen.
6 **Übungsaufgaben:** Die Übungsaufgaben mit ihren Musterlösungen ermöglichen Ihnen aufgrund der beigefügten Selbstdiagnosebögen die Einschätzung Ihrer Stärken und Schwächen und leiten Sie dazu an, mit den für Sie relevanten Aufgaben und Kapitelabschnitten weiterzuarbeiten. So lernen Sie individuell und zielgenau.
7 **Original-Prüfungsaufgaben:** Hier erhalten Sie Tipps, wie Sie eine Abiturprüfung in Biologie angehen: Was nehmen Sie mit, was erwartet Sie? Wie treffen Sie die richtige Aufgabenauswahl in der Prüfung? Ausführlichen Lösungen helfen Ihnen, Ihren Wissensstand und Ihre Methodenkompetenz abzusichern.

Die Kompetenzbereiche nach EPA

Die „einheitlichen Prüfungsanforderungen in der Abiturprüfung" (kurz: EPA) der Kultusministerkonferenz der Länder legen fest, welche Kompetenzen Schülerinnen und Schüler bis zum Abitur erlernt haben sollten. Die EPA sind die rechtliche Grundlage aller Abiturprüfungen und sollten auch Grundlage aller durch Lehrkräfte gestellten Aufgaben in der Qualifikationsphase sein. Daher ist es sinnvoll, sich mit dem Anforderungskatalog der EPA auseinanderzusetzen, um sich bestmöglich auf die Abiturprüfung im Fach Biologie vorbereiten zu können.
Die EPA formuliert dazu Kompetenzen in verschiedenen Bereichen. Unter Kompetenz wird die Fähigkeit verstanden, Probleme selbstständig zu lösen unter Verwendung allgemeiner naturwissenschaftlicher und fachspezifisch biologischer Methoden und Arbeitstechniken. Das biologische Fachwissen ist dabei „nur" die Grundlage für eine erfolgreiche Abiturprüfung. Ihr Fachwissen müssen Sie verknüpfen und in anderen Zusammenhängen als den gelernten einordnen. So werden Sie vermutlich nicht die Proteinbiosynthese in allen Einzelheiten beschreiben müssen, sondern eine Aufgabe lösen, in denen Ihr Fachwissen Ihnen hilft, z. B. zu erklären, warum Antibiotika eine bestimmte Wirkung auf einen prokaryotischen Organismus haben. Ohne Fachwissen ist diese Aufgabe nicht zu lösen, ohne Vernetzung ihrer Grundlagen, genaue Analyse der Materialien und gute Hypothesenbildung ebenfalls nicht. *Finale* bereitet Sie genau darauf vor: Komprimiertes Fachwissen wird verzahnt mit einem durchdachten Methodentraining im Hinblick auf die geforderten Kompetenzen.

Die EPA beschreibt vier große Kompetenzbereiche: Fachkenntnisse, Methodenkompetenz, Kommunikationskompetenz und Reflexionskompetenz.

Im Kompetenzbereich **Fachkenntnisse** wird von Ihnen erwartet, dass Sie
- Ihre Fachkenntnisse über biologische Phänomene, Zusammenhänge, Theorien etc. anwenden, indem Sie z. B. erklären, welche Folgen ein Ausstrom von Chloridionen aus Darmepithelzellen in das Darmlumen hat,
- Ihre Fachkenntnisse unter Verwendung allgemeiner biologischer Konzepte strukturieren und so z. B. den Zusammenhang zwischen Struktur und Funktion von Biomembranen erklären,
- Ihre Kenntnisse systematisieren und miteinander verknüpfen können.

Der Kompetenzbereich **Methoden** verlangt von Ihnen, dass Sie
- biologische Phänomene und Sachverhalte beobachten, vergleichen, beschreiben und unter Verwendung der Fachsprache differenziert erklären können,
- für eine bestimmte Fragestellung die geeignete Untersuchungsmethode finden und anwenden können,
- grundlegende biologische Prinzipien (Basiskonzepte) anwenden können und so z. B. erklären, dass hinter einer bestimmten Artbildung das Prinzip der Variabilität und Angepasstheit von Lebewesen an ihre Umwelt steht,
- zwischen Ursache und Wirkung unterscheiden: Ein Muskel kontrahiert aufgrund der Ausbildung und Weiterleitung eines Aktionspotenzials und nicht umgekehrt.
- Erkenntnisse und Konzepte anderer Naturwissenschaften nutzen und auch Denkweisen der Gesellschafts- und Geisteswissenschaften einbeziehen.

Neben diesen fachspezifischen Kompetenzen beinhaltet der Kompetenzbereich Methoden wichtige **naturwissenschaftliche Methodenkompetenzen**: So sind Prüflinge im Abitur in der Lage:
- Experimente selbstständig zu planen und durchzuführen
- Fehlerbetrachtungen vorzunehmen
- Prognosen und Hypothesen zu entwickeln und diese sinnvoll und fachwissenschaftlich korrekt zu begründen
- Modelle kritisch zu beurteilen
- eigene Modellvorstellungen zu entwickeln und diese zu reflektieren
- Regeln und Gesetzmäßigkeiten zu formulieren und diese zu überprüfen.

Auch die **allgemeinen Kompetenzen** wie z. B.
- Informationsquellen erschließen und nutzen zu können
- Texte analysieren und interpretieren zu können
- sowie moderne Informations- und Kommunikationstechnologien zielgerichtet einsetzen und reflektieren zu können

werden im Abitur indirekt überprüft.

Ein weiterer Kompetenzbereich ist die **Kommunikationskompetenz**: Für eine gute Abiturprüfung können Sie
- Ihre Ausführungen strukturieren und Zusammenhänge verständlich unter Verwendung der Fachsprache darstellen,
- Ihre Darstellungen auf das Wesentliche reduzieren
- und Materialien zielgerichtet und kritisch auswählen.

Als letzter Baustein der Anforderungskompetenzen sei der Bereich der **Reflexionskompetenz** genannt. Von Ihnen wird erwartet, dass Sie
- Aussagen zu biologischen Sachverhalten aus verschiedenen Perspektiven betrachten können und so z. B. zu einem eigenen Urteil kommen,
- die Stellung des Menschen im biologischen System und seine Beziehung zur Umwelt auf der Grundlage biologischer Sachzusammenhänge kritisch reflektieren,
- die Bedeutung biologischer Erkenntnisse für das eigene Leben darstellen,
- technische Anwendungen z. B. im Bereich der gentechnisch veränderten Organismen und deren wirtschaftlichen Nutzen unter dem Gesichtspunkt der nachhaltigen Entwicklung beurteilen können
- und Einflüsse biologischer Forschung und Erkenntnisse – z. B. im Bereich der Genetik – auf das Weltbild des Menschen reflektieren.

Neben dem Fachwissen als solider Grundlage ist das Einüben der verschiedenen fachwissenschaftlichen, methodischen und allgemeinen Kompetenzen ein wichtiger Baustein in Ihrer Abiturvorbereitung. Kapitel 4 stellt Ihnen vor allem für die zentralen Bereiche der Methoden- und Kommunikationskompetenz Übungen zur Verfügung und beinhaltet zahlreiche Tipps, wie Sie möglichst viele Punkte im Abitur sammeln können. Die Übungsaufgaben in Kapitel 6 erfordern verschiedene Kompetenzen, die im Selbstdiagnosebogen aufgegriffen werden.

Umgang mit dem Selbstdiagnosebogen

Am Ende jeder Übungsaufgabe finden Sie einen Selbstdiagnosebogen. Dieser Bogen hilft Ihnen, Ihre ganz persönlichen Stärken und Schwächen zu identifizieren, um sich so zielgerichtet und effizient auf das Abitur im Fach Biologie vorbereiten zu können. Neben dem Wissen, in welchen Bereichen Sie besonders stark sind, ist es wichtig herauszufinden, ob und warum Sie einzelne Aufgaben nur teilweise gelöst haben. Liegt es eher daran, dass Ihnen das Fachwissen fehlt, dann lesen Sie die entsprechenden Abschnitte in Kapitel 5 (Basiswissen) oder Ihrem Biologie-Buch nach. Vielleicht erkennen Sie aber auch, dass Sie bei der Lösung einer Aufgabe Schwierigkeiten im methodischen Bereich hatten. In diesem Fall hilft Ihnen das Kapitel 4 (Überprüfung der Methodenkompetenz), Ihre Fähigkeiten auszubauen. Wo auch immer Ihr Förderbedarf liegt, mit dem Selbstdiagnosebogen finden Sie es heraus. Die folgende Abbildung zeigt den Selbstdiagnosebogen einer Aufgabe zu Schmerzen:

Selbstdiagnosebogen

Aufgabe Nr.	Kernkompetenzen	AFB	Punkte	erreicht	Förderung
1(a)	Beschreibung, wie ein Reiz in Erregung umgewandelt wird	I	4		Generator-, Rezeptorpotenzial, Umcodierung Reiz in Erregung Analogisieren üben, z. B. Schmerzsubstanz-Reiz; Neuromodulatoren (S. 57 ff.)
1(b)	Ableitung einer Hypothese aus den vorgelegten Materialien	III	5		
2(a)	Beschreibung der kontinuierlichen und saltatorischen Erregungsleitung am Axon	I	4		Aktionspotenzial, kontinuierliche und saltatorische Erregungsleitung (S. 58)
2(b)	Analyse von M1 und M2 sowie begründete Erklärung der unterschiedlichen Funktionen der beiden Schmerzfasern	II	2		Texterfassung und Umgang mit Diagrammen und Abbildungen (S. 18), Verknüpfung bekannten Wissens mit neuen Sachverhalten
3	Beschreibung der synaptischen Vorgänge und Erklären der Übertragung von Schmerzerregungen im Hinterhorn des Rückenmarks	II	4		anhand der Abbildung einer Synapse die einzelnen Schritte der Erregungsübertragung erklären (S. 24, 58)
4	Beschreibung von synaptischen Veränderungen aufgrund M4 Erläuterung der direkten Folgen und der weitreichenden Folgen dieser Veränderung als Schmerzgedächtnis	II	4		Umgang mit Abbildungen, Vergleich von Abbildungen (S. 24) Verknüpfung bekannten Wissens mit neuen Sachverhalten: Aufgaben zur Synapse
5(a)	Erklärung der komplexen Wirkungsweise von Aspirin durch Ableitung aus verschiedenen Sachtexten Erfassen einer Nebenwirkung von Aspirin	II	4		Bedeutung und Wirkungsweise von Enzymen, Enzymhemmung und ihre Folgen
5(b)		III	3		

Nachdem Sie die Übungsaufgaben in Kapitel 6 gelöst haben, vergleichen Sie Ihre Ausführungen mit der Musterlösung. Sie können direkt in die fünfte Spalte im Diagnosebogen Ihre erreichte Punktzahl eintragen. In der zweiten Spalte finden Sie die Kernkompetenz der entsprechenden Aufgabe. Die Aufgaben sind noch einmal in kleinere Bausteine zerlegt, sodass für Sie erkennbar ist, welche Kernkompetenzen zur Lösung der gesamten Aufgabe nachgewiesen werden müssen. Anhand der Kernkompetenzen können Sie auch nachvollziehen, ob die Aufgabe eher einen fachwissenschaftlichen oder methodischen Schwerpunkt hat. In der dritten Spalte des Diagnosebogens sehen Sie, welchem Anforderungsbereich die Lösung der Teilaufgaben zugeordnet werden kann; in der vierten Spalte finden Sie die Punkte, die für die korrekte Lösung einer Teilaufgabe erreicht werden können. Nachdem Sie die Punkte, die Sie in den verschiedenen Teilaufgaben gesammelt haben, in die fünfte Spalte des Diagnosebogens eingetragen haben, können Sie Ihre Stärken und Schwächen analysieren und damit beginnen, ausgehend von Ihren Stärken, die Lücken systematisch aufzuarbeiten.

Haben Sie zum Beispiel in der ersten Aufgabe 4 Punkte für die Beschreibung der Reizumwandlung und die Weiterleitung der Erregung, aber nur 1 Punkt für das Aufstellen der Hypothese bekommen, so können Sie daraus Folgendes in Bezug auf Fördermöglichkeiten ableiten: Sie sollten auf methodischer Ebene das Aufstellen von Hypothesen üben.

Falls Sie Schwierigkeiten mit der vierten Aufgabe hatten, sollten Sie zunächst für sich klären, ob Sie die Aufgabe mit dem nötigen Fachwissen hätten lösen können oder ob es noch methodische Schwierigkeiten in der Analyse von schematischen Zeichnungen gibt. Um methodische Defizite gezielt aufzuarbeiten, empfiehlt es sich, das vierte Kapitel (Methodenkapitel) dieses Buches durchzuarbeiten. Sind die Lücken eher auf der fachwissenschaftlichen Ebene zu finden, arbeiten Sie die entsprechenden Abschnitte in Kapitel 5 (Basiswissen) dieses Abi-Trainers oder Ihres Biologie-Buchs durch. Anschließend suchen Sie sich mit Hilfe der Aufgabenstellungen oder Selbstdiagnosebögen Aufgaben heraus, mit deren Hilfe Sie Ihre neu erworbenen Kompetenzen unter Beweis stellen können. Durch die Analyse Ihrer ganz persönlichen Stärken und Schwächen können Sie sich viel effizienter auf die Abiturprüfungen vorbereiten.

2 Operatoren und Anforderungsbereiche

Die Operatoren laut EPA

In den Klausuren der Kursstufe werden nach den einheitlichen Prüfungsvorschriften für das Abitur definierte Arbeitsvorschriften, sogenannte **Operatoren**, verwendet. Dadurch werden Sie schon in der Qualifikationsphase mit diesen Operatoren vertraut und somit auf das Abitur vorbereitet. Da diese schon im Unterricht in ihrer Bedeutung an verschiedenen Beispielen geübt werden, können Fehldeutungen von Aufgabenstellungen im Abitur vermieden werden. So erfolgen Bewertung und Beurteilung objektiv, gerecht und landesweit vergleichbar.

Bei der Formulierung der Arbeitsanweisungen von Prüfungsaufgaben werden in der Regel nur die folgenden festgelegten Operatoren benutzt, die Ihnen in dieser Übersicht in Erinnerung gerufen werden. Hinweise auf die Verwendung in Übungsaufgaben finden Sie in der Tabelle. Diese Operatoren schließen nicht unbedingt den Anforderungsbereich mit ein. Je nach Schwierigkeitsgrad der Aufgabe kann ein Operator verschiedenen Anforderungsbereichen zugeordnet sein. Dennoch wurden hier die Anforderungsbereiche (AFB I – III) grob zugeordnet und unter der Tabelle definiert.

Operatoren	AFB	Definition	Beispiele	Verweise (S.)
ableiten	II–III	auf der Grundlage wesentlicher Merkmale sachgerechte Schlüsse ziehen	Leiten Sie eine Hypothese aus dem Arbeitsmaterial ab.	97
analysieren / untersuchen	II–III	wichtige Bestandteile oder Eigenschaften auf eine bestimmte Fragestellung hin herausarbeiten, untersuchen	Analysieren Sie die Abbildung zur Cytoplasma-Hypothese.	97
angeben / nennen	I	Elemente, Sachverhalte, Daten ohne Erläuterung aufzählen	Benennen Sie die mit Pfeilen gekennzeichneten Bauteile des Neurons.	97, 144
auswerten	II	Daten, Einzelergebnisse oder andere Elemente in einen Zusammenhang stellen und ggf. zu einer Gesamtaussage zusammenführen	Werten Sie die Versuchsergebnisse aus.	80
begründen	II–III	Sachverhalte auf Regeln und Gesetzmäßigkeiten bzw. kausale Beziehungen von Ursachen und Wirkung zurückführen	Begründen Sie, welches der angegebenen Restriktionsenzyme für die gestellte Aufgabe geeignet ist.	102, 122, 171
beschreiben	I	Strukturen, Sachverhalte oder Zusammenhänge strukturiert und fachspezifisch richtig mit eigenen Worten wiedergeben	Beschreiben Sie die Versuchsdurchführung.	90, 97, 122

Operatoren und Anforderungsbereiche

Operatoren	AFB	Definition	Beispiele	Verweise (S.)
beurteilen	III	zu einem Sachverhalt ein selbstständiges Urteil unter Verwendung von Fachwissen und Fachmethoden formulieren und begründen	Beurteilen Sie die Folgen dieser beiden Mutationen für die Wirksamkeit des Impfstoffes.	115
bewerten	III	einen Gegenstand an erkennbaren Wertkategorien oder an bekannten Beurteilungskriterien messen	Bewerten Sie die Vor- und Nachteile der angewandten Methode der Gentechnologie.	98
darstellen	I	Sachverhalte, Zusammenhänge, Methoden etc. strukturiert und ggf. fachsprachlich wiedergeben	Stellen Sie die angegebenen Messergebnisse grafisch dar.	102
deuten / interpretieren	II–III	fachspezifische Zusammenhänge in Hinblick auf eine gegebene Fragestellung begründet darstellen	Deuten Sie die Versuchsbeobachtung.	122
diskutieren / erörtern	II	Argumente und Beispiele zu einer Aussage oder These einander gegenüberstellen und abwägen	Diskutieren Sie den Einsatz des Hemmstoffes als Krebsmedikament.	131
erklären	II	einen Sachverhalt mithilfe eigener Kenntnisse in einen Zusammenhang einordnen sowie ihn nachvollziehbar und verständlich machen	Erklären Sie auf neuronaler Ebene, wie aus einem leichten Räuspern im Hals ein Husten entsteht.	102, 115, 145
erläutern	I–II	einen Sachverhalt veranschaulichend darstellen und durch zusätzliche Informationen verständlich machen	Erläutern Sie auf molekularer Basis, wie durch Behandlung mit salpetriger Säure aus einer Kultur eines Wildtypstammes von *E. coli* Mangelmutanten entstehen können.	80, 98, 102, 145
ermitteln	II	einen Zusammenhang oder eine Lösung finden und das Ergebnis formulieren	Ermitteln Sie mithilfe der Codesonne eine mögliche Basenabfolge der DNA.	90, 145
Hypothesen entwickeln / aufstellen / herausarbeiten	III	begründete Vermutung auf der Grundlage von Beobachtungen, Untersuchungen, Experimenten oder Aussagen formulieren	Arbeiten Sie anhand der Federlinge eine Hypothese aus, die die Entwicklung des Parasitenbefalls der Ibisse erklärt.	90, 102, 122, 158
skizzieren	I	Sachverhalte, Strukturen oder Ergebnisse auf das Wesentliche reduziert übersichtlich grafisch darstellen	Skizzieren Sie einen Versuchsaufbau.	80
Stellung nehmen	II	zu einem Gegenstand, der an sich nicht eindeutig ist, nach kritischer Prüfung und sorgfältiger Abwägung ein begründetes Urteil abgeben	Nehmen Sie Stellung zu der Frage, ob aus den beschriebenen Variationen eine neue Art entstehen könnte.	131

Operatoren	AFB	Definition	Beispiele	Verweise (S.)
überprüfen /prüfen	III	Sachverhalte oder Aussagen an Fakten oder innerer Logik messen und eventuelle Widersprüche aufdecken	Prüfen Sie, inwiefern die In-vitro-Versuche auf den lebenden Organismus übertragbar sind.	115
vergleichen	I–II	Gemeinsamkeiten, Ähnlichkeiten und Unterschiede ermitteln	Vergleichen Sie die Abbildungen 1 und 2 miteinander und stellen Sie Gemeinsamkeiten und Unterschiede heraus.	80, 109, 115
zeichnen	I–II	eine möglichst exakte grafische Darstellung beobachtbarer oder gegebener Strukturen anfertigen	Zeichnen Sie anhand der Messwerttabelle eine Grafik.	80, 115
zusammenfassen	I	das Wesentliche in konzentrierter Form herausstellen	Fassen Sie die Aussagen der Abbildung in einem kurzen Text zusammen.	109

> **Tipp**
>
> Sprechen Sie die Bedeutung und Umsetzung der Operatoren unbedingt mit Ihrer Lehrerin/Ihrem Lehrer ab, damit Sie sicher sein können, alle Arbeitsanweisungen richtig zu verstehen – am besten anhand konkreter Aufgaben aus den Prüfungsaufgaben in Kapitel 7 oder Klausuren die Sie geschrieben haben.

Die Anforderungsbereiche

Die Anforderungsbereiche werden in der schriftlichen Abiturprüfung ungefähr in folgender Weise gewichtet: AFB I 30 %, AFB II 50 %, AFB III 20 %.

Der **Anforderungsbereich I** umfasst:
- die Verfügbarkeit von Daten, Fakten, Regeln, Formeln, mathematischen Sätzen usw. aus einem begrenzten Gebiet im gelernten Zusammenhang
- die Beschreibung und Verwendung erlernter Arbeitstechniken und Verfahrensweisen in einem begrenzten Gebiet und in einem wiederholenden Zusammenhang.

Im Fach Biologie gehören z. B. dazu:
- die Reproduktion von Basiswissen (Fakten, Zusammenhänge und Methoden)
- die Nutzung bekannter Methoden und Modelle in vergleichbaren Beispielen
- die Entnahme von Informationen aus Fachtexten und das Umsetzen der Informationen in einfache Schemata (z. B. Stammbäume, Flussdiagramme)
- die schriftliche Darstellung von Daten, Tabellen, Diagrammen u. Ä. mit Fachsprache
- die Beschreibung makroskopischer und mikroskopischer Beobachtungen
- die Beschreibung von bekannten Experimenten

Der **Anforderungsbereich II** umfasst:
- selbstständiges Auswählen, Verarbeiten und Darstellen bekannter Sachverhalte unter vorgegebenen Gesichtspunkten in einem bekannten Zusammenhang
- selbstständiges Übertragen des Gelernten auf vergleichbare neuartige Fragestellungen, veränderte Sachzusammenhänge oder abgewandelte Verfahrensweisen.

Im Fach Biologie gehören z. B. dazu (häufig in einem neuen Kontext):
- die Anwendung der Basiskonzepte
- die Übertragung und Anpassung von Modellvorstellungen
- die Darstellung komplexer biologischer Abläufe
- die sachgerechte Nutzung bekannter Daten, Fakten und Methoden
- die gezielte Entnahme von Informationen aus Materialien
- die abstrahierende Darstellung biologischer Phänomene wie die zeichnerische Darstellung und Interpretation eines nicht bekannten mikroskopischen Präparats
- die Anwendung bekannter Experimente und Untersuchungsmethoden
- die Auswertung von unbekannten Untersuchungsergebnissen unter bekannten Aspekten
- die Beurteilung und Bewertung eines bekannten biologischen Sachverhalts
- die Unterscheidung von Alltagsvorstellungen und wissenschaftlichen Erkenntnissen.

Der **Anforderungsbereich III** umfasst:
- planmäßiges und kreatives Bearbeiten von Problemstellungen mit dem Ziel, selbstständig zu Lösungen, Deutungen, Wertungen und Folgerungen zu gelangen
- bewusstes und selbstständiges Auswählen und Anpassen geeigneter erlernter Methoden und Verfahren in neuartigen Situationen.

Im Fach Biologie gehören z. B. dazu:
- die Entwicklung eines eigenständigen Zugangs zu einem biologischen Phänomen, z. B. die Planung eines geeigneten Experimentes oder Gedankenexperimentes
- die Entwicklung materialbezogener Fragestellungen
- die Entwicklung eines komplexen gedanklichen Modells bzw. eigenständige Modifizierung einer bestehenden Modellvorstellung
- die Entwicklung fundierter Hypothesen auf der Basis vorgelegter Materialien
- die Reflexion biologischer Sachverhalte in Bezug auf das Menschenbild
- die Argumentation auf der Basis nicht eindeutiger Rohdaten: Aufbereitung der Daten, Fehleranalyse und Herstellung von Zusammenhängen
- die kritische Reflexion biologischer Fachbegriffe vor dem Hintergrund komplexer und widersprüchlicher Informationen und Beobachtungen.

> **Tipp**
>
> Für Leistungen im Anforderungsbereich III erhalten Sie nur etwa 20 % der vorgesehenen Gesamtpunktzahl. Daher sollten Sie sich auch bei einfachen Aufgaben bzw. bei den Anforderungsbereichen I und II Mühe geben. Häufig erhält man schon für einfache Beschreibungen und Textzusammenfassungen relativ viele Punkte.

3 Inhaltliche Vorgaben zu den Unterrichtsvoraussetzungen

Warum sollten Sie sich mit den „Inhaltlichen Vorgaben" beschäftigen?

Grundlage für die Abiturprüfung sind die vom Kultusministerium festgelegten verbindlichen Schwerpunktthemen für den vierstündigen Kurs der gymnasialen Kursstufe. Durch diese Schwerpunktsetzungen soll gesichert werden, dass alle Schülerinnen und Schüler, die im Jahr 2015 das Abitur ablegen, gleichermaßen über die notwendigen inhaltlichen Voraussetzungen für eine angemessene Bearbeitung der zentral gestellten Aufgaben verfügen.

Die vorgegebenen inhaltlichen Schwerpunkte sind eine gute Orientierungsgrundlage für die Wiederholung der fachlichen Inhalte vor der Prüfung oder vor Klausuren. Sie sind in diesem Buch gleichzeitig Grundlage für die Anordnung und Abfolge des Basiswissens (s. Kap. 5, S. 34) sowie der Übungsaufgaben. Die Abfolge in diesem Buch weicht etwas von der Reihenfolge in den Bildungsstandards des Kultusministeriums und eventuell auch von der in Ihrer Schule praktizierten ab, was inhaltlich aber keine Rolle spielt. Die vier festgelegten „Lehrplaneinheiten" sind:

Von der Zelle zum Organ

Die Zelle als Grundbaustein des Lebens
- Feinbau und Funktion von Zellorganellen; Bedeutung der Kompartimentierung
- Deutung elektronenmikroskopischer Bilder
- Die Zelle als offenes System – Stoffaustausch; Osmose; Diffusion; Aufbau der Biomembran
- Die Bedeutung von ATP und energetische Kopplung

Moleküle des Lebens und Grundlagen der Vererbung
- Die DNA – Struktur; Speicherung von Erbinformation in Nukleinsäuren
- Experiment zur Isolierung von DNA
- Die Bedeutung der Proteine als Funktions- und Strukturmoleküle
- Funktionsprinzip von Enzymen und Rezeptoren – „Schlüssel-Schloss-Mechanismus"
- Enzyme als Biokatalysatoren
- Enzymaktivität – Mechanismen zur Regulation der Enzymaktivität; Experimente zur Abhängigkeit der Enzymaktivität von verschiedenen Faktoren
- Vom Gen zum Protein – Proteinbiosynthese
- Vom Protein zum Merkmal – Biosyntheseketten; Genwirkketten
- Regulation der Genaktivität

Angewandte Biologie
Werkzeuge und Verfahrensschritte der Gentechnik
- Isolierung, Vervielfältigung und Transfer eines Gens; Selektion von transgenen Zellen
- Molekularbiologische Experimente
- Prinzip der Gendiagnostik
- Reproduktionsbiologie – geschlechtliche vs. ungeschlechtliche Fortpflanzung; Klonen; In-vitro-Fertilisation; Gentherapie
- Bedeutung und Verwendung von adulten und embryonalen Stammzellen

Anwendung der Gentechnik
- Forschung; Medizin; Landwirtschaft
- Ethische Fragen der Gentechnik

Aufnahme, Weitergabe und Verarbeitung von Informationen
Neurobiologie
- Bau einer Nervenzelle
- Mechanismen der Informationsübertragung an Nervenzellen – Ruhepotenzial; Aktionspotenzial; Synapse
- Elektrochemische und molekularbiologische Vorgänge bei der Reizaufnahme und Umwandlung in elektrische Impulse
- Verrechnung von Signalen – erregende und hemmende Synapsen
- Die Leistung des Zentralnervensystems am Beispiel des Sehens

Immunbiologie
- Die Funktion des Immunsystems – humorale und zelluläre Immunantwort; immunologisches Gedächtnis
- Störungen der Immunantwort am Beispiel HIV
- Regulation des Zusammenspiels der Zellen und Organe am Beispiel des Nerven- und Immunsystems

Evolution und Ökosysteme
- Nicht prüfungsrelevant: Erkundung eines Ökosystems während einer Exkursion – systematische Ordnung der erlebten Vielfalt; Anwendung systematischer Ordnungskriterien und der Nomenklatur an ausgewählten Tier- und Pflanzengruppen

Grundlagen evolutiver Veränderung
- Art und Artbildung – Entstehung der Vielfalt und Variabilität

Evolutionshinweise und Evolutionstheorie
- Morphologisch-anatomische Betrachtung der Baupläne rezenter und fossiler Organismen
- Molekularbiologische Verfahren zur Bestimmung von Verwandtschaftsbeziehungen
- Historische Evolutionstheorien vergleichen und aus heutiger Sicht bewerten – LAMARCK und DARWIN; synthetische Evolutionstheorie

Transspezifische Evolution der Primaten
- Stellung des Menschen im natürlichen System – biologische und kulturelle Evolution

4 Überprüfung der Methoden- und Kommunikations- kompetenz

In den Abitur- und Klausuraufgaben ist nicht nur Ihr Fachwissen wie die Kenntnis biologischer Fachbegriffe und deren Definitionen oder biologischer Phänomene und deren Abläufe gefragt. Auch Ihre Methoden- und Kommunikationskompetenz wird überprüft. Abitur- und Klausuraufgaben sind daher materialgebunden. Operatoren in der Aufgabenstellung fordern Sie dazu auf, die in dem Aufgabenmaterial enthaltenen Texte, Diagramme, Schemata, Bilder etc. richtig zu „lesen", d. h. genau zu erfassen, zu deuten und zur Lösung der gestellten Aufgaben zu verwenden. Sie werden z. B. aufgefordert, Daten einer Tabelle in eine Grafik umzuformen oder ein geschildertes Experiment so zu verstehen, dass Sie seine Fragestellung angeben oder Hypothesen entwickeln können. Es wird also festgestellt, wie gut Sie mit den angegebenen Materialien umgehen können. In den folgenden Abschnitten erhalten Sie dazu gezielte Tipps. Zudem werden Musterlösungen vorgestellt.

Umgang mit Texten (vgl. Übungsaufg. 1, 2, 4, 5, 7, 8)

Viele Aufgabenformate enthalten Sachtexte, die zusammengefasst, erläutert, verglichen, interpretiert oder in Diagramme, schematische Darstellungen oder Modelle übersetzt werden sollen. Geben Sie sich Mühe, die einzelnen Aussagen zu erfassen und entsprechend der Aufgabenstellung in eigenen Worten wiederzugeben. Und denken Sie nicht, das stehe doch alles schon da. Meist sind die Texte so komprimiert, dass jedes Detail wichtig ist.

Erfassen der Inhalte
- Welche Aussagen enthält der Text?
- Welche Aussagen sind wichtig in Bezug auf die Aufgabenstellung?
- Werden Fragen durch den Text aufgeworfen, die zunächst nicht beantwortet werden können?

> **Tipp**
> Überlesen Sie nicht die kurzen Texthinweise im Zusammenhang mit Abbildungen oder Diagrammen.

Eigenes Formulieren von Texten

Sie werden bei der Bearbeitung von Klausuraufgaben dazu aufgefordert, eigenständig Texte zu formulieren. Strukturieren Sie ihren Text durch Absätze. Jeder Absatz greift einen neuen Gedanken auf. Formulieren Sie kurze und klare Sätze. Bauen Sie Ihre Darstellung logisch schlussfolgernd Satz für Satz auf. Benutzen Sie die Fachsprache.

Beispiel für die Erfassung eines Textes zur E. coli Mutante

Vom Bakterium *E. coli* gibt es eine speziell entwickelte Mutante *E. coli* K12, die weder den menschlichen Darm besiedeln kann noch außerhalb des Labors lebensfähig ist. Ihr fehlen bestimmte Eigenschaften des Wildtyps. Mit dem „Sicherheitsstamm" *E. coli* K12 sind Klonierungsexperimente in der Schule erlaubt. So kann man z. B. das *lacZ*-Gen, das K12 im Gegensatz zum Wildtyp nicht besitzt, übertragen. Dieses Gen codiert für das Enzym LacZ, das das Disaccharid Lactose zu Glucose und Galactose spaltet. Bietet man statt Lactose das synthetisch hergestellte Substrat X-Gal an, so entsteht neben Galactose ein blauer Farbstoff, der den erfolgreichen Einbau des *lacZ*-Gens nachweist.

Das Erfassen des Textes sollte zu folgenden Aussagen führen:
1. K12 ist eine ungefährliche *E. coli*-Variante, mit der man in der Schule experimentieren kann.
2. K12 besitzt normalerweise kein *lacZ*-Gen.
3. Das Enzym LacZ, codiert vom *lacZ*-Gen, spaltet Lactose in Galactose und Glucose.
4. Statt Lactose kann X-Gal als Substrat genommen werden. LacZ spaltet dies in Galactose und blauen Farbstoff.
5. Das Auftreten des blauen Farbstoffs weist den Einbau des *lacZ*-Gens in *E. coli* K12 nach.

Umgang mit Diagrammen (vgl. Übungsaufg. 2, 4, 5, 2014/2 Teil 5)

In vielen Aufgabenstellungen wird eine Beschreibung und Interpretation von Diagrammen gefordert. Diese halten in komprimierter und übersichtlicher Form Daten aus Untersuchungen, Experimenten, Naturbeobachtungen usw. fest.

> **Tipp**
> Hilfreich ist es zunächst, den Bezug des Diagramms zur Aufgabe zu erfassen. Ist die Legende nicht aussagekräftig genug, findet man häufig im Aufgabentext einen Abbildungshinweis, der Aufschluss gibt über den Zusammenhang zwischen Grafik und Aufgabe.

Erfassen der Inhalte
- Mit welchen Größen sind die x-Achse und die y-Achse bezeichnet?
- Was sagt ein Punkt, ein Linienabschnitt oder ein Balken in dem Diagramm aus?
- Welche Besonderheiten, die eventuell zunächst nicht erklärbar sind, fallen auf?

- Sind zusätzliche Interpretationshilfen wie z. B. Pfeile, Hervorhebungen, Beschriftungen enthalten?
- Werden Angaben zur Streuung der Messwerte gemacht?

Beispielhafte Erfassung der Abbildung M1

Für den kolumbianischen Zuckerrohrkäfer ist die Länge des Kopfhorns in mm auf der senkrechten (y) Achse gegen die Breite der Flügeldecken auf der waagerechten (x) Achse in mm aufgetragen. Die Punkte in M1 stehen für jeweils einen vermessenen Käfer. Der hervorgehobene Punkt in der Abbildung bedeutet, dass bei einem Käfer mit einer Flügeldeckenlänge von 20 mm eine Kopfhornlänge von 15 mm festgestellt wurde.
Auffällig ist, dass es viele Käfer mit einem kleinen Kopfhorn von etwa 5 mm gibt, deren Flügeldeckengröße zwischen etwa 13 und 17 mm liegt, und gleichzeitig sehr viele Käfer mit einem großen Kopfhorn von ca. 15 mm, die Flügeldecken zwischen 17 und 22 mm Länge besitzen.

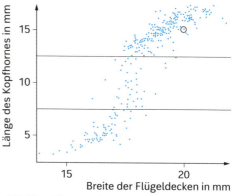

M1 Hornlängen des kolumbianischen Zuckerrohrkäfers

Die beiden grauen waagerechten Linien in der Abbildung teilen die Population in drei Käfergruppen, in die bereits erwähnten kleinen Käfer mit kleinem Kopfhorn und die großen Käfer mit großem Kopfhorn, die den größten Anteil an der Population haben. Daneben gibt es mittelgroße Käfer mit einer Flügeldeckenlänge um die 17,5 mm, deren Kopfhornlänge zwischen 7,5 und 12,5 mm schwankt. Diese Gruppe von Käfern ist die kleinste innerhalb der Population.
Insgesamt ist sowohl in der Gruppe der kleinen als auch in der der großen Käfer eine deutliche Korrelation zwischen der Breite der Flügeldecken und der Länge des Kopfhorns erkennbar.

Beschreiben eines Diagramms

In der Regel wird in der Aufgabenstellung die Beschreibung (s. Kap. 2, Operator **beschreiben**) gefordert. Aber auch wenn eine Erklärung, Erläuterung oder Interpretation gefordert wird, empfiehlt es sich, zunächst das Diagramm in der Reihenfolge zu beschreiben, wie man es erfasst hat.
- In einem einleitenden Satz geben Sie Auskunft über die Grundaussage der grafischen Darstellung und, falls angegeben, auch über Quelle und Entstehungsdatum und -zeitraum.
- Nennen Sie den Diagrammtyp (z. B. Säulendiagramm, Balkendiagramm, Streifendiagramm, Kreisdiagramm, Liniendiagramm, Streudiagramm).
- Geben Sie die Größenbezeichnungen auf den Achsen mit Skalierung (evtl. logarithmisch?) an.
- Geben Sie die Inhalte des Diagramms wieder, auch dann, wenn diese Informationen an anderer Stelle (z. B. in der Aufgabenstellung) schon erwähnt sind.

- Beschreiben Sie bei einem Liniendiagramm den Verlauf der Kurve mit Angaben zu Beginn, Ende, Steigung, Extremwerten (Maxima, Minima, Nullstellen) sowie Regelmäßigkeiten (periodische Schwankungen).
- Wenn Sie sich auf spezielle Punkte oder Bereiche einer Kurve beziehen, geben Sie bei Ihrer Beschreibung die Koordinaten an.

> **Tipp**
>
> Schreiben Sie **nicht** „Von 2004 bis 2008 steigt die Kurve von 1000 auf 1500 und hat 2009 ein Maximum von 1700" **sondern** „In den Jahren 2004 bis 2008 nimmt die Population der Mäuse um 500 Individuen zu. Ihre maximale Größe hat sie im Jahre 2009 mit 1700 Individuen erreicht."

- Wenn möglich, geben Sie Kurven oder Kurvenabschnitten einen Namen (z. B. Wachstumskurve, Häufigkeitsverteilungskurve, Sättigungskurve, Optimumskurve, linearer Bereich, exponentieller Anstieg, Maximum). Einige Kurven kann man in spezielle Phasen einteilen, wie beispielsweise Wachstumskurven: Anlaufphase, exponentielle Wachstumsphase, Verzögerungsphase, stationäre Phase, evtl. Absterbephase (s. M2).

Beispiel für die Beschreibung der Abbildung M2

In M2 ist in einem Kurvendiagramm das Wachstum einer Hefekultur in einer Nährsalzlösung bei einer Temperatur von 22 °C über eine Dauer von elf Tagen dargestellt. Auf der Abszisse (x-Achse) sind die Tage abgetragen, auf der Ordinate (y-Achse) die Anzahl der Hefezellen pro ml Kulturmedium in einem logarithmischen Maßstab. Die Punkte auf der Kurve grenzen die Phasen des Wachstums voneinander ab. Am 1. Tag befinden sich in der Anlaufphase etwas über 10 000 Hefezellen in einem Milliliter des Kulturmediums. Diese vermehren sich in den nächsten drei Tagen exponentiell auf über 100 000 Zellen pro ml. Das geschieht in der exponentiellen Phase. Vom 4. Tag an verzögert sich das Wachstum der Kultur in der sogenannten Verzögerungsphase. Die Anzahl der Zellen bleibt vom 9. Tag an konstant bei über 10^6 Zellen pro ml Kulturmedium. Somit ist die stationäre Phase erreicht.

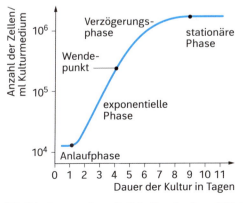

M2 Wachstum einer Hefekultur in einer Nährlösung (Temperatur 22 °C)

Interpretation eines Diagramms

Nachdem Sie in der Beschreibung gezeigt haben, dass Sie Aussagen des Diagramms erfasst haben, stellen Sie nun eine Beziehung zum Kontext der Aufgabe her.
Erklären Sie die von Ihnen beschriebenen Teilaspekte/Kurvenabschnitte möglichst vollständig.

- Lassen sich die Aussagen des Diagramms in Beziehung setzen zur Aufgabenstellung? Lassen sie sich für die Beantwortung von Teilaufgaben heranziehen?
- Lassen sich die Aussagen des Diagramms zur Bestätigung eines beschriebenen Phänomens oder einer aufgestellten Hypothese heranziehen oder widerlegen sie diese?
- Werden neue Fragen durch die Informationen des Diagramms aufgeworfen?
- Was sind mögliche Ursachen für die aus dem Verlauf der Kurve abgeleiteten Sachverhalte?

> **Tipp**
>
> Können Sie bestimmte Auffälligkeiten im Diagramm nicht erklären, erwähnen Sie diese trotzdem und stellen Sie dazu Vermutungen an, die Sie vielleicht sogar (mit weiteren Materialien oder Ihrem Vorwissen) begründen können. Oder stellen Sie sich dazu Fragen, z. B.: „Diesen Sachverhalt kann ich mir (z. B. mit dem Konkurrenzausschlussprinzip) nicht erklären. Dafür muss es eine andere Erklärung geben."
> Nutzen Sie für die Erklärung des Diagramms und dessen Bedeutung für die Aufgabenstellung unbedingt Fachbegriffe, Modellvorstellungen etc. Wenden Sie dabei die Fachausdrücke an, indem Sie diese im Kontext definieren.

Beispiel für die Interpretation der Abbildung M2

Mögliche Aufgabenstellung: **Beschreiben** und **erklären** Sie die Art des Wachstums der Hefekultur in M2.

Hefezellen vermehren sich durch Teilung exponentiell. Aus einer Zelle werden so 2, daraus 4, dann 8, 16, 32 und so fort. Dies geschieht, solange die Umweltfaktoren nahezu optimal sind, also im Vorzugsbereich (Präferendum) der Art liegen. Das ist hier gegeben. Die Temperatur als abiotischer Umweltfaktor liegt konstant bei 22 °C und das Kulturmedium enthält genügend Nährstoffe, von denen sich die Hefezellen ernähren können. Allerdings verzögert sich das Wachstum nach dem 4. Tag. Das bedeutet, dass in der Kultur nicht mehr nur neue Zellen entstehen, es sterben möglicherweise auch einige ab. Die Kapazität des Lebensraums ist offensichtlich begrenzt, d. h. für die Gesamtheit aller Zellen steht nun nicht mehr unbegrenzt Raum, Nahrung oder Sauerstoff zur Verfügung. Stoffwechselendprodukte grenzen das Wachstum ein. Das Wachstum stagniert in der stationären Phase: Es sterben ebenso viele Hefezellen wie neue entstehen. Hier endet die in der Grafik festgehaltene Beobachtung. Es handelt sich also um ein begrenztes Wachstum einer Hefekultur in einem Nährmedium. Allerdings ist zu vermuten, dass nach weiteren Tagen mehr Zellen absterben als neue gebildet werden, wenn der Hefekultur keine weiteren Nährstoffe zugefügt werden. Damit folgt auf die stationäre Phase die Absterbephase.

Vergleich von Diagrammen

Häufig müssen Sie mehrere Diagramme bzw. Kurvenverläufe in einem Diagramm miteinander in Beziehung setzen, also z. B. vergleichen oder zuordnen. Suchen Sie bei dem Vergleich von Diagrammen sowohl nach Gemeinsamkeiten als auch nach Unterschieden im Kurvenverlauf (Anfang, Ende, Steigung, Maxima, Minima, Nullstellen, Symmetrieverhältnisse, periodische Schwankungen).
Achten Sie darauf, ob die zu vergleichenden Diagramme/Kurven evtl. unterschiedliche Skalen oder Achsen haben. Berücksichtigen Sie diese Unterschiede bei Ihren Aussagen.

Erstellen eines Diagramms

Gelegentlich wird Ihre Methodenkompetenz dadurch überprüft, dass Sie die Ergebnisse eines Experiments oder die Daten aus einer Tabelle in einem Diagramm darstellen sollen. Dabei wird nicht nur die inhaltliche Korrektheit, sondern auch die Darstellungsweise bewertet. Stellen Sie dazu folgende Überlegungen an:
Welcher Diagrammtyp ist am besten geeignet?
Welche Messgrößen sollen miteinander in Beziehung gesetzt werden, wie beschrifte ich die waagerechte und die senkrechte Achse? Auf der x-Achse wird die unabhängige Größe/Variable, auf der y-Achse die davon abhängige Größe/Variable dargestellt.
Wie skaliere ich Ordinate (y-Achse) und Abszisse (x-Achse)?
Wie formuliere ich die Legende?

Umgang mit Bildern (vgl. Übungsaufg. 1, 7)

Zu den typischen Materialien in biologischen Aufgabenstellungen gehören Bilder. Sie bieten die Möglichkeit, Einzelmerkmale zu benennen, zu beschreiben oder zu analysieren.
Sieht der Arbeitsauftrag vor, Bilder zur Lösung einer Aufgabe hinzuzuziehen, erwähnen Sie zunächst **formale Aspekte**, die Sie der Quellenangabe oder der Legende entnehmen können:
Wie ist das Bild entstanden? Handelt es sich z. B. um eine Zeichnung oder ein Foto, um ein licht- oder elektronenmikroskopisches Bild?

Machen Sie dann **allgemeine Aussagen zu den Inhalten des Bildes**:
- Handelt es sich zum Beispiel um eine mikroskopische Struktur in einer Zelle, um eine Vergrößerung eines Insektenorgans oder ein Satellitenbild bei Nacht?
- Benennen Sie den Ausschnitt und die Größenverhältnisse der Ihnen vorliegenden fotografischen Abbildung.

Jetzt erst ermitteln Sie die **zentrale(n) Aussage(n)** des Bildes. Interpretieren Sie diese in Beziehung zur Aufgabenstellung und vor dem Hintergrund Ihrer Fachkenntnisse und Fachbegriffe. Ordnen Sie die Aussage der fotografischen Abbildung in den Kontext aller weiteren Materialien ein und bewerten Sie die Aussagekraft des Bildes hinsichtlich seines Lösungsbeitrags.

Beispiel für die Interpretation der Abbildung M3

M3 Schaflausfliege

Vorgegebener Text zur Abbildung: „Schaflausfliegen leben im Fell von Schafen. Diesen saugen sie Blut durch die Haut ab. Sie ähneln eher Läusen als Fliegen. Zur Ausbreitung der Tiere gibt der enge Kontakt der Schafe in der Herde reichlich Gelegenheit."

Mögliche Aufgabenstellung: **Beschreiben** Sie die Eigenschaften einer Schaflausfliege, die diese als Parasiten kennzeichnen.
Lösung: Schaflausfliegen besitzen lange, mit Haken versehene Beine, mit denen sie sich gut im Fell der Wirte festhalten können. Vorne am Kopf besitzen sie ein Saugorgan. Ihre Flügel sind verkümmert und ihr Körper ist abgeflacht, sodass sie sich gut im Haarkleid der Schafe vorwärts bewegen können.

Umgang mit schematischen Abbildungen (vgl. Übungsaufg. 2, 4 – 7, 2014/2 Teil 2)

Viele Aufgabenstellungen enthalten schematische Zeichnungen, die vereinfachte Strukturen (z. B. Bau einer Zelle) oder Abläufe (z. B. Stoffwechselwege, Verlauf eines Experiments) veranschaulichen.

Beschreibung schematischer Darstellungen

Ordnen Sie in einem ersten Schritt diese Abbildungen in einen größeren thematischen Rahmen bzw. Sachzusammenhang ein, erfassen Sie allgemeine Aspekte und beschreiben Sie:
- Welchem Themengebiet kann die Abbildung zugeordnet werden?
- Welche Informationen geben Ihnen Beschriftungen und Legende einer Abbildung?
- Werden Strukturen, Abläufe oder Funktionszusammenhänge dargestellt?
- Beschreiben Sie die gezeigten Strukturen, Abläufe oder Bezüge. Gehen Sie dabei möglichst systematisch vor, z. B. von links nach rechts, von unten nach oben oder von außen nach innen. Ausgangspunkt können auch auffällige Elemente im Schema sein. Halten Sie ihr gewähltes Beschreibungssystem konsequent ein.

Interpretation schematischer Darstellungen
- Nennen Sie die Funktion der Abbildung im Kontext der Aufgabenstellung. Dient sie z. B. als Veranschaulichung, Begründung, Erläuterung, Versuchsbeschreibung?
- Gliedern Sie die in der Abbildung enthaltenen Informationen, indem Sie die meist vorgegebenen Gliederungsmuster spiegeln.
- Beziehen Sie sich in Ihrer Auswertung auf diese Gliederung und stellen Sie Bezüge zu den Arbeitsanweisungen bzw. Operatoren der Aufgabe und zu den übrigen Materialien her.
- Wirft die Abbildung evtl. neue Fragen auf? Nennen Sie diese.

Anfertigung einer Skizze
Oft werden Sie in einer Aufgabenstellung aufgefordert, eine Skizze zu einem bekannten Sachverhalt anzufertigen. Gefordert ist eine markante, nicht detailliert ausgearbeitete Übersichtsdarstellung, die metrisch nicht korrekt sein muss, die Größenverhältnisse sollten aber stimmen. Eine gute Skizze ist dadurch gekennzeichnet, dass
- sie alle wesentlichen Strukturen oder Aspekte enthält
- sie klar und übersichtlich gezeichnet wird: klare Linien und abgrenzbare Strukturen, sinnvolle Größe der Skizze (in der Regel mindestens 1/2 Seite)
- die Strukturen deutlich erkennbar und unterscheidbar sind
- alle Elemente beschriftet sind

Umgang mit Experimenten (vgl. Übungsaufg. 3; 2014/2 Teil 4)

Der biologische Erkenntnisprozess geht von einer wissenschaftlichen Naturbeobachtung aus, die meist planmäßig durchgeführt wird und objektive Daten liefert. Sie lässt sich zunächst nicht erklären, ihr kann also keine Ursache zugeordnet werden. Der Forscher formuliert verschiedene **Fragestellungen**, die sich aus der Beobachtung ergeben. Die Fragen werden präzisiert und so formuliert, dass sie beantwortet werden können (Operationalisierung). Als vorläufige Antwort auf eine Frage werden dann Vermutungen über mögliche Ursachen geäußert, die begründet und als **Hypothesen** formuliert werden. Hypothesen müssen überprüfbar sein und schließen die Vorhersage eines Ergebnisses unter einer bestimmten Voraussetzung ein: wenn ..., dann ... Zur Überprüfung einer Hypothese wird unter der spezifischen Fragestellung ein **Experiment entwickelt**. Im Protokoll des Experiments sind neben der Frage und der Hypothese die verwendeten Materialien anzugeben und der Versuchsaufbau, die **Versuchsdurchführung** sowie die gewählten Auswertungsmethoden zu beschreiben. Die **Beobachtungsergebnisse** (die registrierten Daten) werden zur Auswertung zusammengestellt und in Tabellen oder Diagrammen übersichtlich dargestellt. Die wichtigsten Ergebnisse werden nun beschrieben und gedeutet. In der **Schlussfolgerung** wird der Bezug zu Fragestellung und Hypothese hergestellt: Wird die Ausgangsfrage beantwortet? Lässt sich die formulierte Hypothese bestätigen (verifizieren) oder muss sie modifiziert oder sogar vollständig verworfen werden (falsifizieren)?
Dann erfolgt die **Diskussion** der Ergebnisse, d. h. sie werden in Beziehung gesetzt zu anderen Untersuchungsergebnissen, die im sachlichen Zusammenhang in der Literatur beschrieben sind. Die eigenen Daten werden einer kritischen Reflexion bezüglich

der Messgenauigkeit und der statistischen Aussagekraft unterzogen, gefolgt von Überlegungen zu weiterführenden Fragestellungen oder alternativen Versuchsansätzen. Eine bestätigte Hypothese gilt erst dann als bewiesen oder als gesichertes Wissen, wenn sie immer wieder unabhängig voneinander bestätigt werden kann.

Gängige Formen des zu bearbeitenden Aufgabenmaterials aufgrund eines Experiments:

1) Es wird die Durchführung eines Experiments geschildert. Sie haben die Aufgabe, die zugrunde liegende Fragestellung, die Hypothese und/oder das Ergebnis vorherzusagen.

> **Tipp**
>
> Lassen Sie sich nicht dadurch entmutigen, dass Ihnen das Experiment unbekannt ist. Häufig ist Ihnen die eingesetzte Methode bekannt: Dann beschreiben Sie diese in einem ersten Schritt. Erst dann versuchen Sie, Bezüge zur Aufgabenstellung herzustellen. Formulieren Sie in jedem Fall eine Frage und eine Hypothese. Stimmen Sie das Beobachtungsergebnis mit Ihrer aufgestellten Hypothese ab.

Es wird folgendes Experiment geschildert: Man hält eine Banane so über ein Teelicht, dass die Flammenspitze gerade einen Punkt auf der Bananenschale berührt. Nach einer halben Minute bis Minute hat sich die Schale dunkel verfärbt, auch außerhalb der verkohlten Stelle. Stellen Sie eine Vermutung über die Form der Verfärbung auf. Gehen Sie folgendermaßen vor:

- **Beschreiben** Sie zunächst kurz das, was Ihnen bekannt ist: die Schale einer Banane verfärbt sich bei längerer Lagerungszeit über braun zu schwarz. Sie weist zunächst einige dunkle Stellen auf die sich ausdehnen, irgendwann ist die ganze Schale schwarz. An solchen Prozessen sind stets Enzyme beteiligt.
- Nun erst **stellen** Sie das Bekannte dem Unbekannten **gegenüber**. Es ist anzunehmen, dass die Aktivität der Enzyme in der Bananenschale wie alle anderen Enzyme auch, durch die Temperatur beeinflusst wird. Ist die Temperatur zu hoch, denaturieren sie, bis zu einer gewissen Grenze steigt die Reaktionsgeschwindigkeit aber mit zunehmender Temperatur (RGT-Regel).
- Leiten Sie aus der Gegenüberstellung und dem Vergleich zunächst ein mögliches **Beobachtungsergebnis** ab: An der Stelle, wo die Flammenspitze die Schale berührt hat, wird die Schale verkohlt sein. In einem kreisförmigen Bereich um dieses Zentrum herum wird die Schale kaum verändert sein, da die Hitze der nahen Flamme die Enzyme denaturieren ließ. In einem weiteren, ebenfalls kreisförmigen Bereich wird sich die Schale braun färben, da die Enzyme durch die höhere Temperatur wesentlich schneller arbeiten als bei Raumtemperatur. Die Hypothese lautet also: Wenn die Verfärbung der Bananenschale durch Enzyme hervorgerufen wird, dann lässt sich die Reaktionsgeschwindigkeit dieser Enzyme durch Temperatur beeinflussen. Die dazugehörigen **Ausgangsfragen** lauten: Wie lässt sich das Verfärbungsmuster erklären, das entsteht, wenn man eine Bananenschale punktuell über einer Kerzenflamme erhitzt?

> **Tipp**
>
> Gehen Sie, auch wenn das nicht ausdrücklich in der Aufgabe gefordert wird, darauf ein, ob dieses Experiment Ihrer Meinung nach wirklich die von Ihnen formulierte Hypothese und auch die Ausgangsfrage bestätigt. Schließen Sie also eine Diskussion an.
>
> In diesem Fall wird die Hypothese zwar bestätigt, es ist aber noch nicht ganz sicher, ob das Verfärbungsmuster wirklich auf die Wirkung von Enzymen zurückzuführen ist. Es müssten sich weitere Versuche anschließen, die die Hypothese verifizieren oder falsifizieren, z. B. indem man Bananen an unterschiedlich temperierten Orten lagert, andere Wärmequellen nutzt etc.

2) Aufgrund einer Fragestellung oder Hypothese sollen Sie ein geeignetes Experiment schildern.
- Machen Sie sich klar, dass das geeignete Experiment eine Hypothese nicht nur bestätigen (verifizieren), sondern auch widerlegen (falsifizieren) kann.
- Erwägen Sie den Einsatz verschiedener fachspezifischer Methoden, z. B. Mikroskopieren, Anfärben, radioaktive Markierung, Einsatz von Enzymen, genetischer Fingerabdruck, DNA-Hybridisierung, Einsatz von Gen-Sonden.
- Ist eine bestimmte Methode geeignet, stellen Sie diese mit den erforderlichen Fachbegriffen oder auch Geräten vor.
- Ordnen Sie Ihr Experiment wie ein Protokoll in Materialien, Versuchsaufbau, Durchführung, voraussichtliches Beobachtungsergebnis.
- Illustrieren Sie die Durchführung des Experiments mit einer Skizze, z. B. mit einem Versuchsaufbau oder einem Verlaufsschema.

3) Aufgrund eines skizzierten Versuchsaufbaus sollen Sie Fragestellung, Beobachtungsergebnis und Deutung der Ergebnisse ableiten.
- In einem ersten Schritt beschreiben Sie den dargestellten Versuchsaufbau, auch wenn dies nicht ausdrücklich gefordert wird. Während dieser Beschreibung wird Ihnen i. d. R. klar, wie das zugrunde liegende Experiment durchzuführen ist.
- Gehen Sie dann vor wie in 1): Vom Bekannten zum noch nicht Bekannten.
- Erst im letzten Schritt leiten Sie Beobachtungsergebnis, Hypothese und Fragestellung ab und überprüfen, ob diese widerspruchsfrei zueinander formuliert sind.

4) Im Zusammenhang mit Beobachtungsergebnissen, deren Daten häufig in unübersichtlicher Form dargestellt sind, werden Sie gelegentlich aufgefordert, diese in eine übersichtlichere Form zu überführen.
- Beachten Sie dazu den Abschnitt „Umgang mit Diagrammen" (S. 19 ff.).

Umgang mit Hypothesen (vgl. Übungsaufg. 2, 7, 2014/1 Teil 4)

Materialgebundene Aufgaben sehen manchmal vor, dass Sie nicht nur im Rahmen von Experimenten Hypothesen aufstellen, sondern erst über das Aufstellen von Hypothesen und deren Diskussion zu einer Lösung kommen.

Aufstellen von Hypothesen

Eine Hypothese ist eine begründete Vermutung, dass bestimmten Beobachtungen eine Gesetzmäßigkeit zugrunde liegt. Eine Hypothese muss mit den objektiven Daten in Einklang stehen und darf in sich keine Widersprüche aufwerfen.
- Sichten Sie zunächst das gesamte Material und stellen Sie für sich eine Beziehung zur Thematik der Aufgabe her.
- Arbeiten Sie das Material gemäß den Anweisungen durch und tragen Sie auf diese Weise möglichst viele Informationen zusammen, die Grundlage für die Bildung einer Hypothese sein können.
- Ordnen Sie dann die von Ihnen ausgewählten Informationen, fassen Sie diese unter bestimmten Gesichtspunkten zusammen.
- Formulieren Sie nun auf der Basis dieser Übersicht eine möglichst klare und präzise Hypothese, evtl. auch mehrere Hypothesen.
- Belegen Sie die formulierten Hypothesen mit Daten oder Fakten aus dem Arbeitsmaterial und wägen Sie dabei die Argumente genau ab. Dabei ist es wichtig, auch die (möglichen) Gegenargumente zu prüfen.
- Es kommt bei der Aufstellung von Hypothesen nicht darauf an, druckreife Formulierungen zu erstellen. Möglich sind alle, die sich logisch aus dem Arbeitsmaterial ableiten lassen.

> **Tipp**
> Aufgestellte Hypothesen nicht ohne Prüfung stehen lassen!

Überprüfen von Hypothesen: So bestätigen (verifizieren) oder widerlegen (falsifizieren) Sie vorgegebene oder selbst aufgestellte Hypothesen

Nachdem Sie Ihre Hypothese aufgrund aller Daten mit eigenen Worten formuliert haben, blicken Sie noch einmal zurück (nach folgenden Punkten überprüfen Sie auch vorgegebene Hypothesen):
- Stehen alle Angaben und Informationen aus den Materialien mit der Hypothese im Einklang?
- Belegen Sie Ihre Hypothese umfassend mithilfe aller relevanten Materialien und stellen Sie diese in einen Begründungszusammenhang.
- Werden Widersprüche deutlich, verwerfen Sie die Hypothese und halten sich nicht weiter mit ihrer Begründung auf. Eine Hypothese ist widerlegt, wenn z. B. ein Versuchsergebnis nicht im Einklang mit der formulierten Hypothese steht.

> **Tipp**
>
> Beachten Sie bei den Formulierungen, dass Hypothesen stets vorläufigen Charakter haben und keine feststehenden Fakten sind.
> Haben Sie den Auftrag, selbst eine Hypothese aufzustellen, und hält die erste einer Prüfung nicht stand, suchen Sie ohne viel Zeit zu verlieren nach einer neuen Hypothese. Wenn Ihnen keine weitere einfällt, begründen Sie die Widersprüche und schlagen Sie vor, wie man vorgehen könnte, um eine Lösung herbeizuführen. Sind mehrere Hypothesen vorgegeben, stellen Sie vor einer Überprüfung zunächst die Unterschiede klar heraus.

Umgang mit Modellen (vgl. Übungsaufg. 1, 2014/2 Teil 4)

Modelle bilden die Wirklichkeit nach. Sie erfassen dabei nicht alle Merkmalseigenschaften des Naturobjekts, sondern dienen nur der Erklärung weniger, oft nur einer Eigenschaft. Sie können Strukturelemente oder Funktionszusammenhänge veranschaulichen. Dabei können sie die Wirklichkeit spiegeln oder aber nur hypothetischer Natur sein. Meist vereinfachen sie komplexe Sachverhalte und machen sie leichter vermittelbar.

Bei der Beschreibung und Erklärung von Modellen ist in den Formulierungen darauf zu achten, dass das Modell nicht mit der Wirklichkeit verwechselt wird. Das können Sie dadurch erreichen, dass Sie
- die Modellebene und die Ebene der Wirklichkeit getrennt beschreiben und nicht miteinander vermischen,
- Elemente des Modells bestimmten Eigenschaften der Wirklichkeit zuordnen oder
- bei einem Funktionsmodell zunächst nur beschreiben, wie das Modell funktioniert, und erst dann erklären, welche Vorgänge in der Natur damit veranschaulicht werden sollen.

> **Tipp**
>
> Die Zuordnung von Modellelement und Naturmerkmal sowie seine Erklärungsfunktion können gut in einer Tabelle veranschaulicht werden.

So könnte z. B. die Funktion des Isoleucins in dem angedeuteten Stoffwechselweg in M4 mithilfe eines Schwammmodells (M5) in Tabellenform erklärt werden:

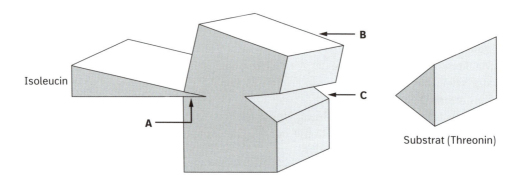

M4 Ausschnitt aus dem Threoninstoffwechsel

M5 Schwammmodell zur Erklärung der Funktion des Isoleucins im Threoninstoffwechsel

Modellstruktur (Funktion)	veranschaulichtes Objekt	Funktion
Schwammmodell der Abbildung M5	allosterisch gehemmte Threonin-Desaminase	allosterische Hemmung der Threonin-Desaminase durch Isoleucin
kleiner Keil aus Schwammmaterial, rechts	Threonin	Substrat
A (Wird der lange Keil in den Schlitz des Schwamms gesteckt, verändert dieser seine Gestalt.)	allosterisches Zentrum mit angelagertem Hemmstoff (Isoleucin)	bei Anwesenheit des Inhibitors Isoleucin wird Enzymstruktur verändert
B großer, veränderbarer Schwamm	Enzym Threonin-Desaminase	kann Threonin umsetzen (wenn nicht gehemmt)
C (Steckt der lange Keil nicht im Schlitz, kann die Lücke im Schwamm den kurzen Keil aufnehmen.)	aktives Zentrum	hier kann Threonin an das Enzym angelagert und dann umgesetzt werden

Umgang mit Stammbäumen in der Evolution
(vgl. Übungsaufg. 7, 2014/1 Teil 4)

In einer Stammbaumdarstellung werden Gruppierungen von Organismen dargestellt, die sowohl auf eine Ausgangsart zurückzuführen sind als auch zusammen alle bekannten Nachkommen dieser Ausgangsart umfassen. Dabei steht eine Ausgangsart jeweils an einer Verzweigung des Stammbaums.

Man nennt Gruppen, die Nachkommen einer nur ihnen gemeinsamen Ausgangsart sind, monophyletisch (auf eine Stammart zurückgehend). Eine monophyletische Gruppe enthält alle abgeleiteten Gruppen einer einzigen Ausgangsart.

Wie erkennt man einen monophyletischen Verwandtschaftskreis?
- Man benötigt möglichst viele homologe Merkmale bei unterschiedlichen Arten. Diese fasst man dann in einer Großgruppe zusammen und schätzt ab, wie groß der Grad der Ableitung von einem ursprünglichen Merkmal ist.
- Durch Ordnen von Untergruppen und Probieren erhält man dann ein Stammbaumdiagramm einer monophyletischen Gruppe, die durch abgeleitete Merkmale gekennzeichnet ist.
- Alle Vertreter eines monophyletischen Verwandtschaftskreises weisen abgeleitete Merkmale auf, die bei der Stammart dieser Gruppe erstmals aufgetreten waren. Auf die monophyletische Entstehung einer Gruppe kann man also nur mithilfe abgeleiteter Merkmale schließen, nicht mit ursprünglichen; denn solche können auch nicht monophyletischen Gruppen gemeinsam sein.

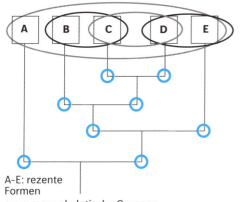

A-E: rezente Formen
grau: monophyletische Gruppen
schwarz: nicht monophyletische Gruppen
blaue Kreise: hypothetische Vorfahren

M6 Monophyletische und polyphyletische Gruppen

Umgang mit der Codesonne (vgl. Aufg. 2015/4 Teil 3)

Mit großer Wahrscheinlichkeit wird mindestens eine der vier Prüfungsaufgaben einen Teil enthalten, in dem Sie mithilfe der Codesonne „Übersetzungsarbeit" leisten müssen. Dabei kann es sein, dass Sie eine DNA-Sequenz in ein Peptid, also eine Aminosäurenkette übersetzen müssen oder umgekehrt. Lösen Sie solche Aufgaben folgendermaßen:
- Prüfen Sie zunächst, was Ihr Ausgangsmolekül ist und in welches Zielmolekül es übersetzt werden muss.
- Soll ein Genabschnitt, also DNA, in ein Peptid übersetzt werden, muss zunächst der entsprechende mRNA Abschnitt transkribiert werden. Achten Sie darauf, in der mRNA statt Thymin Uracil zu verwenden! Am einfachsten wird der nächste Schritt, wenn Sie die mRNA direkt in Basentripletts „portionieren", da die Gefahr Lesefehler zu machen, dadurch verringert wird.
- Anschließend kann die mRNA in die Abfolge der Aminosäuren translatiert werden. Prüfen Sie, ob Sie ein Startcodon suchen müssen, oder ob der zu übersetzende Abschnitt mitten im Gen liegt. Die Start-Codons sind bei Eucaryoten eigentlich immer AUG, bei Prokaryoten manchmal auch GUG. Lesen Sie die Codesonne von innen nach außen.
- Eine Aufgabe dieser Art ist oft mit der Frage nach der Art und Wirkung einer bestimmten Mutation verknüpft. Sie erhalten in diesem Fall eine (oder mehrere) weitere Varianten des Gens, die Sie ebenfalls übersetzen müssen. Anschließend können Sie beurteilen ob die Mutation eine Auswirkung auf das synthetisierte Protein hat oder nicht.
- Müssen Sie ein Peptid in ein Gen umschreiben, gibt es aufgrund der Degeneriertheit des genetischen Codes immer mehrere mögliche Lösungen. In diesem Fall prüfen Sie, welches Basentriplett zu der jeweils angegebenen Aminosäure passt.
- Bedenken Sie, dass der Prozess des Spleißens bei der Proteinbiosynthese eukaryotischer Zellen bei solchen Aufgaben entweder übergangen wird oder nicht rekonstruiert werden kann!

Beispiel für den Umgang mit der Codesonne

M7 zeigt die Abfolge der ersten acht Aminosäuren der β-Kette des gesunden Hämoglobins, M8 die des Sichelzellhämoglobins.

Val – His – Leu – Thr – Pro – Glu – Glu – Lys-...
M7 Die ersten acht Aminosäuren der β-Kette des gesunden Hämoglobinmoleküls.

Val – His – Leu – Thr – Pro – Val – Glu – Lys-...
M8 Die ersten acht Aminosäuren der β-Kette des Sichelzellhämoglobins.

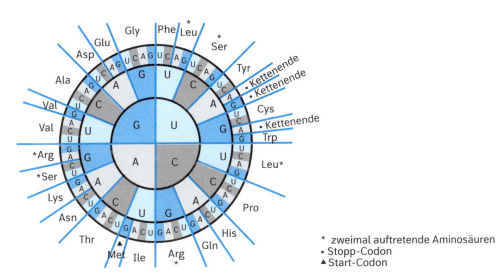

M9 Die Codesonne

Mögliche Aufgabenstellung:

a) Ermitteln Sie unter Verwendung der Codesonne (M9) eine mögliche Nukleotidsequenz des zum gesunden Hämoglobin gehörenden codogenen DNA-Stranges.
b) Geben Sie die molekulargenetische Ursache für Sichelzellanämie an.

Lösung:

Aufgrund der Degeneriertheit des genetischen Codes sind mehrere Lösungen denkbar, z. B.:

AS-Sequnz	Val	His	Leu	Thr	Pro	Glu	Glu	Lys
mRNA	GUG	CAU	CUU	ACG	CCC	GAA	GAG	AAA
DNA	CAC	GTA	GAA	TGC	GGG	CTT	CTC	TTT

Vergleicht man die Aminosäurensequenz der beiden Moleküle miteinander, fällt auf, dass beim Sichelzellhämoglobin die sechste Aminosäure ausgetauscht ist (Val statt Glu). Mithilfe der Codesonne kommt man für Glu auf die möglichen mRNA-Basentripletts GAG und GAA; für Val auf die möglichen mRNA-Basentripletts GUG, GUA, GUC und GUU. Die DNA für Glu könnte also CTC oder CTT als Nukleotidabfolge haben, für Val CAC, CAT, CAG, CAA. Die Ursache ist also eine Punktmutation, bei der die zweite Base des entsprechenden Tripletts ausgetauscht wurde (A statt T).

5 Basiswissen

Einleitung

Eine Reduktion des biologischen Wissens auf ca. 50 Seiten, wie es im folgenden Kapitel versucht wird, kann nicht die gleiche Vollständigkeit haben wie ein 500-seitiges Schulbuch für die Oberstufe. Das Ziel einer solchen Darstellung komprimierten Wissens kann nur ein „learning for the test" sein. Das heißt, einige Themen und Kenntnisse, die nicht unbedingt für die Bearbeitung der Abiturvorschläge notwendig wären, auch wenn sie für das Verständnis der Biologie nicht uninteressant sind, werden in dieser komprimierten Form nicht berücksichtigt. Diese Form eines Basiswissens ist auch weniger geeignet Lücken zu schließen, als eher Lücken aufzuspüren. Die Leser, die das folgende Kapitel Basiswissen verstehen und die hier verwendeten Abbildungen erläutern können, dürfen sicher sein, die wesentlichen Schwerpunkte des für das schriftliche Abitur notwendigen Wissens zu beherrschen. Wer an einigen Stellen Schwierigkeiten hat, sei es, dass der Text nicht verstanden wird oder die Abbildungen nicht erfasst werden, sollte die dort behandelten Themen mithilfe der aktuellen Schulbücher (z. B. dem Linder Gesamtband oder dem in der Reihe Fit fürs Abi von UHLENBROCK/WALORY im Schroedel-Verlag erschienenen Band Biologie-Wissen) versuchen, diese Lücken zu schließen und anschließend den Erfolg wieder mithilfe des hier vorliegenden Basiswissens zu überprüfen.

Und jetzt viel Spaß bei der Überprüfung Ihres Wissens.

Von der Zelle zum Organ

Vorbemerkungen

In diesem Kapitel werden die Grundlagen der Zellbiologie, des Stoffwechsels und der Molekulargenetik wiederholt. Im Bereich der Zellbiologie sollten Sie den Feinbau der Procyte und Eucyte kennen, sowie die wichtigsten Zellorganellen benennen und deren Funktion angeben können. Darüber hinaus müssen Sie in der Lage sein, den Aufbau einer Biomembran und deren wichtigster Bestandteile – Lipide, Kohlenhydrate, Proteine – skizzieren bzw. erklären können. Sie müssen die Mechanismen des Stofftransportes und -austausches ebenso verstanden haben wie die Bedeutung von ATP als Energieüberträger und der energetischen Kopplung. Zu den molekularen Grundlagen des Lebens und der Vererbung gehört das Wissen über den Aufbau der DNA, den Ablauf der Proteinbiosynthese und die Struktur und Funktion der Enzyme. Außerdem müssen Sie wissen, was man unter einer Genwirkkette versteht, wie die Genaktivität reguliert wird und welche Mutationen es gibt.

Die Zelle als Grundbaustein des Lebens

a. Procyte und Eucyte im Vergleich, Struktur und Funktion der Zellorganellen (vgl. Aufg. 2014/4 Teil 1, 2015/1 Teil 2)

Alle Organismen bestehen aus Zellen. Grundsätzlich unterscheidet man zwischen zwei verschiedenen Zelltypen, der **Procyte** und der **Eucyte**. Die Procyte ist im Vergleich zur Eucyte wesentlich einfacher aufgebaut. Sie besitzt beispielsweise keinen Zellkern und auch sonst kaum Zellorganellen. Organismen, die aus Procyten bestehen, nennt man **Prokaryoten.** Zu ihnen gehören die Bakterien und die Archaea. Der Aufbau der Eucyte hingegen ist wesentlich komplexer. Membraneinfaltungen bilden abgeschlossene Reaktionsräume, die Kompartimente. Außerdem gibt es zahlreiche spezialisierte Funktionseinheiten, die Zellorganellen. Die Eucyte ist der Zelltyp der **Eukaryoten,** der Einzeller, Pilze, Pflanzen und Tiere.

Die Merkmale der Procyte im Überblick:
- Ringförmige DNA; kein Zellkern; manche Bakterien besitzen zusätzliche kleine DNA-Ringe, sog. Plasmide. Sie enthalten oftmals Resistenzgene und sind in der Gentechnik von großer Bedeutung
- Keine Kompartimente
- Zellwand aus Murein; Zellmembran
- 70S Ribosomen (kleiner als bei der Eucyte)
- Teilweise mit Geißel zur Fortbewegung und Pili zur Anheftung, beispielsweise an der Oberfläche tierischer Zellen oder zum Übertragen von Plasmiden

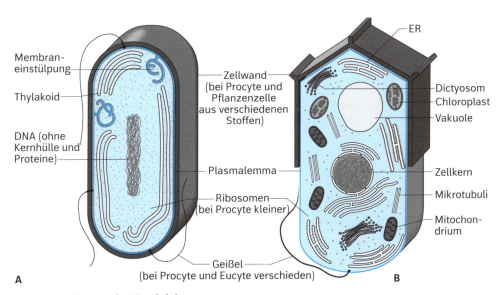

Procyte und Eucyte im Vergleich

Die Merkmale der Eucyte im Überblick:
- DNA ist linear und von einer Kernhülle umschlossen
- Zellwand (aus Zellulose; nur bei Pflanzen); Zellmembran
- Kompartimente (von Membranen umschlossene Reaktionsräume)
- Zahlreiche Organellen, die komplexe Lebensprozesse ermöglichen
- Chloroplasten (Fotosynthese; nur in Pflanzenzellen)
- 80S Ribosomen
- Einzeller teilweise mit Geißel zur Fortbewegung
- Deutlich größer als Procyte

Struktur und Funktion der Zellorganellen

Eine typische Aufgabenstellung ist, dass Sie in einer schematischen Zeichnung oder einem elektronenmikroskopischen Bild die einzelnen Zellorganellen beschriften müssen. Gerade letzteres erfordert ein solides Wissen über die Organellen, da sie nicht immer so einfach zu erkennen sind wie in einer idealisierten schematischen Zeichnung. Außerdem sollten Sie die Funktion und die Stoffwechselprodukte der wichtigsten Organellen kennen, müssen sie aber nicht im Detail erklären können (Fotosynthese, Zellatmung).

Struktur und Funktion der Zellorganellen im Überblick:

Zellorganell	Struktur	Funktion
Zellkern	• doppelte Membran (Kernhülle) mit Kernporen • enthält DNA und Proteine • Kernkörperchen (Nukleolus)	• Speicherort der Erbinformation • steuert Lebensprozesse der Zelle • Nukleolus: Syntheseort der Ribosomen • stark spezialisierte Zelle z. T. ohne (z. B. rote Blutkörperchen)
Mitochondrium	• von zwei Membranen umgeben, innere stark gefaltet • zwei Kompartimente: zwischen den Membranen und die Matrix • eigene DNA; 70S Ribosomen	• Ort der Zellatmung („Kraftwerk der Zelle") • Energie aus Nährstoffen wird zur ATP-Synthese genutzt • Neubildung nur durch Teilung vorhandener • gehäuftes Vorkommen in Zellen mit hohem Energiebedarf (Muskeln, Leber, Nervenzelle)
Chloroplast	• zwei Membranen; die innere, die Thylakoidmembran z. T. geldrollenartig gefaltet (Grana) • Thylakoidmembran enthält Chlorophylle und Carotinoide • Stroma (Matrixraum) • eigene DNA und 70S Ribosomen	• Ort der Fotosynthese • bilden in der Fotosynthese Zucker und als Nebenprodukt Sauerstoff • kommen nur in Pflanzen und manchen Einzellern (z. B. Euglena) vor • Neubildung nur durch Teilung vorhandener

Zellorganell	Struktur	Funktion
Endoplasmatisches Reticulum (ER)	• Membransystem, durchzieht die Zelle • Membran umschließt die Zisternen • steht in Verbindung mit anderen Membranen, z. B. der Kernhülle • raues ER: mit Ribosomen besetzt; glattes ohne Ribosomen	• an der Synthese von Proteinen und dem Stofftransport innerhalb der Zelle beteiligt • zum Stofftransport schnüren sich Bläschen ab (Vesikel) • Zisternen sind auch Speicherort für verschiedene Stoffe • tritt in Drüsenzellen gehäuft auf
Ribosomen 30 S-Untereinheit mRNA 50 S-Untereinheit	• Organellen ohne Membran • bestehen zu 40 % aus r-RNA und zu 60 % aus Proteinen • werden von einer kleinen und einer großen Untereinheit gebildet • zwei verschiedene Größen: 70S (Procyte) und 80S (Eucyte)	• sind an der Proteinbiosynthese beteiligt • Ort der Translation
Dictyosomen	• Stapel membranumschlossener flacher Zisternen • Gesamtheit aller Dictyosomen wird als Golgi-Apparat bezeichnet	• beteiligt an der Synthese der Zellmembran und Zellwand (bei Pflanzen) • Verpackung, Modifizierung und Speicherung von Proteinen • Transport verschiedener Stoffe über Golgi-Vesikel

b. Die Zelle als offenes System, Stofftransport, ATP (vgl. Übungsaufg. 1, 6; 2015/3 Teil 1 und 2)

Lebende Zellen sind keine in sich abgeschlossenen, sondern **offene Systeme.** Sie nehmen ständig Stoffe und Energie auf und geben beides wieder ab. Es besteht ein permanenter Stoff- und Energiefluss zwischen einer Zelle und ihrer Umgebung. Da zum Schutz der Zelle aber nicht alle Stoffe ungehindert ein- oder ausströmen dürfen, benötig es einen selektiven Filter. Diese Aufgabe übernimmt die **Biomembran.**
Biomembranen sind aus Lipiden, Proteinen und Kohlenhydraten aufgebaut. Lipide generell haben als Grundbausteine Glycerin und drei Fettsäuren. Bei den in Biomembranen vorkommenden **Phospholipiden** ist eine der drei Fettsäuren durch eine Phosphatgruppe mit positiv geladenem Rest ersetzt. Dadurch haben sie ein polares und ein unpolares Ende, was die hydrophobe (wasserabweisende) Eigenschaft der Lipide zusätzlich verstärkt. Der polare „Kopf" der Phospholipide ist hydrophil (wasserliebend), die zwei unpolaren „Schwänze" hydrophob. In den Biomembranen bilden die Phospholipide eine Doppelschicht, indem sich die hydrophoben Schwänzchen nach innen und die hydrophilen Köpfchen nach außen richten.

Den Aufbau der Biomembranen erklärt das sog. **„Flüssig-Mosaik-Modell"**. Die Phospholipiddoppelschicht bildet dabei die Grundsubstanz. Zahlreiche Proteine sind entweder angelagert (**periphere Proteine**) oder eingelagert (**integrale Proteine**), können sich aufgrund der Eigenschaften der Lipiddoppelschicht aber frei darin bewegen. Die Membran befindet sich daher in einem ständigen Auf- und Umbauprozess. Integrale Proteine können die ganze Membran durchdringen und als Tunnelproteine oder Pumpen fungieren. Auf der Außenseite der Membran können Kohlenhydratketten an Lipide (Glykolipide) oder Proteine (Glykoproteine) gebunden sein. Sie dienen unter anderem den Zellen des Immunsystems als Erkennungsmerkmale.

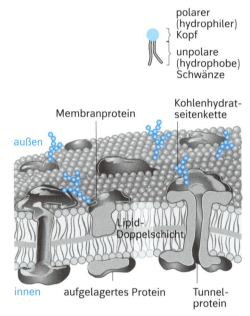

Flüssig-Mosaik-Modell der Biomellmembran

Beim **Stofftransport durch die Biomembran** wird unterschieden in passiven und aktiven Transport. Der **passive Transport** erfolgt stets in Richtung des Konzentrationsgefälles. Die Moleküle bewegen sich von der höheren zur niedrigeren Konzentration. Kleine ungeladene Moleküle und solche, deren Struktur den Phospholipiden ähnelt, können die Biomembran ungehindert passieren. Größere Moleküle und Ionen „passen" nur durch spezielle Kanal- oder Carrierproteine. Sowohl die Kanäle als auch die Carrier sind molekülspezifisch und können bei Bedarf geöffnet oder geschlossen werden. Eine Biomembran ist also stets selektiv permeabel. Salz- und Zuckerteilchen können die Membran nicht ungehindert passieren, während Wasser durch spezielle Poren, Aquaporine, diffundieren kann. Ist z. B. in der Vakuole einer Pflanzenzelle die Konzentration an gelösten Teilchen höher als im umgebenden Medium, kommt es zu einem Wassereinstrom in die Vakuole, da die gelösten Teilchen die Membran nicht passieren können. Durch diesen, **Osmose** genannten Vorgang, sind Pflanzen in der Lage, dem Boden Wasser zu entziehen. Trinken wir Salzwasser, wird uns die Osmose zum Verhängnis. Das höher konzentrierte Salzwasser entzieht den Körperzellen Flüssigkeit und wir verdursten.

Aktiver Transport erfolgt unter ATP-Verbrauch gegen den Konzentrationsgradienten. Man unterscheidet zwischen primär aktivem und sekundär aktivem Transport. Beim primär aktiven Transport werden die benötigten Moleküle direkt von einer „Pumpe" durch die Membran transportiert. Ein bekanntes Beispiel dafür ist die Natrium-Kalium-Pumpe (s. Seite 57). Beim sekundär aktiven Transport wird ein Gradient eines bestimmten Stoffes aufgebaut (z. B. Protonengradient). Die darin enthaltene Energie wird genutzt, um andere Stoffe entgegen deren Gradienten zu transportieren.

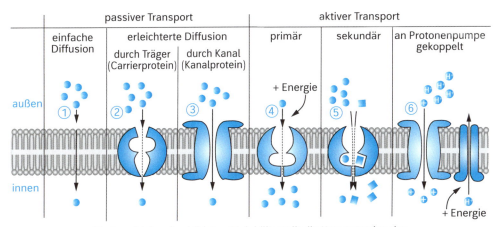

Die Anzahl der abgebildeten Moleküle stellt die Konzentration dar
(viele Moleküle = höhere Konzentration).
Die eckig dargestellten Moleküle in ⑤ werden gegen den Konzentrationsgradienten mittransportiert.

Schematische Darstellung verschiedener Transportmechanismen

Energie verbrauchende chemische Reaktionen, wie der o. g. aktive Stofftransport, sind nur durch **energetische Kopplung** möglich. Dabei wird die endergonische (Energie verbrauchende) Reaktion über Enzymkomplexe mit einer exergonischen (Energie liefernden) Reaktion gekoppelt. Die wichtigste exergonische Reaktion ist die Spaltung von **ATP** (Adenosintriphosphat) in ADP (Adenosindiphosphat) und Phosphat. ATP ist besonders als Energieüberträger geeignet, da es aufgrund seiner chemischen Struktur relativ viel Energie speichern kann und außerdem transportabel ist und daher überall im Organismus eingesetzt werden kann. Beispiele für energetische Kopplungen sind
- die ATP-Synthese durch den Abbau von Nährstoffen im Mitochondrium,
- die Natrium-Kalium-Pumpe,
- die Synthese von Kohlenhydraten in der Fotosynthese und
- die Muskelkontraktion.

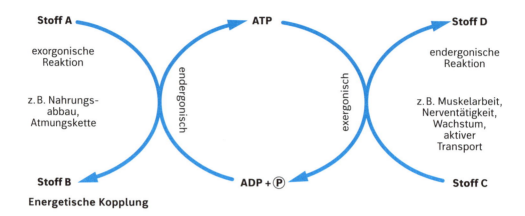

Energetische Kopplung

Moleküle des Lebens und Grundlagen der Vererbung

a. Aufbau der DNA, Proteine, Enzymatik (vgl. Übungsaufg. 2; 2014/1 Teil 4, 2014/2 Teile 1–4, 2014/3 Teil 1, 2015/4 Teile 1–4)

Grundbausteine der **DNA** sind Nukleotide. Sie bestehen jeweils aus Phosphorsäure, Desoxyribose (einem Fünffachzucker) und einer organischen Base (Adenin, Thymin, Guanin oder Cytosin). Über die Phosphorsäure am C_5-Atom der Desoxyribose wird ein Nukleotid unter Verbrauch von ATP jeweils mit dem C_3-Atom der Desoxyribose des nächsten Nukleotids zu einem Strang verbunden. Dabei ist die Reihenfolge der Basen frei kombinierbar. Eine weitere Verbindung erfolgt über Wasserstoffbrücken zwischen den Basen komplementärer Nukleotidstränge, wobei sich Adenin mit Thymin (zwei H-Brücken) sowie Guanin mit Cytosin (drei H-Brücken) komplementär paaren. Diese beiden gegenläufigen/antiparallelen (5'→3', 3'→5') Nukleotidstränge sind zur α-Doppel-Helix verdreht.

Bei Eukaryoten wird die DNA verpackt: So können sich nach der Synthese der DNA an die Basen, insbesondere an Cytosin, Methylgruppen anlagern (Methylierung). Dadurch wird die DNA nach außen hin geschützt. Außerdem wird die Doppelhelix um Histone zu einer Nukleosomenkette aufgewickelt, die sich weiter zu Chromosomen spiralisiert.

Proteine kommen in allen Lebewesen vor und übernehmen unterschiedlichste Aufgaben. Sie können an der Bildung mehr oder weniger fester Strukturen beteiligt sein, wie etwa das Keratin in Haaren und Nägeln, die Kollagene in Sehnen und Knorpeln oder die Muskeleiweiße Actin und Myosin. Neben diesen Strukturproteinen gibt es verschiedene Gruppen von funktionellen Proteinen. Dazu gehören z. B.: Enzyme, Peptidhormone, Transportproteine, Immunglobuline und Speicherproteine.

Grundbausteine der Proteine sind die 20 verschiedenen Aminosäuren, die alle die gleiche Grundstruktur besitzen und sich nur durch den sogenannten Rest unterscheiden. Dieser variiert in den chemischen Eigenschaften durch Struktur, elektrische Ladung oder Größe. Aminosäuren können unter Wasserabspaltung Peptidbindungen ausbilden und sich so zu Peptiden verknüpfen. Dabei reagiert die Carboxylgruppe der einen Aminosäure mit der Aminogruppe der folgenden Aminosäure. Werden weitere

Aminosäuren angehängt, entsteht eine Kette mit einer bestimmten Reihenfolge der Aminosäuren (Aminosäurensequenz). Man spricht hier von der **Primärstruktur** eines Peptids. Sie ist für jedes Protein typisch und spezifisch. Entsprechend der Anzahl der verbundenen Aminosäuren unterscheidet man Di-, Tri-, Oligo- oder Polypeptide. Erst ab einer Kettenlänge von mindestens hundert Aminosäuren spricht man von einem Protein. Die **Sekundärstruktur** kommt durch Spiralisierung (α-Helix) oder Faltung (ß-Faltblatt) zustande, wobei Wasserstoffbrücken zwischen den polaren Gruppen der Peptidbindungen (N-H···O=C) diese Organisationsstufe aufrechterhalten. Eine weitere höhere räumliche Struktur, die **Tertiärstruktur**, wird neben den Sekundärelementen durch verschiedene Bindungsarten zwischen den Aminosäureresten stabilisiert: VAN-DER-WAALS-Kräfte, Wasserstoffbrücken zwischen polaren Resten, Ionenbindungen oder kovalente Disulfidbrücken. Die daraus resultierende Konformation ist für jedes Protein einmalig und für seine spezifischen Eigenschaften verantwortlich. Viele Proteine in der Tertiärform sind wiederum miteinander verknüpft zu einer **Quartärstruktur**. Dazu gehört z. B. das Hämoglobin, das aus vier Proteinen in Tertiärform besteht, wobei je zwei gleich sind.

Bei der **Denaturierung** eines Proteins durch Säuren oder Hitze wird die räumliche Struktur zerstört. Dabei werden z. B. Wasserstoff- und sogar Disulfidbrücken, nicht aber Peptidbindungen gespalten, sodass zwar die Primärstruktur erhalten bleibt, die Funktion des Proteins jedoch verloren geht.

Aminosäure und Peptidbindung

Eine besondere Gruppe der Proteine stellen die **Enzyme** dar. Enzyme sind Biokatalysatoren, die durch Herabsetzen der Aktivierungsenergie biochemische Reaktionen ermöglichen oder beschleunigen, ohne sich selbst zu verändern. Enzyme zeichnen sich durch das aktive Zentrum aus, eine Region des Proteins, die gekennzeichnet ist durch eine bestimmte Form und Größe und ein besonderes Ladungsmuster der beteiligten Aminosäurereste. An dieser Stelle kann nur ein entsprechend gebautes Substrat binden (Substratspezifität), das auch nur auf eine spezifische Weise umgesetzt werden kann (Wirkungsspezifität). Daher ist das aktive Zentrum auch das katalytische Zentrum. Die Aktivität eines Enzyms ist abhängig von der Temperatur und dem pH-Wert. Es gilt die **Reaktionsgeschwindigkeit-Temperatur-Regel** (RGT-Regel): eine Erhöhung der Temperatur um 10 °C verdoppelt bis verdreifacht die Reaktionsgeschwindigkeit. Dies gilt aber nur bis zu der Temperaturgrenze, ab der das Enzym beginnt zu denaturieren. Bei vielen Enzymen liegt diese Grenze bei etwa 42 °C. Was den pH-Wert betrifft, haben vor allem die Verdauungsenzyme sehr unterschiedliche Optima, je nachdem ob sie im Mund, Magen oder Darm arbeiten. Die Enzymaktivität kann außerdem durch eine Veränderung der Substratkonzentration oder durch eine Hemmung reguliert werden.

Bei der **kompetitiven Hemmung** konkurrieren das Substrat und ein ähnlich gebauter Hemmstoff um das aktive Zentrum des Enzyms. Ist die Konzentration des Hemmstoffs höher als die des Substrats, besetzt der Hemmstoff das aktive Zentrum schneller. Eine Erhöhung der Substratkonzentration führt zur Verdrängung des Hemmstoffs. Bei der **nicht-kompetitiven Hemmung** lagert sich im oder außerhalb des aktiven Zentrums ein Stoff an (z. B. Schwermetallionen), der die Tertiärstruktur des Enzyms so verändert, dass es nicht mehr arbeiten kann. Die nicht-kompetitive Hemmung ist im Gegensatz zur kompetitiven irreversibel, das Enzym ist dauerhaft geschädigt. Manche Enzyme verfügen zusätzlich über ein allosterisches Zentrum, in das sich ein allosterischer Inhibitor setzen kann, der die räumliche Struktur des Enzyms verändert, sodass das Substrat nicht mehr passt und das Enzym für die Verweildauer des Inhibitors gehemmt ist.

b. Replikation, Proteinbiosynthese, Wirkungsweise von Mutagenen (vgl. Übungsaufg. 3)

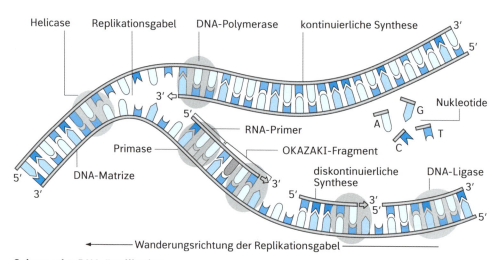

Schema der DNA-Replikation

Bei der **Replikation**/Verdopplung der DNA wird zunächst der Doppelstrang durch eine Helicase geöffnet. Dann werden durch eine Primase RNA-Primer (Starter) an den Einzelsträngen synthetisiert. Erst anschließend kann eine DNA-Polymerase DNA-

Nukleotide, die aus dem Cytoplasma stammen und die sich komplementär an den Elternstrang anlagern, zu einem neuen Strang verbinden. Somit enthält jeder neue Doppelstrang einen elterlichen Strang und einen neu synthetisierten Strang (semikonservative Replikation). Da die Synthese des neuen Einzelstrangs nur in 5'→3' Richtung möglich ist, kann nur einer der Einzelstränge kontinuierlich gebildet werden, die Synthese des anderen muss diskontinuierlich erfolgen. Die so entstehenden Teilstücke werden OKAZAKI-Fragmente genannt und durch das Enzym Ligase zusammengefügt. Bei Eukaryoten wird direkt nach der Replikation das Methylierungsmuster des Elternstrangs auf den Tochterstrang kopiert.

Die Umsetzung der Information der DNA in Lebensvorgänge steuernde Proteine (z. B. Enzyme, Carrier, Tunnelproteine, Myofibrillen u.s.w.) wird **Proteinbiosynthese** genannt. In diesem Verfahren werden entsprechend der Basensequenz der DNA spezifische Aminosäuren zu einer Kette verknüpft. Dabei entspricht ein bestimmtes Basentriplett (eine Folge dreier Basen) einer bestimmten Aminosäure in der zu bildenden Kette. Dieser Zusammenhang wird **genetischer Code** genannt (vgl. Codesonne S. 32 f.). Er gilt für fast alle Lebewesen und ist somit universell. Da bei vier verschiedenen Basen und einer Informationseinheit aus insgesamt drei Basen insgesamt $4^3 = 64$ Kombinationsmöglichkeiten bei nur 20 existierenden Aminosäuren zur Verfügung stehen, codieren teilweise mehrere Tripletts für die gleiche Aminosäure: „Der Code ist degeneriert".

Die Proteinbiosynthese läuft bei den Prokaryoten (Zellen ohne Zellkern, z. B. Bakterien) einfacher ab als bei den Eukaryoten (Zellen mit Zellkern). Bei den Prokaryoten geschieht die Umsetzung der Information der DNA in den Aufbau von Proteinen in zwei Schritten: der Transkription, also dem Überschreiben der Information von der DNA in die der mRNA und der Translation, d. h. der „Übersetzung" der mRNA-Information in die entsprechende Aminosäuresequenz, die dann z. B. als Katalysator (Enzym) oder als Baustein für Zell- und Gewebestrukturen (z. B. Aktin, Keratin) fungiert.

DNA → | Transkription | → m-RNA → | Translation | → Protein

Schematische Darstellung der Proteinbiosynthese bei Prokaryoten

Transkription

Die DNA öffnet sich nach Bindung der RNA-Polymerase an dem Promotor (Abschnitt mit einer spezifischen Nukleotidsequenz), die Doppelhelixstränge liegen jetzt getrennt vor. An einem der beiden Stränge (codogener Strang) werden die zu diesem Strang komplementären Nukleotide in 5'→3' Richtung angelagert. Danach löst sich der neugebildete Nukleotidstrang (mRNA) von der DNA und wandert zu den Ribosomen.

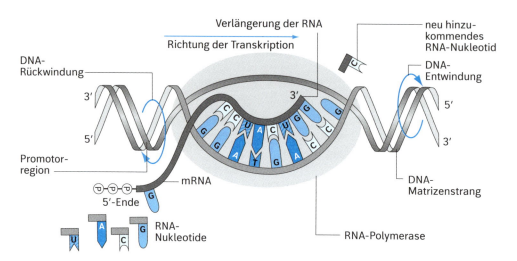

Transkription

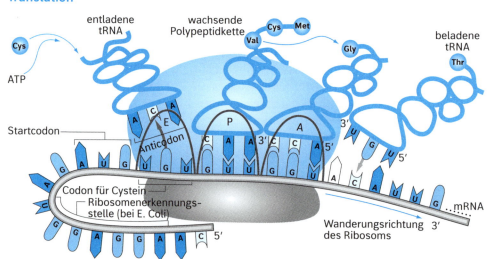

Translation

Die Translation findet an den aus einer kleineren und einer größeren Einheit bestehenden Ribosomen statt. Nachdem durch ein Erkennungstriplett die Anlagerung der mRNA gesichert wurde, wandert die kleinere Einheit des Ribosoms in Richtung 3'-Ende der mRNA. Am Startcodon (AUG) beginnt die Synthese des Proteins (stets mit der Aminosäure Methionin), hier kommt die größere Einheit des Ribosoms hinzu. Als Lieferanten der Aminosäuren und Übersetzer der Nukleotidkette in die Aminosäurekette dienen aktivierte tRNA-Moleküle. Diese besitzen an einer Stelle ein spezifisches Basentriplett (Anticodon) und auf der gegenüberliegenden Seite des Moleküls eine Bindestelle für eine spezifische Aminosäure. Spezifische Enzyme des Ribosoms bewirken die Bindung des Anticodons mit dem entsprechenden Triplett der mRNA (Codon) und die Ablösung der Aminosäure von der tRNA sowie die Verknüpfung der Aminosäure mit der vorherigen Aminosäure entsprechend der Codierung auf der mRNA.

Die Proteinbiosynthese bei Eukaryoten unterscheidet sich im Wesentlichen von der bei Prokaryoten durch einen zusätzlichen Prozess, nämlich den des Spleißens, der zwischen der Transkription (im Zellkern) und der Translation (im Cytoplasma) an der Zellkernmembran abläuft.

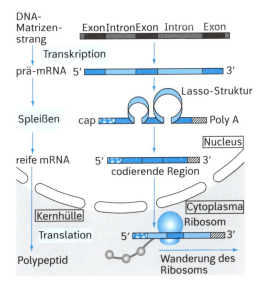

Proteinbiosynthese bei Eukaryoten

Die DNA der Eukaryoten enthält für die Codierung eines Enzyms eine wesentlich längere Nukleotidkette, als eigentlich notwendig wäre. Die prä-mRNA enthält nicht nur die Information für die Realisierung eines Proteinmoleküls, sondern zusätzlich eine Reihe von mRNA-Abschnitten, die z. B. für Regulierungsvorgänge verwendet werden. Dann folgt der Prozess des Spleißens, bei dem die für die Translation nicht benötigten Abschnitte (Introns) durch Bildung von Schleifen herausgeschnitten werden. Folglich verlassen nur die Exons als reife mRNA den Zellkern. Weil beim Spleißen nicht immer dieselben Abschnitte herausgeschnitten werden, können bei Eukaryoten unterschiedliche Proteine vom gleichen DNA-Abschnitt gebildet werden. Dies wirft natürlich wiederum Probleme mit dem bisher benutzten Genbegriff (ein Gen – ein Polypeptid) auf, daher steht dieser zur Zeit wieder in Diskussion. Daneben ergeben sich zusätzliche Möglichkeiten für die Bildung von RNA-Abschnitten, die für Regulationsprozesse verwendet werden können (vgl. epigenetische Phänomene).

Mutagene und Mutationen (vgl. Übungsaufg. 2; 2014/2 Teil 3, 2015/ 4 Teil 3)

Sprunghafte Veränderungen des Erbgutes werden **Mutationen** genannt. Chemische oder physikalische Faktoren, die diese Veränderungen verursachen, bezeichnet man als Mutagene. Physikalische Faktoren, die mutagen wirken, sind z. B. radioaktive oder auch UV-Strahlen, chemische Faktoren sind z. B. agressive Stoffe wie salpetrige Säure, die mit den Nukleotiden reagieren und sie verändern.

Mutationen werden unterschieden in:
- Genommutationen – Veränderungen des Genoms, also der Chromosomenzahl in einer Zelle,
- Chromosomenmutationen – Veränderungen des Chromosoms (seiner Länge, Form etc.),
- Genmutationen – Veränderungen eines Gens.

Allerdings gibt es auch Übergänge: Z. B. lassen sich Deletionen (Bruchstückverluste innerhalb eines Gens) sowohl als Genmutationen (Verkürzung eines Gens) als auch als Chromosomenmutation (Verkürzung eines Chromosoms) auffassen. Eine Fusion (Verknüpfung von Chromosomen) kann als Chromosomenmutation (Verlängerung eines Chromosoms) oder auch als Aneuploidie (Veränderung des Chromosomensatzes um ein Chromosom: 2n-1) bezeichnet werden.

Bei den Genmutationen kann man wie bei den Chromosomenmutationen Inversion (ein DNA-Abschnitt wird nach Schlaufenbildung in umgekehrter Reihenfolge wieder eingebaut), Insertion (Hinzufügen eines Nukleotids) und Deletion (Entfernen von Nukleotiden) unterscheiden.

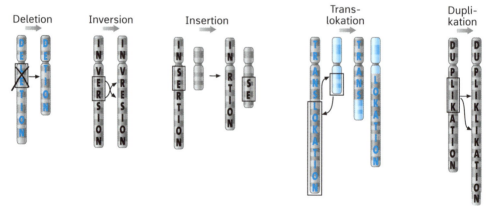

Mutationstypen

Häufigste Form der Genmutationen ist die Punktmutation, bei der in der DNA nur ein Nukleotid eines Gens verändert, entfernt oder hinzugefügt wird. Entsprechend ihrer Folgen für den Organismus können Punktmutationen als stumm bzw. neutral oder als Missense- oder als Nonsense-Mutationen bezeichnet werden.

Bei einer stummen Mutation kann aufgrund des degenerierten Codes die gleiche Aminosäure eingebaut werden oder der Einbau einer anderen Aminosäure in ein

Protein findet nicht im aktiven Zentrum statt und bleibt für die Funktion des Proteins folgenlos. Missense-Mutationen führen immer zum Einbau einer anderen Aminosäure. Diese Mutationen haben je nach Lage der Aminosäure im Protein und Unterschied der neuen Aminosäure zur vorher eingebauten leichte oder schwere Folgen für das Individuum. Nonsense-Mutationen sind solche, die z. B. zum Abbruch der Aminosäurekette führen, indem sich ein Triplett zum Stopp-Codon wandelt. Auch sie haben fast immer weitreichende Folgen für den Organismus.

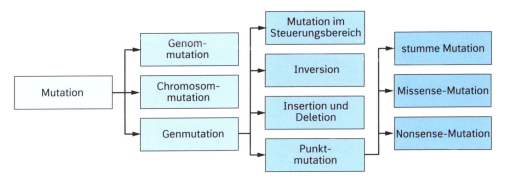

Übersicht über die Formen der Mutationen

c. Genwirkketten, Regulation der Genaktivität am Beispiel der Prokaryoten (Operon-Modell im Zusammenhang mit Stoffwechselaktivitäten bei Bakterien; vgl. Übungsaufg. 1; 2014/2 Teil 4, 2014/3 Teil 2)

Lange Zeit glaubte man ein Gen würde für ein Merkmal codieren. Erst die Erforschung bestimmter Stoffwechselkrankheiten (Mangelmutanten), veränderte den Genbegriff. Man erkannte, dass zahlreiche Stoffwechselreaktionen aus einer Abfolge voneinander abhängiger Zwischenschritte bestehen. Jeder Zwischenschritt wird von einem Enzym katalysiert, für das wiederum ein Gen codiert (Genwirkkette). Die „Ein-Gen-ein-Enzym-Hypothese" war geboren. Da Gene nicht nur Enzyme codieren, veränderte man sie zur „Ein-Gen-ein-Polypeptid-Hypothese". Gene codieren aber auch RNAs, daher definiert man ein Gen heute als „einen Abschnitt auf der DNA der die Information zur Herstellung einer funktionellen RNA enthält".

Die **Regulation der Genaktivität** in der Zelle, also die Frage des Zeitpunkts und der Bedingung, zu dem bzw. unter der ein Protein produziert wird, ist z. T. noch unbekannt. Für die Genregulation bei Prokaryoten (z. B. Bakterien) existiert seit vielen Jahren ein Modell von JAKOB und MONOD, das diese Regulation erklärt. Im Operon-Modell wird ein Abschnitt der DNA, der die Information für eine Stoffwechselkette enthält, als Operon bezeichnet. Es besteht zum einen aus Strukturgenen, die die Aminosäureketten der für den Stoffwechselvorgang benötigten Enzyme codieren. Ihnen vorgelagert ist ein Abschnitt aus DNA verbunden mit einem Protein (Operatorgen mit Repressor-Protein), der wie ein Schloss funktioniert und mithilfe dieses Repressors (Schlüssel) die Gentätigkeit ein- oder ausschaltet. Der Repressor wird als Protein an einer anderen Stelle der DNA, dem Regulatorgen, codiert. Die Produktion dieses Repressors unterliegt einer vom Operon unabhängigen Steuerung.

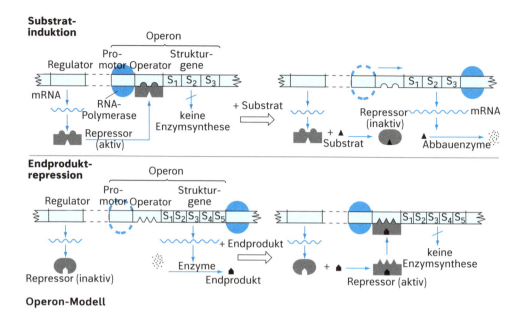

Operon-Modell

Das Operon-Modell unterscheidet für die Regulation der Gentätigkeit bei Bakterien zwei Typen von Genregulationen, die Substratinduktion und die Endproduktrepression. Bei der Substratinduktion löst das Vorhandensein des umzusetzenden Substrats durch Inaktivierung des Repressors die Produktion der zum Abbau notwendigen Enzyme aus. Bei der Endproduktrepression stoppt das Vorhandensein des Endproduktes durch Aktivierung des Repressors die Produktion der Enzyme.

Angewandte Biologie

Vorbemerkungen

Die Gentechnik gewinnt sowohl in der Medizin als auch in der Produktion von Lebensmitteln zunehmend an Bedeutung. Dem weiten Feld der Gentechnik mit all seinen – z. T. auch kritischen – Fragen kann und will der nachfolgende Text nicht gerecht werden. Hier soll es nur darum gehen die grundlegenden Methoden zu wiederholen, die Sie für die Abiturprüfung kennen müssen. Es ist durchaus denkbar, dass Sie in der Prüfung mit gentechnischen Fakten konfrontiert werden, von denen Sie noch nie gehört haben. Mit den nachfolgenden Grundlagen können Sie alle Fragen beantworten.

Werkzeuge und Verfahrensschritte der Gentechnik
(vgl. Übungsaufg. 3; 2014/3 Teil 4, 2015/2 Teil 4)

Mit Gentechnik werden Verfahren, die die Verknüpfung unterschiedlicher DNA-Abschnitte zum Ziel haben, bezeichnet. Hierbei können die Nukleotidsequenzen aus unterschiedlichen Zellen bzw. Lebewesen, aber auch aus künstlicher Produktion stammen. Zu diesem Zwecke sind Werkzeuge und Verfahrensschritte entwickelt worden.

a. Die wichtigsten Werkzeuge

Ein wichtiger Grundstein war die Entdeckung der **Restriktionsenzyme**. Restriktionsenzyme sind Schneideenzyme, die als molekulare Scheren wirken und die DNA in kleine Stücke zerschneiden. Jedes Restriktionsenzym schneidet an einer ganz bestimmten Basensequenz. Oftmals sind diese wenige Basen langen Sequenzen auf dem DNA-Doppelstrang spiegelbildlich angeordnet (Palindrom), wodurch das Enzym an beiden Strängen binden kann und i. d. R. keinen glatten Schnitt erzeugt, sondern sog. „klebrige Enden" (sticky ends). Schneidet man die DNA, die man gentechnisch verändern möchte und das einzubauende Gen mit dem gleichen Restriktionsenzym, passen die klebrigen Enden der DNA und des Gens genau aufeinander. **Ligasen**, wie man sie beispielsweise von der Replikation kennt (s. S. 42), verbinden die DNA und das eingesetzte Gen schließlich miteinander.

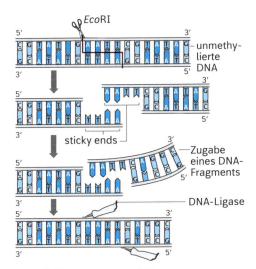

Restriktionsenzyme und Ligasen

Die Übertragung von Fremdgenen in das Erbgut eines Organismus erfolgt mittels **Vektoren** („Gentaxis"). Möchte man Bakterien gentechnisch verändern, eignen sich Plasmide oder Bakteriophagen, Bakterien befallende Viren. Der Gentransfer in Pflanzen erfolgt entweder durch Bakterien die Pflanzen infizieren können, wie z. B. *Agrobacterium tumefaciens* oder durch Beschuss mit einer Partikelkanone (particle gun). Mehr zur gentechnischen Veränderung von Bakterien finden Sie in Abschnitt b.

Mit der **PCR-Methode** können geringe Mengen DNA vervielfältigt werden. Dazu wird die DNA zusammen mit einer hitzestabilen Polymerase, zwei DNA-Primern und DNA-Nukleotiden inkubiert. Die DNA-Polymerasen stammen aus Organismen. Beispielsweise stammt die *Taq*-DNA-Polymerase von dem Bakterium *Thermus aquaticus*, das in heißen Quellen lebt. Durch die Wahl der Primer (für jede Syntheserichtung einen) wird der DNA-Bereich bestimmt, der vervielfältigt werden soll. Die Vervielfältigung von DNA-Abschnitten mithilfe der PCR-Methode erfolgt in drei Schritten: Durch Erwärmung der DNA auf über 94 °C wird durch Auflösung der Wasserstoffbrücken die

Doppelhelix in zwei Einzelstränge getrennt (Denaturierung). Danach wird auf 56 °C abgekühlt, sodass die Primer sich an den beiden entstandenen DNA-Einzelsträngen anlagern können (Primer-Anlagerung). Nun wird auf 72 °C (Optimum der *Taq*-DNA-Polymerase) erwärmt, sodass die DNA-Synthese mithilfe der Polymerase erfolgen kann (DNA-Synthese). Die drei Schritte der PCR werden im Thermocycler zyklisch wiederholt. Um zum Beispiel 1 Million gleiche DNA-Abschnitte (ca. 2^{20} Kopien) zu erhalten, muss das Verfahren 20 Mal hintereinander ablaufen.

Ein wichtiges Verfahren für genetische Nachweise, wie etwa den genetischen Fingerabdruck, ist die **Gelelektrophorese**. Die zu untersuchende DNA wird mit Restriktionsenzymen in unterschiedlich lange Stücke geschnitten. Die zu vergleichenden Proben, z. B. die am Tatort gefundene DNA und die der potenziellen Täter, wird in unterschiedliche Taschen eines in eine spezielle Kammer gegossenen Gels pipettiert und mit einer Pufferlösung bedeckt. Anschließend wird Spannung angelegt. Die aufgrund der Phosphatgruppen negativ geladene DNA wandert durch das Gel zum Pluspol. Die kurzen Stücke wandern dabei schneller als die längeren. Nach einer gewissen Zeit bilden sich verschiedene Banden jeweils gleichlanger DNA-Fragmente, die man einfärben und miteinander vergleichen kann.

Sucht man ein bestimmtes Gen, beispielsweise in einem Bakterienstamm, verwendet man dafür **Gensonden**. Das sind einzelsträngige DNA-Fragmente mit bekannter, zum gesuchten Gen komplementärer Basenabfolge, die zusätzlich mit einem Fluoreszenzfarbstoff oder radioaktiv markiert sind. Die zu untersuchende DNA wird zunächst erhitzt, damit sich die Doppelstränge lösen. Anschließend wird die Sonde dazugegeben, die mit dem Gen hybridisiert. Durch den Farbstoff oder auf einem Röntgenfilm kann die Position des gesuchten Gens sichtbar gemacht werden.

Will man eine DNA **sequenzieren**, also die komplette Basenabfolge eines Genoms entschlüsseln, verwendet man die **Kettenabbruchmethode nach Sanger**. Sie basiert auf einer künstlich ablaufenden Replikation. Zusätzlich zu den benötigten Zutaten (Polymerase, DNA-Nukleotide)

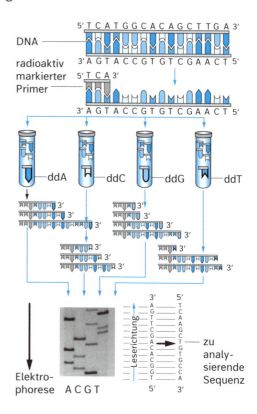

Kettenabbruchmethode nach Sanger

verwendet man radioaktiv markierte Primer und AbbruchNukleotide. Die DNA wird in vier verschiedenen Ansätzen repliziert, von denen jeder eines der vier AbbruchNukleotide enthält. Die Bedingungen der DNA-Synthese werden so gewählt, dass an jeder Position, an der z. B. die Base Adenin auftaucht, auch das passende AbbruchNukleotid stehen kann. Dadurch entstehen unterschiedlich lange Fragmente, die jeweils an der entsprechenden Base enden. Mit einer anschließenden Gelelektrophorese kann man die Fragmente der vier Ansätze nach ihrer Länge auftrennen und so die Abfolge der einzelnen Basen ablesen.

b. Herstellung und Isolation von gentechnisch veränderten Bakterien

Ein bekanntes und eines der ersten erfolgreichen Beispiele für die gentechnische Veränderung von Lebewesen ist die Herstellung von Insulin. Konnte Insulin früher nur aus den Bauchspeicheldrüsen von Rindern und Schweinen gewonnen werden, lässt es sich heute viel kostengünstiger mit Hilfe von Bakterien herstellen.
Dazu wird die reife mRNA für das Insulin mithilfe des Enzyms Reverse Transkriptase (vgl. S. 67) in den entsprechenden DNA-Strang zurück übersetzt (diese sog. cDNA enthält keine Introns) und mithilfe eines Restriktionsenzyms geschnitten. Mit dem gleichen Restriktionsenzym wird das Plasmid eines Bakteriums, das die Gene für die Resistenz gegen die zwei Antibiotika Ampicillin und Tetracyclin enthält, aufgeschnitten. Dadurch wird erreicht, dass sowohl die Empfänger-, also die Bakterien-DNA, als auch die Spender-DNA des Menschen die gleichen „sticky ends" erhalten, sodass sie leicht miteinander verkleben können.

Anschließend werden Empfänger- und Spender-DNA zusammengebracht und gemischt. In der Mischung können folgende DNA-Ringe entstehen, je nachdem, welche klebrigen Enden sich finden: ursprüngliche Bakterien-Plasmide mit den Genen für Ampicillin- und Tetracyclin-Resistenz, reine menschliche DNA aus dem Insulin-Gen und eine Misch-DNA, bei der das Insulin-Gen in das Bakterien-Plasmid eingebaut wurde und zwar innerhalb des Gens für Tetracyclin-Resistenz.

Die DNA-Ringe dieser Mischung werden nun durch Transformation (natürliche Aufnahme der Plasmide in die Bakterienzellen, meist durch Hitzeschock unterstützt) oder Transfektion (z. B. künstlich mit sogenannten Genkanonen, durch Mikroinjektion oder auch mit Hilfe von Liposomen) in die Bakterien eingeschleust.
Werden nun die so behandelten Bakterien auf unterschiedliche Nährböden gegeben, so wachsen diejenigen, die nur rein menschliche Insulin-DNA aufgenommen haben, weder auf solchen Nährböden, die Ampicillin enthalten, noch auf solchen mit Tetracyclin. Die Bakterien, die das Plasmid mit den zwei intakten Resistenzgenen aufgenommen haben, wachsen natürlich auf beiden Nährböden und diejenigen, die das Misch-Plasmid enthalten, nur auf dem Ampicillin-Nährboden, nicht aber auf dem mit Tetracyclin.
Überträgt man die Bakterien vom Ampicillin-Nährboden mit Hilfe der Stempeltechnik auf den mit Tetracyclin, kann man durch Vergleich die Bakterienkolonien, die das Gen für die Insulinsynthese im Bakterienplasmid enthalten, identifizieren, gezielt vermehren und somit Insulin großtechnisch in Fermentern gewinnen.

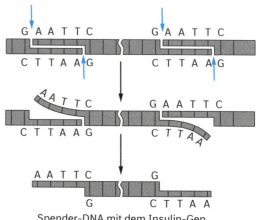

Insulinsynthese A

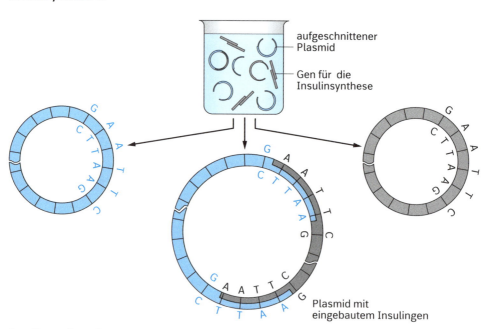

Insulinsynthese B

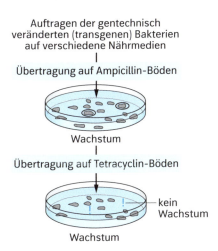

Insulinsynthese C

Anwendungen der Gentechnik (vgl. Übungsaufg. 2, 3; 2014/3 Teile 5–6, 2015/2 Teil 5)

Der **genetische Fingerabdruck** von Personen dient der Identifizierung mit einer Sicherheit von nahezu 100 %. Dazu verwendet man die Introns. Das sind die Abschnitte der DNA, deren Transkriptionsprodukte beim Spleißen herausgeschnitten werden. Abschnitte, die stets herausgeschnitten werden, stellen die nicht codierenden Teile der DNA dar und bestimmen somit kein einziges äußeres Merkmal oder gar eine Charaktereigenschaft. In diesen Abschnitten der DNA kommt es häufig zu Wiederholungen von bestimmten Nukleotidsequenzen. Solche Abschnitte werden STRs (short tandem repeats) genannt. Die Anzahl dieser Wiederholungen von je 2 bis 7 Basen sind sehr individuell und sind daher für den genetischen Fingerabdruck geeignet. Geeignete STRs werden zuerst durch die oben beschriebene PCR-Methode angereichert, dann durch das Gelelektro- bzw. Kapillarelektrophoreseverfahren entsprechend ihrer Größe getrennt und z. B. in einem Autoradiogramm sichtbar gemacht. Das dann entstehende Muster der unterschiedlichen STRs ist bei jedem Menschen anders. Die Sicherheit der Identifizierung wird dadurch erhöht, dass nicht nur ein einzelner DNA-Abschnitt untersucht wird, sondern viele; z. B. untersucht das FBI stets 13 definierte Intron-Abschnitte.

Von **grüner Gentechnik** spricht man, wenn Pflanzen gentechnisch verändert werden (transgene Pflanzen). Das geschieht entweder um Lebensmittel haltbarer bzw. ertragreicher zu machen oder um Futtermittel oder Baumwolle so zu verändern, dass sie gegen Schädlinge oder spezielle Insektizide bzw. Herbizide resistent sind. Als Beispiele seien die „**Anti-Matsch-Tomate**" und der Bt-Mais genannt. Bei ersterer hat man zu dem Gen, das für das Enzym Pektinase codiert, ein Antisens-Gen eingebaut. Die Pektinase baut das Pektin zwischen den Zellwänden ab und lässt die reife Tomate matschig werden. Das Gen wurde direkt hinter dem eigentlichen Gen nochmal in komplementärer Form eingebaut, sodass es automatisch mit dem normalen Gen transkribiert wird. Dadurch entsteht zu der eigentlichen mRNA eine komplementäre Antisens-mRNA. Die beiden mRNAs lagern sich zu einem Doppelstrang zusammen, werden funktionslos und abgebaut. Die Synthese von Pektinase wird so verhindert. Der **Bt-Mais** ist durch gentechnische Veränderung in der Lage, ein Gift gegen die Larven des Maiszünslers zu produzieren. Das Bt-Toxin ist ein für diese Insekten giftiges Protein, das von einem bodenlebenden Bakterium, dem *Bacillus thuringiensis* produziert wird. Es gelang, das entsprechende Gen in das Maisgenom zu transferieren.

Mit **roter Gentechnik** bezeichnet man die Erzeugung transgener Tiere. Man verfolgt entweder das Ziel die Produktivität zu steigern, Tiere mit bestimmten Resistenzen zu züchten oder nutzt die Tiere zur Herstellung von Medikamenten (Gen-Pharming). Als Beispiel sei das Schaf „Tracy" genannt, bei dem es gelang in die befruchtete Eizelle das menschliche Gen für den Wirkstoff α1-Antitrypsin (ATT) einzupflanzen. Tracy produziert diesen für Menschen mit ATT-Mangel lebensnotwenigen Stoff mit ihrer Milch.

Die Gentechnik eröffnet außerdem die Möglichkeit zur **Gentherapie**, zur Behandlung von Krankheiten, die auf einem genetischen Defekt beruhen. Dabei unterscheidet man zwischen somatischer Gentherapie und Keimbahntherapie. Bei der somatischen Therapie wird das defekte Gen in den betroffenen Körperzellen durch ein intaktes ersetzt. Besonders eignen sich dazu **Stammzellen**, etwa im Knochenmark, da diese lebenslang teilungsfähig sind. Ausdifferenzierte Körperzellen haben dagegen i. d. R. eine begrenzte Lebensdauer. Die bisherigen Erfolge sind sehr spärlich, da es schwierig ist zuverlässige und ungefährliche Vektoren zu finden. Die Keimbahntherapie sieht vor, dass man das entsprechende Gen in die befruchtete Eizelle injiziert. Da diese gentechnische Veränderung aber die embryonalen Stammzellen und damit nicht nur die Körperzellen, sondern auch die Geschlechtszellen beträfe, würde sie an die nachfolgenden Generationen weitergegeben werden. Da sich außerdem die Risiken der „Nebenwirkungen" einer solchen genetischen Veränderung der Keimzellen nicht vorhersagen lassen, ist die Keimbahntherapie weltweit verboten.

Auch in der Tier- und Pflanzenzucht sowie in der **Reproduktionsmedizin** werden durch die Methoden der Gentechnik neue Wege gegangen. So gelang es 1997 das erste Mal, ein erwachsenes Säugetier zu klonen. Das Klonschaf „Dolly" wurde weltbekannt. Es gibt mehrere Arten des **Klonens** in der Tierzucht. Bei Dolly wurde die Technik der Kerntransplantation angewandt. Dazu wurde der Eizelle eines Schafes der Kern entnommen und stattdessen der Zellkern einer Euterzelle eines zweiten Schafes eingesetzt. Die so „befruchtete" Eizelle wurde einem weiteren Schaf zum Austragen in die Gebärmutter eingepflanzt. Streng genommen hatte Dolly also drei Mütter und keinen Vater. Eine weitere Möglichkeit des Klonens bietet das Embryo-Splitting. Dazu lässt man eine befruchtete Eizelle mehrere Teilungsschritte durchlaufen und teilt diesen Embryo in lauter Einzelzellen, die man einer Leihmutter einpflanzt. Es entstehen eineiige Mehrlinge.
Die Zahl der Paare, die sich einer **künstlichen Befruchtung** unterziehen steigt stetig an. Die Gründe dafür sind vielfältig. Man unterscheidet zwischen künstlicher Besamung (Insemination), In-vitro-Fertilisation (IVF) und intracytoplasmatischer Sper-

mieninjektion (ICSI). Bei der IVF werden reife Eizellen der Frau im Reagenzglas mit Spermien des Mannes gemischt („Befruchtung im Reagenzglas"). Die erzeugten Embryonen werden in die Gebärmutter eingepflanzt. Die ICSI wird angewendet, wenn der Mann nur sehr wenige oder zu unbewegliche Spermien produziert. Dabei wird ein Spermium per Injektion in eine reife Eizelle übertragen. Der entstandene Embryo wird wie bei der IVF in die Gebärmutter eingepflanzt. Beide Verfahren bieten die Möglichkeit der **Präimplantationsdiagnostik** (PID). Dazu wird dem erzeugten Embryo eine Zelle entnommen und deren Erbgut auf Gendefekte untersucht. Kritiker der PID sehen u.a. die Gefahr, dass zu leichtfertig zwischen lebenswertem und nicht lebenswertem Leben unterschieden wird.

Aufnahme, Weitergabe und Verarbeitung von Information

Vorbemerkung

Dieses Kapitel ist in die beiden Bereiche Neurobiologie und Immunbiologie unterteilt. In der Neurobiologie müssen Sie den Aufbau und die Funktion von Nervenzellen ebenso kennen wie die Mechanismen der Reizaufnahme, die Reizumwandlung in elektrische Impulse und deren Weiterleitung entlang eines Axons und über Synapsen. Es kann durchaus passieren, dass Sie in der Abiturprüfung beispielsweise mit einer Erkrankung des Nervensystems oder Nervengiften konfrontiert werden, von denen Sie noch nie etwas gehört haben. Lassen Sie sich nicht davon verunsichern oder bei der Wahl der Aufgaben abschrecken, die Fragen werden sich, wenn auch hinter etwas Unbekanntem „versteckt", mit den folgenden Grundlagen beantworten lassen. Ähnliches gilt für die Immunbiologie. Wenn Sie die Grundlagen der unspezifischen und spezifischen Immunabwehr, die Struktur und Funktion der Antikörper und Lymphozyten und die Kommunikation zwischen den Zellen des Immunsystems verstanden haben und anwenden können, werden Sie in der Lage sein, alle noch so fremd klingenden Krankheiten oder Erreger zu erklären.

Neurobiologie

a. Vom Reiz zur Reaktion (vgl. Aufg. 5)

Alle Lebewesen sind in der Lage äußere und innere Reize aufzunehmen und darauf zu reagieren. Als Reize können u.a. Licht, Schall, Druck, Temperatur oder chemische Stoffe wirken. Ein Reiz wird von einem speziellen Reizrezeptor, einer **Sinneszelle**, aufgenommen. Je höher entwickelt ein Lebewesen ist, desto vielfältiger können die Form der Sinneszellen und deren Zusammenschluss zu hochspezialisierten **Sinnesorganen** sein. Jede Sinneszelle reagiert am besten auf ihren **adäquaten Reiz**, eine Lichtsinneszelle im Auge beispielsweise auf Lichtreize. Viele Sinneszellen lassen sich auch durch andere Reize erregen, wenn diese stark genug sind. So löst ein Schlag aufs Auge die Wahrnehmung eines Lichtblitzes aus. Wie unterschiedlich die einzelnen Reize auch sein mögen, sie werden von den Sinneszellen alle in elektrische Signale umgewandelt (Transduktion), die nicht mehr voneinander zu unterscheiden sind. Diese Impulse werden über angeschlossene Nervenzellen zum Zentralnervensystem weitergeleitet (afferente Nerven) wo sie zu einer Wahrnehmung oder einer Reaktion verarbeitet werden. Findet eine Reaktion außerhalb des ZNS, etwa in einem Muskel statt, erfolgt die Informationsweitergabe vom ZNS über abgehende (efferente) Nervenzellen.

b. Bau und Funktion eines Neurons (vgl. Übungsaufg. 4)

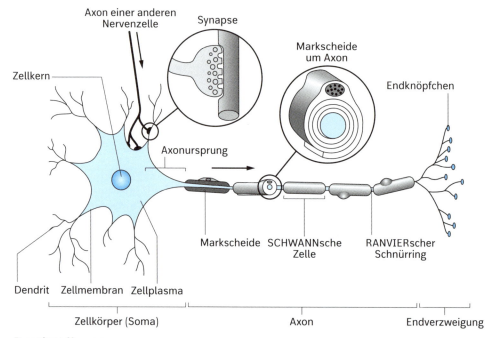

Bau eines Neurons

Bauelemente eines Neurons mit ihren Definitionen
Axon (wird auch als Neurit bezeichnet): Fortsatz von Nervenzellen, der Aktionspotenziale fortleitet. Die Erregung wird am **Endknöpfchen** mittels **Neurotransmitter** auf weitere Zellen übertragen.
Endknöpfchen: verbreitertes Ende eines Axons, enthält synaptische Vesikel, die mit Neurotransmitter gefüllt sind.
Glia: Gewebe aus Stützzellen, das für die Festigkeit des Nervengewebes, den Stofftransport im Nervensystem und die Isolierung der Neurone von Bedeutung ist.
Mark- bzw. Myelinscheide: schützende Hülle aus der Zellmembran von **Gliazellen**, die mehrfach um das Axon einer Nervenzelle gewickelt ist. Axone mit dieser Hülle bezeichnet man als markhaltig. Diese Gliazellen nennt man **Schwannsche Zellen**. Sie grenzen nicht ganz aneinander, weil sie von **Ranvierschen Schnürringen** unterbrochen werden. Myelinscheiden kommen nur bei Wirbeltierneuronen vor.

Ranvierscher Schnürring: An markhaltigen Axonen in regelmäßigen Abständen auftretender Bereich, an denen die Mark- bzw. Myelinscheide unterbrochen ist. Derartige Axone weisen nur dort spannungsgesteuerte Ionenkanäle auf, sodass bei ihnen nur an diesen Stellen Aktionspotenziale auftreten können.
Synapse: Kontaktstelle zwischen zwei Nervenzellen bzw. zwischen einer Nervenzelle und einer Muskel-, Sinnes- oder Drüsenzelle. Die meisten Synapsen übermitteln durch chemische Neurotransmitter Information. Zwischen den Zellen, die eine chemische Synapse bilden, befindet sich ein schmaler Spalt, der sogenannte synaptische Spalt.

c. Erregungsentstehung, Erregungsleitung, Synapsenvorgänge (vgl. Übungsaufg. 4, 5; 2014/1 Teil 1, 2015/1 Teile 2, 3)

Die Aufgabe der Neuronen liegt in der Aufnahme, Weiterleitung und Verarbeitung von Informationen in Form von elektrischen Impulsen. Daran sind Ionen beteiligt, deren Konzentrationen innerhalb und außerhalb des Neurons, getrennt durch die Zellmembran, meist unterschiedlich sind. Diese ungleiche Ionenverteilung wird durch die **Natrium-Kalium-Pumpe** aktiv aufrechterhalten. Die im Innern herrschende negative Ladung kann von den vielen K^+-Ionen im unerregten Zustand nicht ausgeglichen werden. Die dadurch an der Membran entstehende elektrische Spannung wird als Ruhepotenzial bezeichnet. Das Ruhepotenzial verändert sich, wenn ein Neuron z. B. durch Einwirkung eines Reizes oder durch eine vorangegangene Erregung erregt wird. Dies erfolgt durch den Einstrom von Na^+-Ionen aus dem Außenmedium ins Zellinnere. Hier kann die negative Ladung nicht nur ausgeglichen werden; es kann sogar ein Überschuss an positiver Ladung entstehen. Dieser Vorgang wird als Depolarisation bezeichnet. Sie entsteht lokal und breitet sich unter Abschwächung (Dekrement) über die Zelle aus. Durch einen erhöhten Ausstrom von K^+-Ionen aus der Zelle nach außen kehrt dann das veränderte Membranpotenzial zum Ruhepotenzial zurück. Erfolgt beispielsweise durch einen starken Reiz eine Depolarisation über einen Schwellenwert hinaus, so entsteht ein kurzzeitiges Aktionspotenzial, das sich nur im Axon bildet und dann zur Synapse weitergeleitet wird.
Depolarisation: Veränderung des Membranpotenzials zu Werten, die positiver als das Ruhepotenzial der Zelle sind.
Hyperpolarisation: Veränderung des Membranpotenzials zu Werten, die negativer als das Ruhepotenzial der Zelle sind.
Ionenkanal: Protein in der Zellmembran, das Ionen passieren lässt. Das Öffnen eines Ionenkanals kann durch eine Spannungsänderung über der Membran (spannungsgesteuerte Ionenkanäle, z. B. Natriumkanäle), durch Bindung bestimmter Moleküle (Liganden gesteuerte Ionenkanäle) oder durch mechanische Einflüsse (mechanisch gesteuerte Ionenkanäle) ausgelöst werden.
Ionenpumpe: aktives Transportsystem, das unter ATP-Verbrauch Ionen gegen das Konzentrationsgefälle durch Biomembranen schleust.
Membranpotenzial: elektrische Spannung über der Zellmembran. Sie kommt durch die unterschiedlichen Ladungen beiderseits der Membran zustande. Die Ladungsdifferenz beruht auf der unterschiedlichen Verteilung der Ionen zwischen dem Cytoplasma (u. a. viel K^+, wenig Na^+) und dem Außenmedium (u. a. wenig K^+, viel Na^+).
Ruhepotenzial: Membranpotenzial von erregbaren Zellen im unerregten Zustand

Erregungsleitung

Die Erregung eines Neurons wird, wenn sie überschwellig ist, als Aktionspotenzial weitergeleitet. Die Leitung erfolgt in Nervenfasern ohne Myelinscheide als kontinuierliche, relativ langsame Erregungsleitung, in myelinisierten Nervenfasern als **saltatorische Erregungsleitung** mit Bildung von Aktionspotenzialen nur an den RANVIERschen-Schnürringen. Dabei sorgt die Refraktärzeit dafür, dass das Aktionspotenzial nur in eine Richtung weitergeleitet wird und nicht zurücklaufen kann. Als Refraktärzeit bezeichnet man den kurzen Zeitraum nach einem Aktionspotenzial, währenddessen die Membran des Axons zunächst unerregbar (absolute Refraktärzeit) und anschließend vermindert erregbar ist (relative Refraktärzeit). Verursacht wird die Refraktärzeit durch Hyperpolarisation.

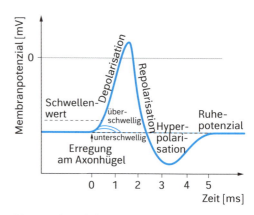

Phasen des Aktionspotenzials

Synapsenvorgänge mit molekularen Grundlagen

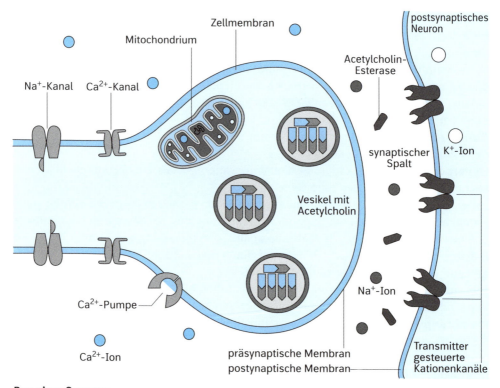

Bau einer Synapse

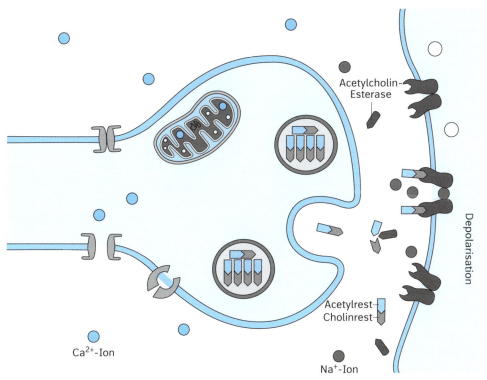

Ankommende APs bewirken eine Öffnung der Calciumionen-Kanäle und daraufhin das Verschmelzen der Vesikel mit der Membran

Erreicht ein Aktionspotenzial (AP) das Endknöpfchen, öffnen sich kurzzeitig spannungsabhängige Calciumionen-Kanäle: Calciumionen strömen in das Zellinnere, da für diese ein Konzentrationsgefälle zwischen der extrazellulären Flüssigkeit und dem Cytosol der Nervenzelle besteht. Calciumionen-Pumpen transportieren eingedrungene Calciumionen unter ATP-Verbrauch wieder nach außen. Der Anstieg der Calciumionen-Konzentration bewirkt, dass sich ein Teil der synaptischen Bläschen mit der präsynaptischen Membran verbindet. Acetylcholinmoleküle werden aus den synaptischen Bläschen freigesetzt und diffundieren durch den Spalt bis zur postsynaptischen Membran. Dort besetzen sie die Bindungsstellen der Acetylcholinrezeptoren, sodass benachbarte Ionenkanäle geöffnet werden. Entlang ihres starken Konzentrationsgefälles strömen nun Natriumionen in die postsynaptische Zelle. Gleichzeitig wandern nur wenige Kaliumionen nach außen. Diese Ladungsveränderung an der postsynaptischen Membran wird als EPSP, erregendes postsynaptisches Potenzial, bezeichnet. Es breitet sich über die postsynaptische Zelle aus. Wenn es am Axonhügel bzw. Axonursprung den Schwellenwert erreicht, wird die Erregung in Form eines Aktionspotenzials bis zur nächsten Synapse weitergeleitet. Das postsynaptische Potenzial wirkt nur über kurze Zeit. Die Acetylcholinmoleküle lösen sich schnell von ihren Rezeptoren und die Kationenkanäle schließen sich wieder, sodass der Einstrom von Natriumionen in die postsynaptische Zelle unterbleibt. Im synaptischen Spalt befindet sich das Enzym Acetylcholinesterase. Sobald die Acetylcholinmoleküle an

dieses Enzym gelangen, werden sie in ein Acetation und einen Cholinrest gespalten. Beide Stoffe werden wieder in die Nervenendigungen aufgenommen, wo aus ihnen erneut Acetylcholin gebildet und in Vesikel verpackt wird.
erregendes postsynaptisches Potenzial (EPSP): Depolarisation der postsynaptischen Membran aufgrund der Bindung eines Neurotransmitters an einen entsprechenden Rezeptor; erhöht die Wahrscheinlichkeit für die Ausbildung eines Aktionspotenzials.
hemmendes postsynaptisches Potenzial (IPSP): Hyperpolarisation der postsynaptischen Membran aufgrund der Bindung eines Neurotransmitters an einen entsprechenden Rezeptor; erschwert die Ausbildung eines Aktionspotenzials.
Neurotransmitter: chemische Substanz („Botenstoff"), z. B. Acetylcholin, die in der Synapse Information auf eine andere Zelle überträgt; wird von Nervenzellen hergestellt und an der präsynaptischen Membran der Synapse freigesetzt. Nach Diffusion durch den synaptischen Spalt bindet er an spezifische Rezeptoren in der postsynaptischen Membran.
postsynaptische Membran: zum synaptischen Spalt hin weisende Zellmembran der postsynaptischen Zelle.
postsynaptische Zelle: Zielzelle für die Information in einer Synapse.
präsynaptische Membran: zum synaptischen Spalt hin weisende Zellmembran der präsynaptischen Zelle.
präsynaptische Zelle: Zelle, die in einer Synapse die Information weitergibt.
synaptischer Spalt: Raum zwischen prä- und postsynaptischer Membran in einer chemischen Synapse.
Schwellenwert oder Schwellenpotenzial: Potenzial, das eine Nervenzelle am Axonhügel erreichen muss, damit ein Aktionspotenzial ausgelöst wird.
synaptische Vesikel: kleine, mit Neurotransmitter gefüllte Membranbläschen, die in den Endknöpfchen von Axonen gebildet werden und ihren Inhalt in den synaptischen Spalt freisetzen, wenn ein Aktionspotenzial das Axonende erreicht.

d. Synaptische Verschaltung und Verrechnung (vgl. Übungsaufg. 4)

Ein Neuron einer Nervenfaser wird nicht nur über eine einzelne Synapse erregt. Es werden vielmehr die Signale von zahlreichen Synapsen in einer Nervenzelle registriert. Die an den Synapsen ausgelösten postsynaptischen Potenziale (PSPs) breiten sich anders als Aktionspotenziale unter Abschwächung (Dekrement) über die Zelle aus. Sie können erregend oder hemmend wirken und dazu von unterschiedlicher Stärke sein. Diese PSPs unterschiedlicher Synapsen werden alle dann miteinander verrechnet, wenn sie nahezu gleichzeitig auftreten (räumliche Summation). Erreichen sie am Axonhügel den Schwellenwert, lösen sie gemäß ihrer Erregungsstärke ein oder mehrere Aktionspotenziale aus.
Auch die PSPs an einer einzigen Synapse können summiert werden, wenn präsynaptisch mehrere Aktionspotenziale kurz hintereinander einlaufen. Dies nennt man zeitliche Summation.

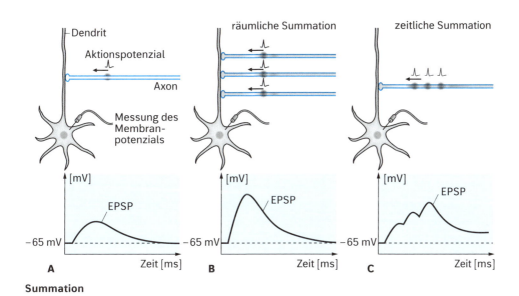

Summation

Ein einzelnes Aktionspotenzial löst ein geringeres EPSP aus (A). Wenn einzelne Aktionspotenziale an verschiedenen Synapsen gleichzeitig eintreffen (B) oder viele Aktionspotenziale rasch nacheinander an derselben Synapse (C), tritt Summation auf. Anmerkung: Nicht die Aktionspotenziale werden summiert, sondern deren Wirkungen, d. h. hervorgerufene PSPs.

e. Reizaufnahme und Erregung am Beispiel des Sehvorgangs

Der lichtempfindliche Teil des Auges ist die **Netzhaut**, die Retina. Sie besteht aus drei Zellschichten, wobei die Lichtsinneszellen, die Stäbchen und Zapfen, die unterste, lichtabgewandte Seite der Netzhaut bilden. Die 6 Millionen Zapfen und 120 Millionen Stäbchen sind unterschiedlich über die Netzhaut verteilt. Die für das Farbensehen zuständigen Zapfen befinden sich vor allem im Bereich der zentralen Sehgrube, dem gelben Fleck. Er ist, bedingt durch eine entsprechende neuronale Verschaltung, der Bereich des größten Auflösungsvermögens. An den Randbereichen der Netzhaut gibt es nur die fürs Hell-Dunkel-Sehen benötigten Stäbchen. Hier können wir keine Farben und nicht besonders scharf sehen, dafür ist die Lichtempfindlichkeit höher. Die Lichtsinneszellen sind über Bipolarzellen und amakrine Zellen mit Ganglienzellen verschaltet, deren Nervenfasern sich zum Sehnerv bündeln und über den blinden Fleck das Auge in Richtung Gehirn verlassen.

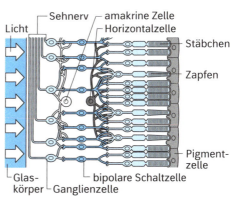

Bau der Netzhaut

Der an der Fototransduktion in den Stäbchen beteiligte Sehfarbstoff ist das **Rhodopsin**. Es besteht aus zwei Teilen, einem Proteinanteil (Opsin) und einem Farbstoffanteil (Retinal), und sitzt in den Membranscheibchen (Discs) der Stäbchen. In unbelichtetem Zustand des Stäbchens liegt das Retinal in der geknickten 11-cis-Form vor und ist mit dem Opsin verbunden. Außerdem sind die in der Außenmembran liegenden Na^+- und Ca^{2+}-Kanäle geöffnet, da sich cGMP, ein sekundärer Botenstoff, an spezielle Rezeptoren bindet. Der so ermöglichte Kationeneinstrom führt zu einem Ruhepotenzial von -35 mV. Das unbelichtete Stäbchen gibt fortlaufend hemmende Botenstoffe (Glutamat) an die benachbarte Bipolarzelle ab.

Trifft ein Lichtreiz auf das Stäbchen, wandelt sich das Retinal in die gestreckte All-trans-Form, löst sich vom Opsin und löst eine Signalwirkkette aus. Es aktiviert das Membranprotein Transducin, das seinerseits das Enzym Phosphodiesterase (PD) aktiviert. PD katalysiert den Abbau von cGMP zu GMP, wodurch sich die Na^+- und Ca^{2+}-Kanälchen schließen. Der fehlende Kationeneinstrom führt zu einer Hyperpolarisation der Membran auf -70 mV. Die Glutamatausschüttung an der synaptischen Endigung wird unterbrochen, wodurch die Hemmung der folgenden Bipolarzelle aufgehoben wird, die nun die nachfolgenden Ganglienzellen reizen kann. Wie bei Signalwirkketten üblich kommt es von Stufe zu Stufe zu einer Verstärkung des Signals. Ein umgewandeltes Retinal-Molekül kann so den Abbau von bis zu 100 000 cGMP-Molekülen zur Folge haben.

Enzyme katalysieren in den Pigmentzellen die Regeneration von All-trans-Retinal zu 11-cis-Retinal. Die Vorgänge in den Zapfen ähneln den beschriebenen stark, allerdings sind etwas andere Sehfarbstoffe daran beteiligt. Genau genommen gibt es drei verschiedene für die Farben blau, grün und rot. Alle anderen Farben die wir wahrnehmen können, entstehen durch additive Farbmischung der drei Grundfarben.

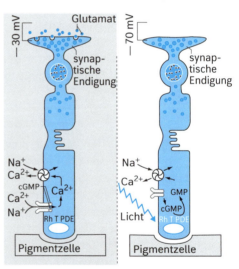

Vorgänge im Stäbchen

Immunbiologie

a. Struktur und Funktion des Immunsystems; unspezifische Abwehr

Das Immunsystem schützt uns permanent vor äußeren (Viren, Bakterien) und inneren (entartete Zellen) Gefahren. Dabei muss es zuverlässig zwischen körpereigenen und körperfremden Strukturen unterscheiden können. Der Schutz besteht aus drei unterschiedlichen „Verteidigungslinien". Eine erste, **passive** und **unspezifische Abwehr** bilden verschiedene Barrieren. Zu ihnen gehören:

- **Mechanische Barrieren** wie die Haut, Schleimhäute und Flimmerhärchen, die das Eindringen von Erregern verhindern, bzw. deren Absonderung übernehmen.
- **Chemische Barrieren** wie das saure Milieu der Haut, mancher Schleimhäute und im Magen oder Verdauungsenzyme im Speichel und der Tränenflüssigkeit.
- **Biologische Barrieren:** Die Bakterien der Darmflora konkurrieren mit potenziellen Krankheitserregern um den Lebensraum.

Werden diese Barrieren überwunden, etwa durch eine Verletzung der Haut, greift die zweite Linie, die **aktive unspezifische Immunabwehr**. Sie besteht aus verschiedenen Leukocyten, weißen Blutkörperchen. Zu ihnen gehören Fresszellen – Granulocyten und Makrophagen – und Mastzellen, die Histamin freisetzen. Histamin ist ein wichtiger Botenstoff bei Entzündungsreaktionen, der aber auch bei allergischen Reaktionen eine entscheidende Rolle spielt (S. 67). Die Fresszellen erkennen körperfremde Substanzen, phagocytieren und verdauen sie. Unterstützt werden die Leukocyten vom Komplementsystem, einer Gruppe von ca. 30 Proteinen, die vor allem an der Erkennung fremder Strukturen und der Zerstörung von Bakterien beteiligt sind. Wird auch diese Hürde überwunden und dringen Erreger in Blut- oder Lymphbahnen ein, übernimmt die dritte Verteidigungslinie, die **spezifische** oder **erworbene Immunabwehr**. Dieser Schutz ist nicht von Geburt an ausgebildet, sondern wird erst nach und nach erlangt. Die spezifische Immunabwehr ist sehr effektiv und wird im folgenden Abschnitt genauer betrachtet.

b. Spezifische Immunabwehr (vgl. Übungsaufg. 6; 2014/1 Teil 2, 2015/2 Teil 2)

Die wesentlichen Elemente der spezifischen Immunabwehr sind Antikörper und Lymphocyten. Die **Antikörper**, auch Immunglobuline (Ig) genannt, sind Proteine, deren Y-förmige Grundstruktur aus zwei schweren H-Ketten (**h**eavy) und zwei leichten L-Ketten (**l**ight) besteht. Die Ketten sind über Disulfidbrücken miteinander verbunden. Ein Teil dieser Ketten, der konstante Abschnitt, ist bei allen Antikörpern identisch aufgebaut. Die Besonderheit der Antikörper ist aber der variable Abschnitt, der bei allen unterschiedlich ist. Dadurch gibt es theoretisch zu beinahe jedem möglichen Eindringling den passenden Antikörper. Die große Vielfalt der Antikörper kommt dadurch zustande, dass die Antikörpergene während des Reifungsprozesses der Lymphocyten rekombiniert werden. Die Gene bestehen aus verschiedenen Abschnitten, die in unterschiedlicher Kombination zusammengesetzt werden können.

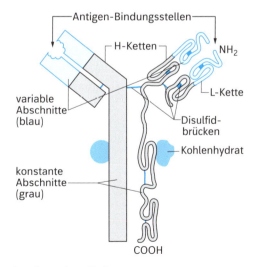

Struktur eines IgG

Man unterscheidet fünf **Antikörperklassen**:

Antikörperklasse	IgG	IgE	IgD	IgA	IgM
Struktur					
Funktion	Häufigster Antikörper; tritt v. a. bei Sekundärreaktionen auf	In Haut und Schleimhäuten; an der Abwehr von Wurmparasiten und allergischen Reaktionen beteiligt	Auf der Oberfläche von B-Lymphocyten; an der Erkennung von Antigenen beteiligt	In Speichel, Tränenflüssigkeit und Verdauungssäften; schützen vor Viren	Erste Antikörper bei Primärinfektion; aufgrund ihrer Struktur sehr effektiv im Verklumpen von Antigenen

Körperfremde Substanzen werden als **Antigene** bezeichnet. Die besondere Fähigkeit der Antikörper ist es, bestimmte Oberflächenstrukturen (Epitope) der Antigene zu erkennen und sich mit ihnen zu einem Antigen-Antikörper-Komplex zu verbinden. Da ein Ig-Molekül mindestens zwei Antigene gleichzeitig binden kann, kommt es durch die Antigen-Antikörper-Reaktion zu Verklumpungen (Agglutination), die von den Fresszellen leichter phagocytiert werden können.

Die **Lymphocyten**, eine spezielle Gruppe weißer Blutkörperchen, werden abhängig von ihrem Reifungsort in zwei Klassen unterteilt, die B- und T-Lymphocyten. B-Zellen reifen im Knochenmark (bone marrow), die T-Zellen in der Thymusdrüse. Die Vorläuferzellen der Lymphocyten bilden sich aus Stammzellen im Knochenmark. Während dieses Reifungsprozesses erhalten sowohl die B- als auch die T-Zellen Oberflächenstrukturen zur Erkennung von Antigenen. Bei B-Zellen sind das Antikörper, die in die Membran eingebaut werden, bei T-Zellen antikörperähnliche Strukturen. Die B-Zellen sind hauptsächlich an der humoralen und die T-Zellen an der zellvermittelten Immunantwort beteiligt.

Dringt ein Erreger, beispielsweise ein Virus oder Bakterium, in die Körperflüssigkeit (lat. *humor*) ein, kommt es zur **humoralen Immunantwort**, die im Wesentlichen aus folgenden Schritten besteht:
1. Makrophage phagocytiert das Antigen und präsentiert Bruchstücke davon an ihrem MHC-II Komplex (s.u.).
2. Makrophage verbindet sich mit einer T-Helferzelle und schüttet einen Botenstoff aus (Interleukin 1), wodurch die T-Helferzelle aktiviert wird.
3. Aktivierte T-Helferzelle teilt sich vielfach (klonale Selektion) in T-Helferzellen, T-Helfer-Gedächtniszellen und T-Supressorzellen.
4. T-Helferzellen schütten ebenfalls einen Botenstoff aus (Interleukin 2).

5. Interleukin 2 aktiviert B-Lymphocyten der seinerseits das gleiche Antigen aufgenommen hat und Bruchstücke auf der Oberfläche präsentiert. Durch die Aktivierung teilt sich der B-Lymphocyt tausendfach zu B-Plasmazellen und B-Gedächtniszellen.
6. B-Plasmazellen produzieren pro Sekunde mehrere Tausend zum Antigen passende Antikörper.
7. Antikörper agglutinieren freie Antigene, Makrophagen phagocytieren Antigen-Antikörper-Komplexe.
8. Nimmt die Zahl freier Antigene ab, fahren T-Supressorzellen die Immunantwort zurück.

Gelingt es einem Virus eine Wirtszelle zu befallen, präsentiert diese Antigenfragmente an ihrem MHC-I-Komplex (s. u.). Auch Tumorzellen und fremde Gewebe, z. B. ein Spenderorgan, werden an ihrem MHC-I-Komplex erkannt. Es kommt zur **zellulären Immunantwort**, die wie folgt abläuft:
1. T-Killerzelle bindet an den entsprechenden MHC-I-Komplex.
2. T-Helferzellen, die Kontakt mit dem gleichen Antigen hatten, schütten Interleukin 2 aus.
3. IL 2 aktiviert T-Killerzelle und regt sie zur Teilung an. Es entstehen T-Killerzellen, T-Gedächtniszellen und T-Supressorzellen.
4. T-Killerzellen verbinden sich mit befallenen oder entarteten Körperzellen und zerstören sie, indem sie deren programmierten Zelltod (Apoptose) einleiten oder sie mithilfe von Perforin durchlöchern und zum Platzen bringen.
5. Ist die Gefahr gebannt, fahren die T-Supressorzellen die Immunreaktion zurück.

Eine große Stärke der spezifischen Immunabwehr ist die Fähigkeit, Gedächtniszellen zu bilden. Kommt es zu einem erneuten Kontakt mit dem gleichen Antigen, werden die Gedächtniszellen aktiviert und die humorale und oder zelluläre Antwort kann wesentlich schneller ablaufen. Gedächtniszellen überdauern viele Jahre, teilweise sogar ein Leben lang. Dieses **immunologische Gedächtnis** macht man sich auch bei Schutzimpfungen zunutze.

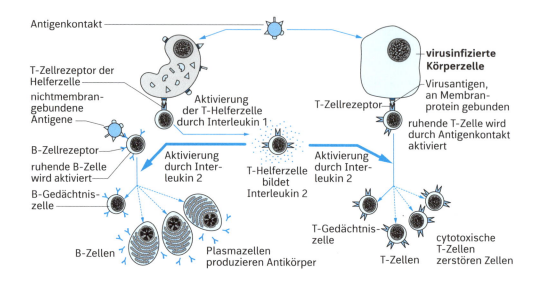

Ablauf der humoralen (links) und zellulären (rechts) Immunantwort

c. Kommunikation zwischen den Zellen des Immunsystems

Neben den o. g. Botenstoffen sind an der Kommunikation zwischen (befallenen) Körperzellen und Antigen präsentierenden Makrophagen auf der einen und T-Helferzellen bzw. T-Killerzellen auf der anderen Seite verschiedene Proteinkomplexe beteiligt.

Protein-komplex	MHC-I	MHC-II	CD4	CD8
Vorkommen	auf allen kernhaltigen Körperzellen	nur auf Zellen des Immunsystems	auf T-Helferzellen	auf T-Killerzellen
Funktion	weisen körpereigene Zellen als solche aus („Personalausweis"); von Viren befallene Körperzellen präsentieren hier translatierte Viren-Antigene; Andockstelle für T-Killerzellen	hier werden Antigene von phagocytierten Erregern präsentiert; Andockstelle für T-Helferzellen	Rezeptorprotein, das die Verbindung mit dem MHC-II unterstützt; Wirkung: Ausschüttung von IL 2; Andockstelle für das HI-Virus	Rezeptorprotein, das die Verbindung mit dem MHC-I unterstützt; Wirkung: Zerstörung der Zelle

Die Abkürzung MHC steht für **m**ajor **h**istocompatibility **c**omplex, was übersetzt so viel heißt wie „Haupt-Gewebeverträglichkeits-Komplex".

d. Störungen des Immunsystems (vgl. Übungsaufg. 6; 2015/2, Teile 1–5)

Hinweis: Da die folgenden Themen Wahlthemen sind und nicht alle behandelt werden müssen, sind sie hier nur relativ knapp wiedergegeben. Wiederholen Sie das im Unterricht bearbeitete Thema vor der Klausur mithilfe ihres Schulbuches nochmals intensiver. Obwohl nur Wahlthemen, können diese Themen alle im Abitur drankommen. Lassen Sie sich davon nicht beirren, Sie erhalten in diesem Fall alle benötigten Informationen in den entsprechenden Materialien. Sie benötigen zur Bearbeitung lediglich das in **a. – c.** aufgeführte Wissen.

Das **h**uman-**i**mmonodeficiency-**v**irus, kurz **HIV,** ist ein Virus aus der Familie der Retroviren. Retroviren tragen RNA als Erbgut in sich. Befällt das HI-Virus eine Wirtszelle, wird das Virengenom durch das Enzym Reverse Transkriptase zunächst in DNA umgeschrieben, die anschließend in das Wirtsgenom eingebaut wird. Hier liegt eine der großen Schwierigkeiten in der Bekämpfung des Virus. Die Reverse Transkriptase hat eine sehr hohe Fehlerrate, wodurch es zu einer permanenten Mutation des Virus kommt. Es ist damit dem Immunsystem und entwickelten spezifischen Medikamenten stets einen Schritt voraus. Das zweite Problem am HIV ist, dass es die T-Helferzellen, also die zentralen Schaltstellen der spezifischen Immunabwehr, befällt und zerstört. Die Infektion erfolgt, indem sich das Glykoprotein gp 120 mit dem CD4-Rezeptor verbindet. Sind irgendwann nicht mehr genügend T-Helferzellen vorhanden, bricht das Krankheitsbild AIDS aus. Der Patient stirbt aufgrund seiner Immunschwäche an Folgekrankheiten wie Lungenentzündungen, Pilzinfektionen o. Ä. Die nebenstehende Abbildung zeigt schematisch die Infektion der T-Helferzelle und die Schritte, die man unternimmt, um die Vermehrung des Virus medikamentös zu unterbinden.

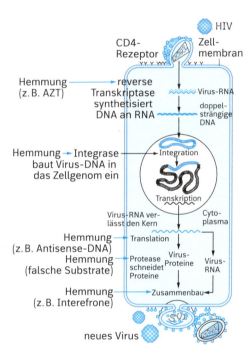

Infektion mit dem HI-Virus

Eine **Allergie** entsteht durch eine Überreaktion des Immunsystems gegen eigentlich harmlose Stoffe, wie z. B. Pflanzenpollen. Beim Erstkontakt bilden B-Plasmazellen Antikörper vom Typ IgE gegen den vermeintlichen Erreger. Diese IgEs setzen sich auf die Membran von Mastzellen. Kommt es zu einem erneuten Kontakt mit dem Antigen und besetzt das Antigen zwei Antikörper auf der Mastzelle gleichzeitig, veranlasst es diese, große Mengen Histamin auszuschütten. Histamin weitet die Gefäße. Die Folge sind Rötungen, Schwellungen und vermehrte Absonderung von Flüssigkeit an den Schleimhäuten. Im schlimmsten Fall kann es zu einem anaphylaktischen Schock kommen. Dabei werden die Blutgefäße so stark geweitet, dass der Blutdruck fällt bis die Betroffenen ohnmächtig werden oder im Extremfall sogar an Organversagen sterben können.

Bei einer **Autoimmunerkrankung** richtet sich die zelluläre Immunantwort fälschlicherweise gegen körpereigene Zellen. Bei Diabetes vom Typ 1 beispielsweise, dem Jugenddiabetes, zerstören T-Killerzellen die β-Zellen der Bauchspeicheldrüse, die das Hormon Insulin produzieren. Wie es zu einer solchen Verwechslung kommen kann ist noch nicht eindeutig geklärt, man vermutet aber, dass eine Infektion mit einem Virus vorausgegangen sein könnte, dessen Epitope den Oberflächenstrukturen der betroffenen körpereigenen Zellen so ähnlich sind, dass die spezialisierten Abwehrzellen anschließend die körpereigenen Zellen angreifen.

Evolution und Ökosysteme

Vorbemerkung

In den inhaltlichen Vorgaben des Kultusministeriums heißt dieses Kapitel zwar Evolution und Ökosysteme, tatsächlich sind die Ökologie und damit auch die Ökosysteme aber nicht Prüfungsthema. Vorgesehen ist lediglich, in der Kursstufe eine oder mehrere Exkursionen in ein Ökosystem zu unternehmen, um die Vielfalt des Lebens und die Bedeutung einer systematischen Ordnung der Lebewesen kennen zu lernen. Von der gebräuchlichen Systematik zur Einordnung von Lebewesen, der Taxonomie, sollten Sie tatsächlich etwas Ahnung haben. Es macht sich nicht gut, wenn Sie Begriffe wie „Art", „Gattung", „Familie" „Stamm" oder „Klasse" falsch verwenden. Prägen Sie sich die (vereinfachte) Systematik anhand des Beispiels in nebenstehender Tabelle ein. Mehr zur Systematik der Wirbeltiere finden Sie auf Seite 72.

Taxon	Beispiel
Reich	Tiere
Abteilung/Stamm	Wirbeltiere
Klasse	Säugetiere
Ordnung	Raubtiere
Familie	Katzen
Gattung	Altwelt-Wildkatzen
Art	Hauskatze

Beispiel für die Systematik der Tiere

Grundlagen evolutiver Veränderung

Eine Population ist eine Gruppe von artgleichen Individuen, die eine Fortpflanzungsgemeinschaft bilden, also einen gemeinsamen Genpool besitzen. Die Mitglieder der Population unterscheiden sich nicht nur in ihren Genen (Genotyp), sondern auch im Aussehen (Phänotyp) voneinander. Die daraus resultierende Variabilität kann durch neue Mutationen und zusätzlich durch unterschiedliche Kombinationen der Allele des gesamten Genpools vergrößert werden. Die genotypische Variabilität und somit auch die phänotypische ist die Grundlage für evolutive Veränderungen.

Art und Artbildung – Entstehung der Vielfalt und Variabilität (vgl. Übungsaufg. 8; 2014/1 Teil 3, 2015/1 Teil 1, 2015/3 Teile 3–4)

Zu einer Art werden alle diejenigen Individuen zusammengefasst, die unter natürlichen Bedingungen miteinander fertile Nachkommen haben. Zwischen diesen findet also ein Genfluss statt. Eine Art wird mit ihrem Gattungs- und Artnamen bezeichnet (z. B. *Homo sapiens*). Einflüsse, die einen Artenwandel hervorrufen können, werden als **Evolutionsfaktoren** bezeichnet. Dazu zählen:

Mutation und Rekombination: Mutationen liefern neue Allele. Sie verändern damit die Allelfrequenz in einer Population. Sexuelle Rekombination erhöht die Variabilität einer Population, ohne allerdings die Häufigkeit der Allele (Allelfrequenz) in einem Genpool zu verändern.

Selektion: Durch Auslese wird die Allelfrequenz im Genpool verändert. Der künstlichen Selektion, die vom Menschen ausgeht (Züchtung) steht die natürliche gegenüber. Sie kann sowohl von abiotischen Faktoren wie Temperatur, Wind etc. hervorgerufen werden als auch von biotischen wie Fressfeinden, Parasiten (zwischenartliche Selektion) sowie von Artgenossen (innerartliche Selektion, die z. B. zum Sexualdimorphismus führt).

Bei der Auswirkung der Selektion auf eine Population unterscheidet man die stabilisierende von einer gerichteten bzw. transformierenden und einer aufspaltenden bzw. disruptiven Selektion.

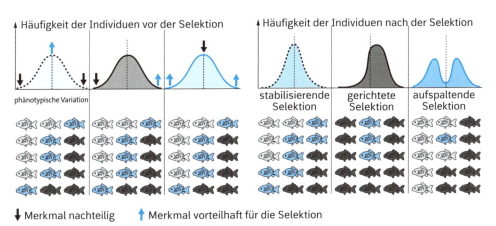

Auswirkungen der Selektion auf eine Population

Gendrift: Dieser Evolutionsfaktor bewirkt eine zufallsbedingte Änderung eines Genpools und damit der Allelfrequenz. Er ist für kleine Populationen bedeutend und spielt z. B. bei kleinen Inselpopulationen (Gründerpopulationen) eine Rolle.

Migration: Eine Veränderung des Genpools kann durch Zu- und Abwanderungen von artgleichen Individuen hervorgerufen werden.

Isolation: Werden Individuen von anderen Individuen derselben Art räumlich, zeitlich oder allgemein durch Änderungen, die sich auf den Bereich der Fortpflanzung auswirken, getrennt, so kann dies unterschiedliche Veränderungen für den einzelnen Genpool hervorrufen. Aufgrund des zunächst gebremsten und schließlich unterbrochenen Genflusses können z. B. unterschiedliche Neumutationen nicht mehr ausgetauscht werden. Die Isolation der Genpools kann durch vielfältige Faktoren bewirkt werden:
- geografisch (Kontinentalverschiebung, Insel-, Gebirgs- und Flussbildung, Meeresströmung, Autobahn etc.),
- ökologisch (unterschiedliche Nahrung, Paarungszeiten, Nistplätze etc.),
- ethologisch (verschiedene Balzrituale, Gesänge, Gefiederfarbe, Sexuallockstoffe und andere Locksignale),
- genetisch (Genomunverträglichkeit, unfruchtbare Nachkommen etc.),
- mechanisch (Geschlechtsorgane passen nicht mehr zusammen, kommt vor allem bei Insekten vor).

All diese Isolationsformen verhindern die Fortpflanzung zwischen Gruppen von Individuen und führen zur Aufspaltung eines vormals gemeinsamen Genpools.

Dabei unterscheidet man grundsätzlich zwischen zwei Formen der Artenbildung: Bei der **sympatrischen** Artenbildung entstehen in einem Lebensraum ohne geografische Isolation zwei neue Arten durch Ausbildung einer biologischen Fortpflanzungsschranke aufgrund ökologischer, ethologischer, mechanischer oder genetischer Isolationsfaktoren. Bei der **allopatrischen** Artenbildung führt die räumliche Trennung von Teilpopulationen zu einer Aufspaltung und Veränderung der beiden Genpools aufgrund unterschiedlicher Mutationen und Selektionen, die von den unterschiedlichen Umwelteinflüssen ausgehen. Bei beiden Formen der Artenbildung kommt es zu einer genetischen Separation, also der Auftrennung des Genpools. Bei einer allopatrischen Artenbildung zeigt sich dies aber erst, wenn nach einem Wegfall der geografischen Isolationsschranken die zuvor getrennten Populationen keine gemeinsamen Nachkommen mehr erzeugen.

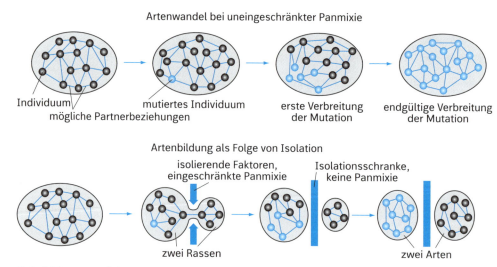

Entwicklung von Arten

Gelangen Gründerindividuen in einen Raum, in dem noch wenige ökologische Nischen ausgebildet sind, divergiert die neue Stammpopulation aufgrund vielfältiger Evolutionsfaktoren sehr schnell in viele Teilpopulationen. Dabei bilden die Teilpopulationen viele unterschiedliche ökologische Nischen aus (Einnischung). Dieser Vorgang wird **adaptive Radiation** genannt. Beispiele hierfür sind die Darwinfinken auf dem Galapagos-Archipel, die Kleidervögel auf Hawaii, die Beuteltiere Australiens oder die Tanreks auf Madagaskar, aber auch die vielen heimischen Hummelarten.

Evolutionshinweise und Evolutionstheorie

a. Rezente und paläontologische Hinweise (Homologie der Wirbeltiergliedmaßen; vgl. Übungsaufg. 7)

Aus allen Bereichen der Biologie gibt es Belege (Hinweise) für die Evolution. Die Paläontologie kennt Fossilien von Pflanzen und Tieren, die heute nicht mehr existieren. Darunter gibt es auch Übergangsformen, die Merkmale verschiedener Tiergruppen besitzen (z. B. Archaeopteryx mit Merkmalen von Reptilien und Vögeln). Auch die Merkmale rezenter (heutiger) Lebewesen, vor allem der Brückentiere, geben Hinweise auf die Entwicklung von Organismen. Rudimente und Atavismen sind nur erklärbar unter der Annahme von Evolution. Nur so können auch die Ähnlichkeiten in der Keimesentwicklung (Ontogenese) mit denen in der Stammesentwicklung (Phylogenese) erklärt werden. Belege für die Evolution sind auch Ähnlichkeiten im Aufbau der Proteine, Nucleinsäuren oder Zellorganellen sowie Organen unterschiedlicher Lebewesen. Obwohl nach dem gleichen Grundmuster aufgebaut, können sie eine andere Funktion besitzen.

Ist der Aufbau von Organen unterschiedlich, ihre Funktion aber gleich, handelt es sich um eine Analogie (z. B. Auge des Menschen und Auge des Tintenfisches). Diese Ähnlichkeit hinsichtlich der Funktion ist eine Folge der Anpassung an ähnliche Umweltbedingungen. Eine Ähnlichkeit des Bauplans trotz unterschiedlicher Funktion nennt man Homologie. Sie ist mit einer gemeinsamen Abstammung zu erklären. Ein bekanntes Beispiel sind die Homologien bei den Extremitäten der Wirbeltiere.

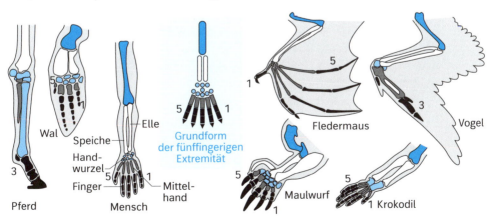

Homologie bei Wirbeltierextremitäten

Obwohl die Vorderextremitäten unterschiedlichen Funktionen (fliegen, graben, laufen oder schwimmen) dienen, haben sie einen gemeinsamen Grundbauplan. Ohne die Annahme der stammesgeschichtlichen Entwicklung könnte dies nur mit Zufällen erklärt werden. Die Annahme einer Evolution der Wirbeltierarten führt zu der Vorstellung einer früheren Existenz eines gemeinsamen Vorfahrens.

b. Systematik und phylogenetischer Stammbaum (grundlegende Zusammenhänge innerhalb des Wirbeltierstammbaums, vertiefend: phylogenetische Stellung Primaten; vgl. Aufg. 7)

Die heute benutzte Systematik der Pflanzen und Tiere geht auf CARL VON LINNÉ (1707–1778) zurück. Er gab den Lebewesen zweiteilige Namen (Gattung und Art) und ordnete sie auf der Basis von morphologischen Ähnlichkeiten. So fasste er ähnliche Arten zu Gattungen, ähnliche Gattungen zu Familien usw. zusammen. Dieses System von LINNÉ wird heute noch fast unverändert benutzt. Die Wirbeltiere werden z. B. in Klassen gegliedert: Fische, Amphibien, Reptilien, Vögel und Säuger. LINNÉ ging von der Konstanz der Arten aus.

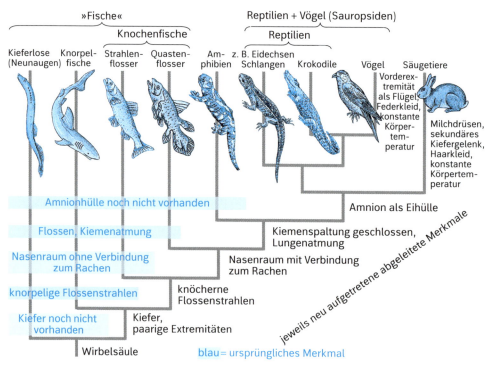

Stammbaum der Wirbeltiere

Stammbäume wie z. B. in der Abbildung der *Stammbaum der Wirbeltiere* können immer nur eine Hypothese darstellen. Stammbäume werden prinzipiell durch Vergleich, also das Feststellen von Ähnlichkeiten und Unterschieden, erstellt:

Evolution und Ökosysteme

Vergleich der Baupläne von Organen
- **Homologien** deuten auf eine divergente Entwicklung aus gemeinsamen Vorfahren hin und sind ein Beleg für Verwandtschaft. Es gelten die Homologiekriterien der Lage, der spezifischen Qualität und der Stetigkeit, d. h. der Verknüpfung durch Zwischenformen. **Analogien** deuten auf eine konvergente Entwicklung hin und machen keine Aussage über den Grad der Verwandtschaft. Die Knochen der Vorderextremitäten von Fledermaus und Vogel sind als homolog anzusehen, wenn man die Entwicklung der Vorderextremitäten der Säuger und Vögel aus den Vorderextremitäten der Reptilien als gemeinsamen Vorfahren betrachtet. Die Vorderextremitäten sind als analog anzusehen, wenn die Organe betrachtet werden, die zur Flugfähigkeit beisteuern: Die Flughaut ist also analog zu den Federn.
- **Rudimente** sind zurückgebildete Organe, die i. d. R. funktionslos sind oder einen Funktionswechsel erfahren haben. Reste des Beckengürtels bei Bartenwalen sind ein Hinweis dafür, dass die Vorfahren funktionierende Hintergliedmaße besaßen und somit Landbewohner waren. Heute dient dieser Knochenrest als Haltevorrichtung für den Penis. Bei Menschen gilt z. B. das Steißbein als Hinweis dafür, dass unsere Vorfahren einen Schwanz besaßen.
- **Atavismen** sind relativ seltene Abweichungen in der Ausbildung von anatomischen oder verhaltensbiologischen Merkmalen, die Ähnlichkeiten mit den Eigenschaften der Vorfahren aufweisen. Beim Menschen kennt man z. B. die schwanzartige Verlängerung des Steißbeins (seltener als 1 : 1 000 000), zusätzliche Brustwarzen oder eine Ganzkörperbehaarung.

Embryologie
Nach HAECKELS biogenetischer Grundregel ist die Ontogenese (Keimesentwicklung) ein kurzer Abriss der Phylogenese (stammesgeschichtliche Entwicklung). Nach heutigem Verständnis richtet sich die Individualentwicklung nur teilweise nach Entwicklungsprogrammen der stammesgeschichtlichen Vorfahren, sodass nur wenige Stadien der Embryonalentwicklung Anklänge an die stammesgeschichtliche Entwicklung zeigen. In wenigen Ausnahmefällen lassen sich ausgebildete Einzelmerkmale entdecken, die Übereinstimmungen mit Merkmalen der Vorfahren zeigen und somit Hinweise auf eine stammesgeschichtliche Entwicklung darstellen. Beispiele sind die Zahnanlagen im Kiefer von Bartenwal-Embryonen und die als Kiemenanlagen anzusehenden Furchen bei Landwirbeltieren.

Paläontologie
In seltenen Fällen wurden durch glückliche Zufälle Reste von Organismen (tiefgefrorene Mammuts, in Bernstein eingeschlossene Insekten, Knochen, Kalkschalen etc.) gefunden, die teilweise viele 100 Millionen Jahre überdauert haben. Hinzu kommen Abdrücke, Versteinerungen oder Inkohlungen. Diese Fossilien können uns Hinweise über den Weg der Evolution geben. Hierbei sind besonders Reste von Lebewesen von Bedeutung, die Ausgangspunkte von divergierenden Entwicklungen (z. B. Ur-Säuger) oder Übergangsformen unterschiedlicher Gruppen waren.

Schon LINNÉ hat den Menschen problemlos in sein System eingeordnet und ihn mit den Affen und Halbaffen zur Ordnung der Primaten (Herrentiere) zusammengefasst. Durch neuere Erkenntnisse konnte die Klassifikation der Primaten verfeinert und mithilfe weiterer Methoden zu einer Erstellung des Stammbaumes der Primaten genutzt werden.

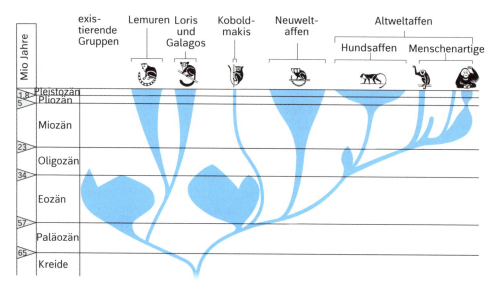

Stammbaum der Primaten

Oft unterstützen unterschiedliche Hinweise die gleiche Hypothese über die stammesgeschichtliche Entwicklung. Manchmal können diese Hinweise auch widersprüchlich sein. Dann können verschiedene Hypothesen aufgestellt werden und somit unterschiedliche Stammbäume erstellt werden. Wichtig ist: Stammbäume sind nur Hypothesen und sind nicht immer widerspruchsfrei. Sie können je nach Gewichtung der verschiedenen Hinweise unterschiedlich sein und sich im Laufe der Zeit ändern.

c. Vergleich und Beurteilung der Ergebnisse weiterer Analysemethoden: Vergleich von DNA- und Aminosäure-Sequenzen von Proteinen (vgl. Übungsaufg. 7; 2014/1 Teile 4–5, 2015/3 Teil 2 und 4)

Proteinvergleich
Proteine, die bei verschiedenen Lebewesen die gleiche Funktion übernehmen, müssen nicht völlig identisch sein. Mutationen (siehe Abschnitt Genetik) können zu Veränderungen führen, ohne die Funktionen des Proteins zu beeinträchtigen. Die Menge solcher Veränderungen sind ein Hinweis auf die stammesgeschichtliche Distanz bzw. die Verwandtschaft von Lebewesen. Keine oder wenige Unterschiede in der Aminosäuresequenz deuten auf einen kürzeren Zeitraum seit der Trennung, mehrere oder gar viele Abweichungen deuten auf einen längeren Zeitraum seit der Trennung hin. Ein gut geeignetes Untersuchungsobjekt ist das Cytochrom c, das als Enzym in allen Lebe-

wesen, die Mitochondrien besitzen, vorkommt. Neben dem heute üblichen direkten Vergleich der Aminosäuresequenz verglich man früher die Proteine auf indirektem Wege. Bei diesem Verfahren (Präzipitintest) werden Blutproteine von unterschiedlichen Säugetieren verglichen. Durch Injektion von Blutserum des zu testenden Tieres in ein anderes Säugetier wird zunächst ein Antiserum gewonnen. Dieses fällt bei der Zugabe zum Blut des zu testenden Tieres Blutproteine aus, deren Ausfällungsgrad man mit 100% angibt. Wird dieses Antiserum mit dem Blut anderer Säugetierarten vermischt, ist der Grad der Ausfällung kleiner. Je geringer der Grad, desto geringer die Ähnlichkeit der Proteine, desto geringer die stammesgeschichtliche Verwandtschaft.

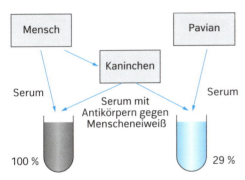

Präzipitintest am Beispiel Pavian und Mensch

DNA-Vergleich
DNA-Vergleiche geben genauso wie Proteinvergleiche Hinweise auf die stammesgeschichtliche Distanz von Arten. Große Ähnlichkeit bestimmter DNA-Abschnitte deutet auf geringe stammesgeschichtliche Distanz (hoher Verwandtschaftsgrad), geringere Ähnlichkeiten auf größere Distanz (geringerer Verwandtschaftsgrad) hin. Nicht codierende Abschnitte der DNA unterliegen in geringerem Maße der Selektion, weisen somit mehr Mutationen pro Zeit auf und sind exakter in der Bestimmung des Verwandtschaftsgrades. Die DNA-Unterschiede können sowohl qualitativ als auch quantitativ ausgewertet werden. Ein geeignetes Verfahren ist die DNA-Hybridisierung. DNA-Doppelstränge unterschiedlicher Arten werden durch Erhitzen voneinander getrennt (Schmelzen der DNA). Nach dem Abkühlen können homologe Abschnitte von DNA-Einzelsträngen unterschiedlicher Arten hybridisieren, indem sich zwischen komplementären Basen der beiden Einzelstränge Wasserstoffbrücken ausbilden. Beim erneuten Schmelzen dieser **Hybridstänge** trennen sich diese umso schneller, je weniger komplementäre Basen sie aufweisen. Gemessen wird die Temperatur, bei der die Hälfte aller Brücken aufgelöst ist (Schmelzpunktbestimmung). Je niedriger dieser Schmelzpunkt ist, desto geringer ist somit die Ähnlichkeit der beiden hybridisierten DNA-Einzelstränge und desto geringer die Verwandtschaft der untersuchten Arten.

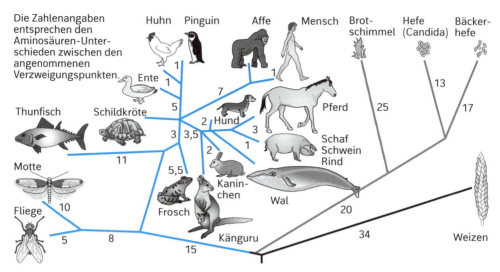

Stammbaum nur auf Basis des Vergleichs des Enzyms Cytochrom

d. Evolutionstheorien (vgl. 2014/1 Teil 3)

Nachdem LINNÉ in der 2. Hälfte des 18. Jahrhunderts damit begann, die Vielfalt des Lebendigen zu erfassen und sie im Wesentlichen entsprechend der Baupläne systematisierte, stellte CUVIER fest, dass die Organismen in der Vergangenheit nicht immer nur in der Form vorkamen, in der sie uns heute erscheinen. Beide Wissenschaftler konnten aufgrund ihrer Vorstellung, dass die Erde erst 6000 Jahre alt sei, keine oder keine hinreichende Erklärung für die Vielfalt des Lebens geben. Erst LAMARCK entwarf die Idee von der stammesgeschichtlichen Entwicklung des Lebendigen, mit der er die Vielfalt begründete. Zur Bekräftigung seiner Idee entwickelte er die Vorstellung von der Weitergabe erworbener Eigenschaften (durch Gebrauch oder Nicht-Gebrauch von Organen) von den Eltern an ihre Nachkommen. Diese Hypothese von der willentlichen und aktiven Anpassung des Individuums an die Umwelt konnte den späteren Erkenntnissen der Genetik nicht standhalten. 50 Jahre später, 1859, lieferte DARWIN eine neue Theorie für die stammesgeschichtliche Entwicklung des Lebendigen. Er übernahm eine Idee von MALTHUS und erkannte, dass Lebewesen mehr Nachkommen haben als zum Überleben der Art nötig wären. Diese weisen Unterschiede auf, die als Varianten für den Kampf ums Dasein (struggle for life) unterschiedlich geeignet sind. Der Bestangepasste setzt sich durch und überlebt in seinen Nachkommen als Tüchtigster (survival oft the fittest). Dabei bestimmt die Umwelt, wer am besten geeignet ist. Sie selektiert. Die Individuen werden mit ihren Eigenschaften der Umwelt ausgesetzt. Im Wechselspiel zwischen Umwelteinfluss und individueller Ausstattung ergibt sich der Grad der Angepasstheit. DARWIN bezog diese Erkenntnisse auf alle Lebewesen und formulierte sie als Selektionstheorie.

Zahlreiche Belege aus vielen Disziplinen der Biologie, z. B. der Genetik, der Paläontologie, Ethologie, Ökologie und Biochemie bestätigten DARWINS Selektionstheorie. Alle diese Erkenntnisse aus den unterschiedlichen Fachgebieten erweiterten die Selektionstheorie zur **Synthetischen Evolutionstheorie**.

Transspezifische Evolution der Primaten

Fossile und rezente Hinweise zur Evolution des Menschen

Die Einordnung des Menschen in die Ordnung der Primaten stellte von Anfang an keine Probleme dar. Die Stellung der einzelnen Menschenaffen zum Menschen und die damit verbundene Einordnung der Vorfahren der heutigen Menschen in den Stammbaum der Hominiden (Große Menschenaffen und Mensch) haben sich dagegen aufgrund neuer Erkenntnisse immer wieder verändert.

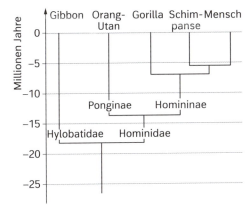

Stammbaum der Hominoiden

Folgende **fossile** anatomisch-morphologische Merkmale spielen bei der Erstellung des Stammbaums der Menschen und Menschenaffen eine Rolle:
- Die Lage des Hinterhauptloches in der Schädelbasis ist ein Hinweis auf die Angepasstheit an den aufrechten Gang (je mehr das Loch in der Mitte liegt, desto fortgeschrittener ist der Grad der Angepasstheit).
- Form des Schädels: Kräftige Überaugenwülste, eine weit vorspringende Schnauze (Prognathie) und ein fliehendes Kinn sind Merkmale der Menschenaffen. Größeres Hirnvolumen, Stirn und ein spitz zulaufendes Kinn sind Menschenmerkmale.
- Das Becken gibt Hinweise über die Angepasstheit an den aufrechten Gang. Eine schüsselartige Form ist ein Hinweis auf den aufrechten Gang.
- Eine doppel S-förmige Wirbelsäule zeigt wegen ihrer mechanischen Eigenschaften ebenfalls die Angepasstheit an den aufrechten Gang an.
- Form des Gebisses: Menschenaffen haben im Gegensatz zum Menschen parallele Zahnreihen und eine Lücke zwischen Schneidezähnen und Eckzähnen.
- Die Füße können mehr als Greiffuß oder mehr als Standfuß entwickelt sein.
- Die Hände können mit einem kurzen fast funktionslosen Daumen mehr ans Hangeln oder mit einem opponierbaren (gegenübergestellten) Daumen mehr ans Greifen angepasst sein.

Cytologisch-biochemische Untersuchungen an **rezenten** (heute lebenden) Menschen und Menschenaffen können ebenfalls Hinweise zur Erstellung eines Stammbaumes geben. Hierbei können die oben aufgeführten Methoden wie z. B. Protein- und DNA-Vergleiche zum Einsatz kommen.

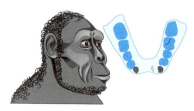

Name: Homo rudolfensis
Größe: bis 1,55 m
Fundort:
Turkana-(Rudolf-)See

Alter:
2,5 bis 1,8 Mio. Jahre
Gehirnvolumen:
600 bis 800 cm³

Name: Homo habilis
Größe: bis 1,65 m
Fundort:
Olduvai-Schlucht

Alter:
2,1 bis 1,5 Mio. Jahre
Gehirnvolumen:
500 bis 650 cm³

Name: Homo erectus
Größe: bis 1,65 m
Fundort:
Turkana-See,
Java, China

Alter:
1,8 Mio. bis 40000 Jahre
Gehirnvolumen:
750 bis 1250 cm³

Merkmale und Lebend-Rekonstruktion dreier Arten der Gattung Homo

Da die Hinweise nicht immer widerspruchsfrei sind, gibt es unterschiedliche Hypothesen und damit unterschiedliche Stammbäume der Hominiden. Ein zurzeit gängiger Stammbaum ist im Folgenden abgebildet:

Evolution und Ökosysteme

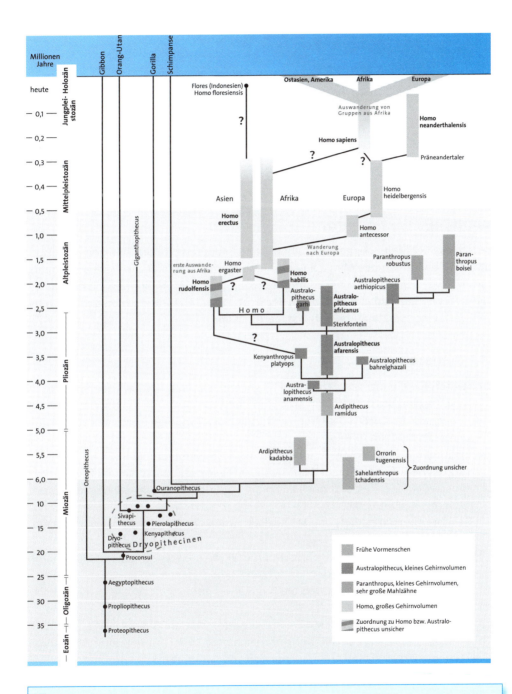

Tipp

Der vorliegende Stammbaum muss auf keinen Fall auswendig gelernt werden, er muss nur gelesen werden können. Bei einer Abituraufgabe mit diesem Thema werden die einzelnen fossilen Lebewesen im Material vorgestellt.

6 Übungsaufgaben

Zellbiologie; Molekulargenetik; genetische Steuermechanismen

Aufgabe 1: Genetische und epigenetische Regulation der Genaktivität

Einleitung

Erkenntnisse der Molekulargenetik haben große Bedeutung für die Pflanzen- und Tierzucht, die Gesundheit des Menschen und für allgemein biologische Fragestellungen. Ein Forschungsschwerpunkt beschäftigt sich damit, wie Informationen in Wirklichkeit umgesetzt werden, wie also z. B. die in der DNA enthaltene Information aktiviert oder deaktiviert, umgesetzt und beeinflusst werden kann.

Aufgabenstellung

1. **Benennen** Sie die mit den Ziffern 1 bis 8 gekennzeichneten Strukturen in M1.
2. (a) **Beschreiben** Sie mithilfe von M1 die Bildung von Sekreten auf der Schleimhaut der Bronchien. **Erläutern** Sie dabei ausführlich die Vorgänge, die zur Synthese von Proteinen im Schleim führen.
   (b) **Erläutern** Sie die biologische Bedeutung der Schleimhautsekretion.
   (c) **Vergleichen** Sie den Ablauf der Proteinsynthese bei Eukaryoten und Prokaryoten am Beispiel einer Zelle der Bronchialschleimhaut und dem Verursacher von Karies, *Streptoccocus mutans* (M2).
3. (a) **Beschreiben** Sie mithilfe von M3 die Regulation der Genaktivität nach dem Operon-Modell.
   (b) **Ordnen** Sie die in M4 beschriebenen drei Möglichkeiten der Regulation von Genaktivität in M4 den Abbildungen a, b und c **zu**.
   (c) **Erläutern** Sie mithilfe von M5 die Regulation der Proteinsynthese durch RNA-Moleküle.
4. (a) **Zeichnen** Sie mithilfe von M4 die Aussage des zweiten Satzes in M6.
   (b) **Werten** Sie die Ergebnisse der Untersuchungen von Grummt **aus**. **Skizzieren** Sie dazu das Ergebnis der Untersuchungen von Grummt als Antwort auf die in M6 gestellte Frage und bringen Sie es mit Ihrer Zeichnung aus Aufgabe 4(a) in Verbindung.
   (c) **Erläutern** Sie die weiter führenden Probleme und Fragestellungen, die sich bei der Anfertigung Ihrer Zeichnung ergeben.

Material

M1 Drüsenzelle

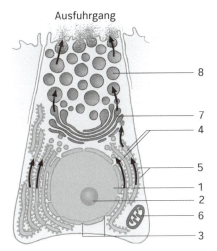

M1 Bau einer Drüsenzelle, schematisch

M2 Der Verursacher von Karies

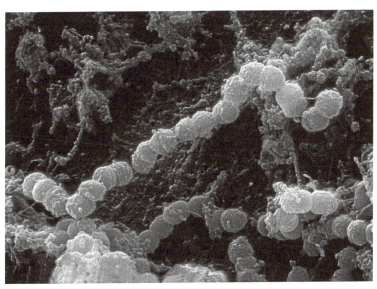

M2 *Streptoccocus mutans*. Das Bakterium bildet um sich eine schleimige Zellwand aus Kohlenhydraten und Proteinen. Zur Energiegewinnung betreibt es Milchsäuregärung.

M3 Regulation der Genaktivität

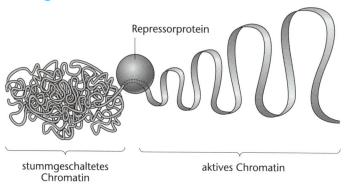

stummgeschaltetes Chromatin · aktives Chromatin

M3 Regulation der Genaktivität bei Streptokokken und anderen Bakterien

M4 Epigenetik

Veränderungen der Genaktivität, die nicht auf eine Änderung der Basensequenz zurückgehen, bezeichnet man als epigenetisch. Bisher sind vier verschiedene Mechanismen bekannt, von denen drei hier erwähnt und in den Abbildungen a, b und c dargestellt sind:

1. Mithilfe eines Enzyms kann innerhalb der DNA das Cytosin-Nukleotid in der Nachbarschaft von Guanin methyliert werden. Dadurch kann verhindert werden, dass der entsprechende DNA-Abschnitt abgelesen wird.
2. Transposone sind sogenannte „springende Gene", d. h. sie können sich selbst kopieren und werden anschließend in entfernt liegende Bereiche des Genoms eingebaut. Dadurch können Gene in ihrer Aktivität behindert oder besonders gefördert werden. Etwa 50 % des menschlichen Genoms besteht aus Transposonen.

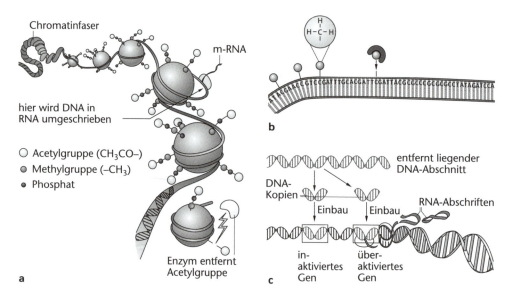

M4 Epigenetische Mechanismen

3. Die Chromosomen bestehen aus DNA und Chromatin, einer anfärbbaren Struktur aus Proteinen (Histone), an die noch weitere Substanzen gebunden sind, z. B. verschiedene funktionelle Gruppen. Acetylgruppen an den Histonen fördern die Aktivität benachbarter Gene; fehlen sie, wird die Aktivität herabgesetzt.

M5 Regulationsmöglichkeiten genetischer Aktivität durch RNA-Moleküle

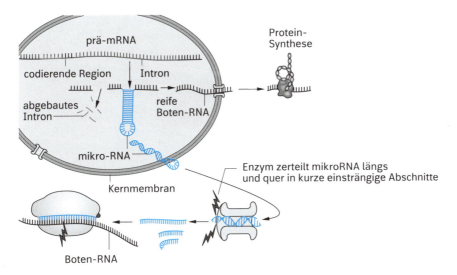

M5 a microRNA

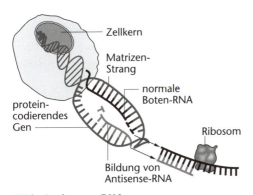

M5 b Antisense-RNA

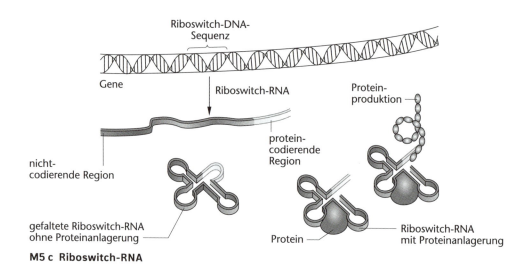

M5 c Riboswitch-RNA

M6 Blockierung von Genen

Zu den bekannten epigenetischen Mechanismen gehört die Stilllegung von Genen über Methylierung. Das erledigen spezialisierte Enzyme, die Methyltransferasen, die an bestimmte „Buchstaben" der Gene Methylmarkierungen anheften und damit das ganze Gen unzugänglich machen. „Eines der großen Rätsel der modernen Molekularbiologie ist: Woher wissen die Methyltransferasen, wo sie ihre Markierung anbringen müssen, um gezielt ein bestimmtes Gen zu inaktivieren?", erklärt Ingrid Grummt aus dem Deutschen Krebsforschungszentrum ihr Forschungsgebiet.

Die Wissenschaftlerin ist der Antwort auf diese Frage einen großen Schritt näher gekommen. Sie erforscht vor allem solche Abschnitte im Erbgut, die gar keine „Rezepte", also Anweisungen für den Bau eines Proteins, enthalten. Trotzdem werden diese Abschnitte auf kontrollierte Weise in RNA-Moleküle umgeschrieben. „Diese sogenannten nicht-codierenden RNAs enthalten keine Proteinrezepte. Sie sind wichtige Regulatoren in der Zelle, die wir gerade erst zu verstehen beginnen", so Ingrid Grummt.

In ihrer neuen Arbeit beweisen Grummt und ihre Mitarbeiter erstmals, dass die epigenetische Regulation und die Steuerung durch nicht codierende RNAs ineinandergreifen. Schleusen sie das nicht codierende RNA-Molekül „pRNA" künstlich in Zellen ein, so wird ein bestimmter Genschalter mit Methylmarkierungen versehen und die dahinter liegenden Gene werden nicht abgelesen. Der Trick bei der Sache: pRNA passt genau („komplementär") zur DNA-Sequenz dieses Genschalters. pRNA bildet dabei mit den beiden DNA-Strängen im Bereich dieses Genschalters eine Art Zopf bzw. Dreifach-Helix. Methyltransferasen wiederum können spezifisch an diesen Zopf andocken und werden dadurch genau an die Stelle dirigiert, wo ein Gen blockiert werden soll.

| Von der Zelle zum Organ | 85 |

> **Benötigte Fachkenntnisse**
>
> Aufbau einer tierischen Zelle, Proteinbiosynthese bei Prokaryoten und Eukaryoten, (S. 35 ff.)

> **Benötigte Methodenkenntnisse**
>
> Umgang mit Texten; Analyse von schematischen Zeichnungen; Übertragen von Textaussagen in schematische Zeichnungen

Lösungen

1. 1: Zellkern, 2: Kernkörperchen (Nukleolus), 3: Kernporen, 4: (raues) endoplasmatisches Reticulum, 5: Ribosomen, 6: Mitochondrium, 7: Dictyosomen/Golgi-Apparat, 8: Golgi-Vesikel/Sekretvesikel

2. (a) Die Sekrete auf der Schleimhaut bestehen aus einer wässrigen Lösung von Proteinen und Ionen. Diese Lösung wird in Sekretvesikeln, kleinen Bläschen im Cytoplasma der Schleimhautzelle, gesammelt. Die Bläschen entstehen durch Membranverschmelzung an den seitlichen Rändern des Golgi-Apparats. Der Golgi-Apparat ist mit dem endoplasmatischen Retikulum verbunden. Dieses Kanalsystem wird mit den Produkten der Proteinsynthese an den Ribosomen, die direkt am ER sitzen, gefüllt, indem diese mithilfe von Tunnelproteinen aus dem Cytoplasma am Ort des Entstehens durch die ER-Membran in das Innere des Kanalsystems transportiert werden. Die Proteine werden an den Ribosomen als Kette von Aminosäuren, die über Peptidbindungen miteinander verknüpft werden, gebildet. Dazu wird auf einem bestimmten Chromosom im Zellkern ein bestimmter DNA-Abschnitt mithilfe eines Enzymkomplexes (RNA-Polymerase) an den Wasserstoffbrücken zwischen den Basen getrennt und der codogene Strang der DNA vom 3´- zum 5´-Ende hin abgelesen und eine RNA gebildet. Diese prä-mRNA wird durch weitere Enzyme aufgeschnitten, Teilstücke (Introns) werden entfernt und der verbleibende Rest wieder zusammengesetzt (Spleißen). Die verbliebenen Exons bilden die reife mRNA, die zu den Ribosomen ins Cytoplasma gelangt. Dort werden aktivierte Aminosäuren mithilfe von tRNA-Molekülen miteinander zur Primärstruktur des Proteins verbunden.

   (b) Die Schleimproduktion dient der Abwehr und dem Abtransport von Fremdkörpern und Krankheitserregern. Staubpartikel, Bakterien, Pilzsporen usw. werden auf der Schleimoberfläche festgehalten und mithilfe von Flimmerhärchen gezielt nach außen transportiert. Der an der Verbindung von Luftröhre und Speiseröhre angekommene Schleim wird ausgehustet oder verschluckt.

(c) Ähnlichkeiten bestehen in der Abfolge der Umsetzung von der DNA über mRNA und AS-Kettenbildung an Ribosomen und der Umsetzung mithilfe des gleichen genetischen Codes. Dieser Code ist universal. Unterschiede bestehen in der Differenziertheit des Ablaufes. Das Spleißen bzw. die Reifung der mRNA tritt bei den Zellen der Bronchialschleimhaut auf, nicht aber bei *Streptoccocus mutans*.

3. (a) Endproduktrepression: Ein Repressorprotein wird an einer bestimmten Stelle des Genoms gebildet und durch Anlagerung des Endprodukts räumlich so verändert, dass das Protein sich an den Operator anlegt und damit eine weitere Bildung von mRNA verhindert. Hier wäre auch eine Erklärung der Substratinduktion denkbar.

(b) Mechanismus 1: M4 b, Mechanismus 2: M4 c, Mechanismus 3: M4 a

(c) M5 a zeigt, dass beim Ausschneiden der Introns und ihrer Zerkleinerung Bruchstücke entstehen, die sich ähnlich wie bei einer tRNA teilweise zu einem Doppelstrang zusammenlegen. Dieser wird von Enzymen so zerkleinert, dass bestimmte Nukleotidsequenzen übrig bleiben, die wie eine kurze Antisense-RNA wirken: Die Bruchstücke lagern sich an die komplementäre Basensequenz der mRNA an und deaktivieren sie dadurch. Ob ein bestimmtes Protein gebildet wird, kann also vom Vorhandensein bestimmter Enzyme im Cytoplasma abhängen, die die doppelsträngigen Introns auf spezifische Weise zerkleinern. In M5 b wirkt neben der „regulären" RNA-Polymerase eine weitere RNA-Polymerase. Die so entstehende Antisense-RNA verhindert bei Kontakt mit der mRNA am Ribosom die Bildung der Aminosäurekette, da durch das Ribosom nur ein einfacher Nucleinsäurestrang passt. In M5 c wird mithilfe von sogenannten RNA-Genen, also DNA-Abschnitten, die die Information für die Ausbildung von RNA enthalten, eine besondere RNA gebildet, die Riboswitch-RNA. Diese faltet sich zu einem doppelsträngigen RNA-Molekül. Sobald dieses RNA-Molekül mit einem passenden Protein Kontakt bekommt (Schlüssel-Schloss-Prinzip), wird das Molekül so geändert, dass die Riboswitch-RNA ein freies Ende erhält. Dieses hat die Funktion einer regulären mRNA, das die Synthese eines bestimmten Proteins bewirkt. Nur im Kontakt mit dem passenden Protein kann der codierende Abschnitt der Riboswitch-RNA also die Synthese einer Aminosäurekette veranlassen. Die Riboswitch-RNA besitzt folglich für die in ihr enthaltene Information einen „An- und Ausschalter".

4. (a) Zeichnung analog zu M4 b.

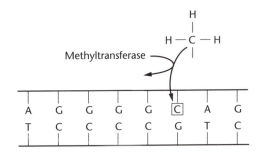

(b) Zeichnung:

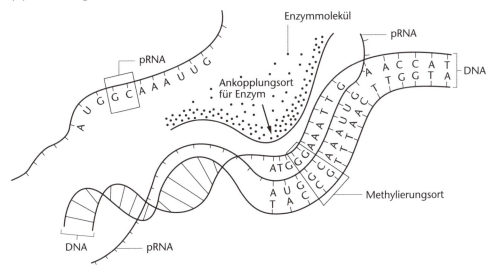

Sobald der „Zopf" bzw. die „Dreifach-Helix" gebildet ist, entsteht eine räumliche Struktur an diesem DNA-Abschnitt, der genau zu einer passenden Stelle des Enzyms Methyltransferase passt, sodass die Methyltransferase die in Nachbarschaft von Guanin befindliche Base Cytosin methylieren kann.

(c) Folgende Fragen können sich bei der Anfertigung der Zeichnung ergeben:
- Wie werden die Nukleotide der verschiedenen Nucleinsäurestränge miteinander verbunden, sodass eine „Dreifach-Helix" entstehen kann?
- Werden die Wasserstoffbrücken zwischen den Basen der beteiligten Stränge nur teilweise zwischen den beiden DNA-Strängen und der pRNA hergestellt?
- Werden die Wasserstoffbrücken abwechselnd zwischen den Basen der beteiligten Nucleinsäurestränge gebildet?
- Gibt es ganz andere, noch nicht erforschte Bindungsmöglichkeiten?
- Entsteht durch die Herstellung einer „Dreifach-Helix" an unterschiedlichen Genorten immer dieselbe passgenaue räumliche Struktur für die Methyltransferase?

Selbstdiagnosebogen

Aufgabe Nr.	Kernkompetenz	AFB	Punkte	erreichte Punkte	Förderung
1	Zellorganellen erkennen und benennen können	I	2		Struktur und Funktion der Zellorganellen (S. 36 f.)
2(a)	Kompartimentierung beschreiben	II	4		Bau der tierischen Zelle (S. 36)
2(b)	Beschreibung der Proteinbiosynthese bei Eukaryoten Funktionsbeziehungen auf der Eben von Organen erläutern	II	2		Proteinbiosynthese (S. 43 ff.)
2(c)	Vergleich der Proteinbiosynthese bei Eukaryoten und Prokaryoten	II	4		
3(a)	Regulation der Genaktivität bei Prokaryoten beschreiben	I	3		Regulation der Genaktivität bei Bakterien (S. 47 f.)
3(b)	naturwissenschaftliche Texte analysieren, Abbildungen deuten	I	4		Methodentraining: Analyse von Texten und Abbildungen (S. 18 ff.)
3(c)	Schlussfolgerungen aus dem molekularen Aufbau der RNA ziehen können	III	4		Bedeutung von Introns und nicht-codogenen Abschnitten der DNA (S. 45)
4(a)	mit Modellen arbeiten	I	2		Umgang mit Texten (S. 18 f.)
4(b)	Naturwissenschaftliche Texte analysieren und deuten biologische Sachverhalte veranschaulichen Struktur-Funktionsbeziehungen auf der Ebene von Molekülen erläutern	II	3		
4(c)	Fragen zu biologischen Sachverhalten entwickeln	III	3		

Gesamtpunkte: 30, davon AFB I: 10 Punkte (33,3 %); AFB II: 13 Punkte (43,3 %); AFB III: 7 Punkte (23,3 %)

> **Punktesammeltipp**
>
> Ein wichtiger Operator in dieser Aufgabe ist das Erläutern. Um Zusammenhänge gegliedert und systematisch darstellen zu können, empfiehlt sich vor der Formulierung des Textes die Aufstellung eines Beziehungsgefüges, mit dem die Reihenfolge und Bedeutung der Zusammenhänge festgelegt werden kann.

Materialgrundlage:

http://www.bio-pro.de/magazin/thema/00151/index.html?lang=de&artikelid=/artikel/05769/index

Molekulare Grundlagen: Enzyme, Proteinbiosynthese und Genwirkketten
Angewandte Genetik: Gensonde als Werkzeug der Gentechnik

Aufgabe 2: Glutarazidurie Typ I bei den Amish

Einleitung

Die Glutarazidurie Typ I (GA I) ist eine sehr seltene Stoffwechselerkrankung, die weltweit mit einer Häufigkeit von 1 auf 100 000 Neugeborenen vorkommt. Dagegen leidet eins von 400 Kindern bei den Amish an dieser Erbkrankheit. Die Amish gehören einer Glaubensgemeinschaft an, die heute vornehmlich in den USA und Kanada lebt. Sie sind bekannt dafür, dass sie viele Formen des technischen Fortschritts ablehnen und Neuerungen nur nach sorgfältiger Überlegung akzeptieren. Sie legen großen Wert auf Familie, Gemeinschaft und Abgeschiedenheit von der Außenwelt. Überwiegend stammen sie von Südwestdeutschen oder Deutschschweizern ab und sprechen untereinander meist Pennsylvaniadeutsch.

Aufgabenstellung

1. An Stoffwechselprozessen sind stets Enzyme beteiligt.
    (a) **Beschreiben** Sie den Aufbau und die Funktion eines Enzyms.
    (b) **Erklären** Sie, was man unter der RGT-Regel versteht.
    (c) Möchte man Versuche zur Enzymaktivität machen, ist es von großer Wichtigkeit, dass man steril und unter klar definierten Bedingungen arbeitet. **Begründen** Sie diese Notwendigkeit.
2. **Beschreiben** Sie die Erbkrankheit Glutarazidurie Typ I durch Auswertung der Materialien M1 bis M5 und **begründen** Sie Ihre Schlussfolgerungen. **Benennen** Sie auch den genetischen Defekt.
3. **Ermitteln** Sie mithilfe der Materialien M5 und M7 die Unterschiede im Bau der Glutaryl-CoA-Dehydrogenase von Gesunden und GA I-Patienten.
4. **Erläutern** Sie, wie mithilfe der Amniozentese und einer Gensonde festgestellt werden kann, ob ein menschlicher Embryo die Krankheit Glutarazidurie Typ I in den ersten Lebensjahren ausbilden oder nicht ausbilden könnte.
5. **Begründen** Sie mithilfe von M1, wie bei einem Neugeborenen die Krankheit Glutarazidurie Typ I biochemisch festgestellt werden könnte.
6. **Beurteilen** Sie die Aufnahme eines Glutarazidurie-Tests in die Testverfahren, die jedes Neugeborene durchlaufen muss (Neugeborenenscreening).
7. **Stellen Sie eine Hypothese auf** für eine Glutarazidurie-Typ I-Therapie.

Material

M1 Ausschnitt aus dem Aminosäurestoffwechsel

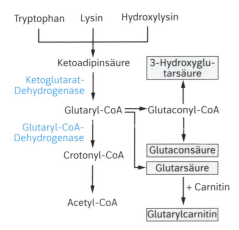

M1 Abbauwege der Aminosäuren Tryptophan, Lysin und Hydroxylysin. Das Abbauprodukt Acetyl-CoA kann z.B. im Citratzyklus weiterverarbeitet werden. Bei Patienten mit GA I kommt es zur Anreicherung von Glutaryl-CoA. Im Urin dieser Kranken findet man vor allem das *harmlose* Glutarylcarnitin, aber auch die *giftigeren* Stoffe Glutarsäure, Glutaconsäure und die *besonders gefährliche* 3-Hydroxyglutarsäure. Hinweis: Enzyme in blauer Schrift

M2 Symptome von GA I-Patienten

Die meisten Patienten mit GA I erleiden in den ersten Lebensjahren eine einzige enzephalopathische Krise. In wenigen Minuten werden dabei bestimmte Neurone im Bewegungszentrum des Gehirns zerstört. Die Folge ist eine äußerst schwere Bewegungsstörung. Die Intelligenz der Kinder dagegen ist weitgehend unbeeinträchtigt. Bleibt die Erkrankung unbehandelt, entwickelt sich in späteren Jahren oft zusätzlich eine geistige Retardierung. Ungefähr 25 Prozent der Patienten erleiden keine enzephalopathischen Krisen, sondern entwickeln schleichend eine Bewegungsstörung unterschiedlichen Ausmaßes.

M3 Strukturelle Ähnlichkeit des Neurotransmitters Glutamat

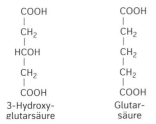

M3 Das Salz der Glutarsäure Glutamat ist ein wichtiger erregender Neurotransmitter im Gehirn. Die Glutarsäure ist der 3-Hydroxyglutarsäure strukturell sehr ähnlich.

M4 Lokalisation des Gens für das Enzym Glutaryl-CoA-Dehydrogenase

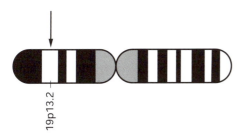

M4 Chromosoms 19 (schematisch): Das Gen für das Enzym Glutaryl-CoA-Dehydrogenase *GCGH* befindet sich auf dem kurzen Arm (p) des Chromosoms 19 an Position 13.2.

M5 Veränderung im *GCGH*-Gen

Das menschliche Glutaryl-CoA-Dehydrogenase-Gen *GCGH* enthält 11 Exons und umfasst 7 kb. Die Exons bestehen aus 438 Basentripletts. Das 421. Basentriplett von GA I-Patienten unterscheidet sich im codogenen Strang von dem der gesunden Menschen:

421. Basentriplett im Matrizenstrang des *GCGH*-Gens	gesunde Person	3′ CGT 5′
421. Basentriplett im Matrizenstrang des *GCGH*-Gens	GA I-Patient	3′ CAT 5′

M6 Genetischer Code (S. 33)

Benötigte Fachkenntnisse

Grundlagen der Enzymatik, Proteinbiosynthese, Ein-Gen-ein-Enzym-Hypothese, Punktmutation durch Basenaustausch als Form der Genmutation (S. 43 ff.)

Benötigte Methodenkenntnisse

Analyse von Texten und schematischen Zeichnungen, Umgang mit der Codesonne, Grundkenntnis von chemischen Strukturformeln (S. 18 ff.)

Lösungen

1. (a) Enzyme sind Proteine mit katalytischer Wirkung. Sie beschleunigen oder ermöglichen Reaktionen, indem sie die dafür benötigte Aktivierungsenergie herabsetzen. Aufgebaut sind sie aus Aminosäuren, die zunächst zu einer Kette verbunden werden (Primärstruktur). Durch verschiedene Bindungen verdreht (α-Helix) oder faltet (β-Faltblatt) sich die Kette zur Sekundärstruktur. Weitere Bindungen, wie beispielsweise Wasserstoffbrücken oder Disulfidbrücken zwischen den Aminosäuren, führen zu einer verknäulten, dreidimensionalen Form, der Tertiärstruktur. Erst in der Tertiärstruktur ist ein Enzym funktionsfähig. Es verfügt über ein aktives (auch katalytisches) Zentrum, das aufgrund seiner räumlichen Struktur nur zu einem ganz bestimmten Substrat passt („Schlüssel-Schloss-Prinzip"). Enzyme sind daher substratspezifisch. Bindet das passende Substrat im aktiven Zentrum, wird es immer zum gleichen Produkt umgesetzt, Enzyme sind also auch wirkungsspezifisch.

(b) Die Reaktionsgeschwindigkeit-Temperatur-Regel lautet: Eine Temperaturerhöhung von 10 °C verdoppelt bis verdreifacht die Reaktionsgeschwindigkeit eines Enzyms. Dies gilt aber nur bis zu der Temperatur, bei der das Enzym denaturiert. Erklärung: Die höhere Temperatur führt zu einer schnelleren Bewegung der Moleküle (brownsche Molekularbewegung). Dadurch steigt die Wahrscheinlichkeit, dass ein Enzym und das passende Substrat zufällig zueinander finden, die Reaktionsgeschwindigkeit (katalysierte Substrate pro Zeit) steigt. Wird die Temperatur zu hoch, brechen die Bindungen, die die Tertiärstruktur zusammenhalten auseinander, das Enzym denaturiert und wird funktionslos.

(c) Die Enzymaktivität lässt sich durch verschiedene Faktoren beeinflussen. Neben der in 1 (b) genannten Abhängigkeit von der Temperatur – Enzyme haben teilweise sehr unterschiedliche Temperaturoptima – sind dies die Substratkonzentration, der pH-Wert (jedes Enzym hat ein pH-Optimum) und die Anwesenheit von substratähnlichen Molekülen (kompetitive Hemmung) oder Schwermetallionen (nicht-kompetitive Hemmung). Versuche mit Enzymen enthalten daher oftmals verschiedene Ansätze, in denen jeweils einer dieser Faktoren verändert wird. Dazu bedarf es einer sauberen und klar strukturierten Arbeitsweise.

2. Die Erbkrankheit Glutarazidurie Typ I ist eine Stoffwechselkrankheit, die aufgrund eines Enzymdefekts entsteht. Arbeitet die Glutaryl-CoA-Dehydrogenase nicht mehr, kann Glutaryl-CoA nicht mehr zu Crotonyl-CoA abgebaut werden (M1). Dann reichert sich das Glutaryl-CoA an und wird zu Glutarsäure, 3-Hydroxyglutarsäure und Glutaconsäure umgebaut. Diese Stoffe können den Körper schädigen und werden mit dem Urin ausgeschieden. Die Glutarsäure kann vorher noch zum weniger giftigen Glutarylcarnitin umgewandelt werden. M3 legt nahe, dass die 3-Hydroxyglutarsäure deshalb besonders gefährlich ist, weil sie im Gehirn aufgrund ihrer strukturellen Ähnlichkeit anstelle des Neurotransmitters Glutamat angelagert werden kann. Das kann zu Fehlfunktionen im Gehirn führen (M3). Während einer enzephalopathischen Krise werden in frühen Lebensjahren Neuronen des Bewegungszentrums zerstört, sodass es zu Fehlfunktionen in der Bewegung kommt (M2).
Die Krankheit ist auf ein defektes Gen zurückzuführen, das auf dem kurzen Arm des Chromosoms 19 liegt (M4). Es ist, die Introns nicht eingerechnet, 438 Basentripletts lang. Das 421. Basentriplett ist gegenüber dem gesunden Gen verändert, im Basentriplett CGT befindet sich an der zweiten Position anstelle von Guanin Adenin (M5). Hier handelt es sich um eine Punktmutation. Als Folge davon wird in dem Enzym Glutaryl-CoA-Dehydrogenase an der 421. Stelle eine falsche Aminosäure eingebaut. Dieser Fehler macht das Enzym unbrauchbar, möglicherweise deshalb, weil das aktive Zentrum von der Mutation betroffen ist.

3. Mithilfe der Code-Sonne kann herausgefunden werden, dass bei der Krankheit als 421. Aminosäure in der Glutaryl-CoA-Dehydrogenase anstelle von Alanin (mRNA 5' GCA 3') Valin (mRNA 5' GUA 3') eingebaut wird.

4. Wenn die Basensequenz des *GCDH*-Gens bekannt ist, lässt sich dazu eine komplementäre Gensonde, die mit einem Fluoreszenzfarbstoff markiert ist, synthetisieren. Sinnvoll wäre es, den entsprechenden DNA-Abschnitt des Chromosoms 19 mithilfe von Restriktionsenzymen herauszuschneiden und mit der PCR zu vervielfältigen. Oft benötigt man keine Restriktionsenzyme, wenn man geeignete Primer für die PCR zur Verfügung hat. Nach dem Auftrennen der isolierten DNA (durch erhöhte Temperatur) in die Einzelstränge könnte man nun die Gensonde hinzufügen. Nach

dem Abkühlen sind dann DNA-Hybride aus DNA-Fragmenten mit dem *GCDH*-Gen und der Gensonde zu erwarten, allerdings nur dann, wenn alle Basentripletts des *GCDH*-Gens mit der Gensonde übereinstimmen. Findet man also fluoreszierende DNA-Hybride, ist das Kind mit Sicherheit gesund. Für diesen Nachweis lassen sich die Zellen des Embryos aus dem Fruchtwasser der Mutter gewinnen, da der Embryo abgestorbene Hautzellen in das Fruchtwasser abgibt.

Findet man keine entsprechenden DNA-Hybriden, wäre es möglich, dass das Kind die Glutazidurie in einer enzephalopathischen Krise ausbilden könnte. Allerdings kann die Gensonde auch dann keine DNA-Hybride bilden, wenn nicht das 421. Basentriplett betroffen wäre, sondern ein anderes, das z. B. aufgrund einer folgenlosen stummen Mutation vorliegen könnte.

5. Da kranke Neugeborene einen erhöhten Glutarylcarnitin-Spiegel im Urin aufweisen, könnte man diesen mit geeigneten Reagenzien nachweisen.

6. Beim Neugeborenenscreening werden alle Neugeborenen auf verschiedene genetische Erkrankungen untersucht. Die Aufnahme eines „Windeltests" auf Glutarazidurie Typ I in das Neugeborenen-Screening ist zu begrüßen, da die Krankheit vor allem in den ersten Lebensjahren in Erscheinung treten kann. Allerdings ist ein Test nur dann sinnvoll, wenn sich das Ausbrechen dieser schweren Krankheit nach der Diagnose verhindern ließe. Aus M2 geht hervor, dass die Erkrankung behandelbar ist, sodass sich auch eine in späteren Jahren zusätzliche geistige Retardierung verhindern lässt. Aber auch diese Tatsache ist für den Gesetzgeber nicht allein maßgeblich, wenn ein solcher Test zusätzlich in einem Screening aufgenommen werden soll. Die Kosten dafür müssen in einem vernünftigen Verhältnis zur Häufigkeit dieser Krankheit stehen. Auch bei hohen Kosten sollten aufgrund der Schwere der Krankheit die Neugeborenen der Amish im Screening auf Glutarazidurie Typ I untersucht werden, da bei ihnen die Krankheit gehäuft auftritt. Sicherlich muss auch dann untersucht werden, wenn in bestimmten Familien die Krankheit schon aufgetreten ist und das Genom der Eltern noch nicht hinsichtlich eines defekten *GCDH*-Gens untersucht wurde. Um im Gesundheitssystem die Kosten nicht zu sehr in die Höhe zu schrauben, wäre es aufgrund des seltenen Auftretens dieser Krankheit volkswirtschaftlich vernünftiger, bei einem Massenscreening auf diesen Test zu verzichten. Solange die Kosten tragfähig sind, sollte man aber nicht darauf verzichten, da den Betroffenen viel Leid erspart würde.

7. Aufgrund der Materialien lassen sich für eine Therapie folgende Hypothesen aufstellen: Da der Abbau von Tryptophan, Lysin und Hydroxylysin bei einem Defekt der Glutaryl-CoA-Dehydrogenase zu einer Erhöhung der Glutaryl-CoA-Konzentration im Körper führt, die für die Krankheit verantwortlich ist, könnte eine Diät, die möglichst wenig Tryptophan, Lysin und Hydroxylysin enthält, und die vor allem in den ersten Lebensjahren eingehalten werden muss, weiterhelfen, sodass es gar nicht erst zu einer enzephalopathischen Krise kommt. Da zur Entgiftung der Glutarsäure Carnitin benötigt wird, könnte man diesen Stoff zuführen, sodass Glutarsäure sofort zu dem weniger giftigen Glutarylcarnitin umgesetzt werden kann. Weil die

Bildung von Glutarsäure aus Glutaryl-CoA und ihre Weiterverarbeitung zu Glutarylcarnitin mit der Synthese der gefährlichen 3-Hydroxyglutarsäure aus Glutaryl-CoA konkurriert, wäre es möglich, durch die Carnitin-Gaben auch die Konzentration von 3-Hydroxyglutarsäure zu senken.

Anmerkung: Diese beiden Maßnahmen reichen, wenn sie in den ersten sechs Lebensjahren beachtet werden, tatsächlich aus, um die Krankheit dauerhaft nicht ausbrechen zu lassen.

Selbstdiagnosebogen

Aufgabe Nr.	Kernkompetenzen	AFB	Punkte	erreicht	Förderung
1(a)	Struktur und Funktion eines Enzyms	I	4		Enzymatik (S. 40 ff.)
1(b)	Erklärung der RGT-Regel	I	2		
1(c)	Begründung anhand verschiedener Beeinflussungen der Enzymaktivität	II	2		
2	Erfassen von Genwirkketten aufgrund eines Diagramms	II	3		Ein-Gen-ein-Enzym-Hypothese; Enzyme, Texterfassung und Umgang mit Diagrammen und Abbildungen (S. 19 ff.), Aufbau der DNA; Mutationstypen und ihre molekularen Grundlagen (S. 46 f.)
	Erfassen der Symptome der Glutarazidurie sowie der Ursachen aufgrund von Textstellen und Abbildungen	I	3		
	Analyse und begründete Einordnung der Krankheit in einen größeren Zusammenhang	II	4		
3	Umcodierung der DNA in mRNA und in Aminosäuren	II	3		Proteinbiosynthese und Anwendung des genetischen Codes auf Transkription und Translation (S. 43 ff.)
4	Darstellen eines gentechnischen Werkzeugs am Beispiel der Gensonde zur Genanalyse und Interpretationsmöglichkeiten des Ergebnisses	I	3		DNA-Hybridisierung, gentechnische Genomanalysen, z. B. mit Gensonden; genetische Beratung (S. 53 f.)
		II	3		

Aufgabe Nr.	Kernkompetenzen	AFB	Punkte	erreicht	Förderung
5	Ableitung einer Nachweismöglichkeit aufgrund der Analyse unterschiedlichen Aufgabenmaterials	III	2		Diagnose und Therapie von PKU, Umgang mit Diagrammen (S. 19 ff.)
6	Darstellung und Beurteilung von Tests im Massenscreening von Neugeborenen mit eigener Stellungnahme	II III III	3 3 4		Neugeborenenscreening, kriteriengeleitete Beurteilung
7	Aufstellen einer Hypothese zu Therapiemöglichkeiten aufgrund einer Materialanalyse analog zur PKU-Diät aufgrund der Analyse von M1	III III	3 2		Therapie PKU, Umgang mit Abbildungen und Diagrammen (S. 19 ff.)

Gesamtpunkte: 40, davon AFB I: 12 Punkte (30 %); AFB II: 18 Punkte (45 %); AFB III: 10 Punkte (25 %)

Materialgrundlage:
Hoffmann G. f.: Glutarazidurie Typ I. In: Deutsches Ärzteblatt 94, Heft 15, April 1997
Bayrhuber H., Hauber W., U. Kull (Hrsg.): Linder Biologie, Schroedel 2010
http://www.welt.de/reise/article4769200/Amish-People-leben-noch-so-wie-vor-300-Jahren.html
http://www.uni-duesseldorf.de/AWMF/ll/027-018.htm
http://www.ncbi.nlm.nih.gov/

Angewandte Genetik: Werkzeuge und Verfahrensschritte der Gentechnik am Beispiel der PCR und des genetischen Fingerabdrucks

Aufgabe 3: CODIS, das genetische Fingerabdrucksystem des FBI

Einleitung

CODIS bedeutet **CO**mbined **D**NA **I**ndex **S**ystem und ist entwickelt worden, um möglichst alle Individuen einer Population unterscheiden zu können.
Basis dafür sind 13 verschiedene DNA-Abschnitte mit Wiederholungseinheiten. Die Molekulargenetiker bezeichnen diese sich wiederholenden DNA-Muster, deren Wiederholungseinheiten eine Länge von 2 bis 7 Basenpaaren haben, als STRs (short tandem repeats). In den untersuchten DNA-Anschnitten enthalten diese STRs etwa 10–100 Wiederholungseinheiten. Als VNTRs (variable number of tandem repeats) bezeichnet man DNA-Abschnitte, die eine Länge von insgesamt nur etwa 10–100 bp (Basenpaaren bzw. Nukleotiden) besitzen.
VNTRs und STRs macht man sich in der Forensik bei der Identifikation von Personen zunutze. Sie liegen in bekannten DNA-Abschnitten, die mit Symbolen bezeichnet werden. Ein solcher Abschnitt heißt z. B. D7S280. Er liegt auf dem Chromosom 7. In der Bevölkerung der USA kann er zwischen 310 und 346 Basenpaaren lang sein.

Aufgabenstellung

1. **Untersuchen** Sie die Basensequenz des DNA-Abschnitts D7S280 aufgrund der Abbildung M1:
   (a) **Geben** Sie **an**, um welche Wiederholungseinheit es sich hier handelt und wie oft sie in der Abbildung M1 wiederholt wird.
   (b) **Leiten** Sie aufgrund der Angaben im Text und der Abbildung M1 alle variablen STRs mit der exakten Anzahl ihrer Wiederholungseinheiten im DNA-Abschnitt D7S280 für die amerikanische Bevölkerung **ab**. (Tipp: Ermitteln Sie dazu die Länge des DNA-Abschnitts D7S280, also die Gesamtzahl der Nukleotide, sowie die Anzahl der Repeats in M1. Die unterschiedliche Länge von D7S280 kommt in der Bevölkerung der USA ausschließlich durch eine unterschiedliche Anzahl an Repeats zustande. Rechnen Sie nun mit den Zahlen im letzten Satz der Einleitung.)
2. **Beschreiben** Sie, wie man aufgrund einer DNA-Spur in der Forensik experimentell vorgehen muss, um für eine bestimmte Person die STRs des DNA-Abschnitts D7S280 zu ermitteln, also einen genetischen Fingerabdruck herzustellen. Wählen Sie folgende Methoden:
   (a) PCR,
   (b) Gelelektrophorese. **Zeichnen** Sie das Ergebnis der Gelelektrophorese für den DNA-Abschnitt D7S280 von Peter.

3. **Erläutern** Sie den Rechenweg für die Bestimmung der Wahrscheinlichkeit, einem Menschen zu begegnen, der das gleiche CODIS-STR-Muster aufweist wie Peter (vgl. M1).
4. (a) **Erklären** Sie, welche Schlussfolgerung ein Molekulargenetiker aufgrund des CODIS-STR-Musters bezüglich der Eigenschaften oder der Persönlichkeit der untersuchten Personen ziehen kann.
(b) **Bewerten** Sie Möglichkeiten und Grenzen dieses gentechnischen Verfahrens in der Kriminalistik.

Material

M1 Nukleotidlänge mit darin enthaltenen Wiederholungseinheiten von D7S280

```
3'-Ende    1    [AATTTTTGTA   TTTTTTTTAG   AGACGGGGTT   TCACCATGTT
          41    GGTCAGGCTG   ACTATGGAGT   TATTTTAAGG   TTAATATATA
          81    TAAAGGGTAT   GATAGAACAC   TTGTCATAGT   TTAGAACGAA
         121    CTAACGATAG   ATAGATAGAT   AGATAGATAG   ATAGATAGAT
         161    AGATAGATAG   ATAGACAGAT   TGATAGTTTT   TTTTTATCTC
         201    ACTAAATAGT   CTATAGTAAA   CATTTAATTA   CCAATATTTG
         241    GTGCAATTCT   GTCAATGAGG   ATAAATGTGG   AATCGTTATA
         281    ATTCTTAAGA   ATATATATTC   CCTCTGAGTT   TTTGATACCT
         321    CAGATTTTAA   GGCC] 5'-Ende
```

M1 Nukleotidsequenz des DNA-Abschnitts D7S280 auf dem Chromosom 7 eines Amerikaners. Die Zahlen am Beginn der Zeile kennzeichnen die Nummer der ersten Base bzw. des ersten Nukleotids des folgenden DNA-Abschnitts. Nach jeder 10. Base wurde zur besseren Übersichtlichkeit eine Lücke gesetzt.

M2 Die CODIS-DNA-Abschnitte

DNA-Abschnitt	D3S1358	vWA	FGA	D8S1179	D21S11	D18S51	D5S818
STR-Muster (Peter)	15, 18	16, 16	19, 24	12, 13	29, 31	12, 13	11, 13
Häufigkeit USA	8,2 %	4,4 %	1,7 %	9,9 %	2,3 %	4,3 %	13,0 %

DNA-Abschnitt	D13S317	D7S280	D16S539	THO1	TPOX	CSF1PO
STR-Muster (Peter)	11, 11	10, 10	11, 11	9, 9	8, 8	11, 11
Häufigkeit USA	1,2 %	6,3 %	9,5 %	9,6 %	3,5 %	7,2 %

M2 Alle 13 DNA-Abschnitte, die von CODIS erfasst werden. Darunter ist jeweils eine mögliche STR-Kombination einer bestimmten Person (Peter) angegeben zusammen mit der Häufigkeit, mit der diese bestimmte Kombination in der Bevölkerung der USA auftritt. Peter hat z. B. im DNA-Abschnitt FGA einmal 19 und auf dem anderen homologen Chromosom 24 Tandem-Repeats. Nur 1,7 % der Bevölkerung weisen an diesem FGA-Ort das gleiche STR-Muster von 19/24 auf.

Benötigte Fachkenntnisse
DNA: Aufbau aus Nukleotiden, Informationsgehalt codogener und nichtcodogener Abschnitte (S. 40 ff.)

Benötigte Methodenkenntnisse
Umgang mit Diagrammen (S. 19 ff.)

Lösungen

1. (a) Länge der Wiederholungseinheit: 4 bp aus GATA; GATA tritt 12-mal auf in einem 334 bp langen D7S280 DNA-Abschnitt.
   (b) In einem 310 bp langen D7S280 DNA-Abschnitt 6-mal GATA. In einem 346 bp langen D7S280 DNA-Abschnitt 15-mal GATA. Für die amerikanische Bevölkerung gibt es im DNA-Abschnitt D7S280 variable STR-Muster von 6 bis 15 GATA-Wiederholungseinheiten.

2. (a) Ablauf der PCR: In der Polymerase-Kettenreaktion wird die Replikation der zellulären DNA im Reagenzglas nachgestellt. Zur Replikation muss der Doppelstrang zunächst in seine beiden Einzelstränge getrennt werden. Anschließend kann die DNA-Polymerase jeweils einen Einzelstrang als Matrize nutzen, an die sie Nukleotide in komplementärer Weise zu einem neuen, gegenläufigen Strang zusammenbaut. Dabei gilt, dass die DNA Kettenverlängerung nur über das 3′ Ende der Ribose erfolgt. Nach der semikonservativen Replikation liegt dann ein Doppelstrang aus einem „alten" und einem neu zusammengesetzten Einzelstrang vor.
   Anders als bei der natürlichen Replikation werden bei der PCR nicht die gesamte DNA der Zelle, sondern nur spezifische Fragmente vermehrt. Die Startpunkte der DNA-Polymerase – und damit die Größe des vermehrten DNA-Fragmentes – wird durch die Wahl von sogenannten Primern bestimmt. Ein Primer ist ein etwa 20 Nukleotide langes DNA-Fragment, welches chemisch synthetisiert werden kann

und an dessen 3' Ende eine Kettenverlängerung erfolgen kann. Die Primersequenz ist ein kurzes, einzelsträngiges DNA-Stück.

Für eine PCR benötigt man zwei unterschiedliche Primer, von denen einer komplementär zu einer Sequenz auf dem einem Einzelstrang der DNA und der zweite komplementär zu einer Sequenz auf dem gegenläufigen Einzelstrang ist. Die zwischen den Primern liegende Sequenz kann dann in der PCR vermehrt werden. Zu der DNA wird ein Reaktionsansatz gegeben, der aus einem Puffer, DesoxyNukleotiden und aus einer thermostabilen Variante des Enzyms DNA-Polymerase besteht, der Taq-Polymerase (aus dem Bakterium *Thermus aquaticus*).

Die PCR ist eine zyklische Reaktion. Jeder PCR-Zyklus besteht aus drei wesentlichen Schritten:

- Denaturierung: Durch kurzzeitiges Erhitzen der DNA-Lösung auf 95 °C werden die beiden Stränge des DNA-Moleküls getrennt.
- Hybridisierung: Bei 56 °C lagern sich die beiden Primer an die DNA-Stränge an.
- Polymerisierung: Bei 72 °C werden die DNA-Stränge durch die Taq-Polymerase repliziert.

Für die aufeinander folgenden PCR-Zyklen verwendet man einen Thermocycler, in dem die drei Schritte der Reaktion in der Regel etwa 30- bis 35-mal wiederholt werden.

(b) Das Ergebnis der Gelelektrophorese sieht für Peter an der Stelle D7S280 folgendermaßen aus:

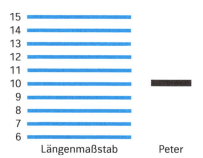

Ergebnis der Gelelektrophorese des DNA-Genabschnitts D7S280 für Peter

Erklärung zur Abbildung: Der Längenmaßstab von 6 bis 15 Wiederholungseinheiten wurde deshalb gewählt, weil im D7S280 DNA-Abschnitt nur diese Möglichkeiten von STRs vorkommen können. In der DNA-Probe von Peter taucht nur eine Bande auf, da gemäß dem STR-Muster von Peter von 10/10 in diesem Bereich jeweils 10 Wiederholungseinheiten auf den homologen Chromosomen liegen.

3. Der Rechenweg für die Bestimmung der Wahrscheinlichkeit, einem Menschen zu begegnen, der das gleiche CODIS-STR-Muster aufweist wie Peter (vgl. M2) besteht in der Multiplikation der Wahrscheinlichkeiten (Prozentangaben): 0,082 x 0,044 x 0,017 x 0,099 x 0,023 usw.

4. (a) Da sich die STRs in nicht codogenen Abschnitten der DNA befinden, enthalten sie keine Information über die Merkmale, auch nicht über die Persönlichkeitsmerkmale eines Individuums. Das Wissen um diese STRs berührt daher keine Persönlichkeitsrechte. Der Einsatz des genetischen Fingerabdrucks dient also lediglich der Identifizierung einer Person und nicht einer Merkmalsbeschreibung.
(b) Da das Verfahren keine Persönlichkeitsrechte verletzt, zudem relativ sicher ist und eine hohe Nachweiswahrscheinlichkeit hat, ist sein Einsatz zu begrüßen.

Selbstdiagnosebogen

Aufgabe Nr.	Kernkompetenz	AFB	Punkte	erreichte Punkte	Förderung
1(a)	Tandem-Repeats der DNA in einer vorgegebenen Basensequenz erkennen	II	2		molekularer Aufbau der DNA, Unterscheidung Exon, Intron, nicht-codogene Abschnitte, Tandem-Repeats (S. 40 ff.)
1(b)	Erfassung der variablen Wiederholungen von Basenfolgen innerhalb eines DNA-Abschnitts	II	4		Berechnung von Basensequenzeinheiten, Dreisatz
2(a)	Beschreibung PCR	I	4		PCR (S. 49 f.)
2(b)	Beschreibung Gelelektrophorese	I	3		Gelelektrophorese Auswertung und Zeichnung (S. 50) von Gelelektrophorogrammen / Bedeutung der Banden und des Längenmaßstabs
2(c)	Erfassung eines vorgegebenen STR-Musters und Zeichnung des entsprechenden Gelelektrophorogramms	II	4		
3	einfache Wahrscheinlichkeitsberechnung	II	2		Wahrscheinlichkeitsrechnung
4(a)	Schlussfolgerungen aus dem molekularen Aufbau der DNA ziehen können.	III	3		Bedeutung von Introns und nicht-codogenen Abschnitten der DNA, Bedeutung des genetischen Fingerabdrucks (S. 53)
4(b)	Urteilsbildung aufgrund der vollständigen Erfassung eines gentechnischen Verfahrens	III	2		

Gesamtpunkte: 24, davon AFB I: 7 Punkte (30 %); AFB II: 12 Punkte (50 %); AFB III: 5 Punkte (20 %)

Materialgrundlage:

Köhnemann S.: Einsatz spurenkundlicher und molekulargenetischer Untersuchungen in der Rechtsmedizin. Institut für Rechtsmedizin, Universitätsklinikum Münster 2009
http://campus.uni-muenster.de/fileadmin/einrichtung/rechtsmedizin/medizin/molekulargenetik.PDF
http://www.fbi.gov/about-us/lab/codis
http://www.biology.arizona.edu/human_bio/activities/blackett2/str_description.html

Molekulare und cytologische Grundlagen: Erregungsentstehung, Erregungsleitung, Synapsenvorgänge

Aufgabe 4: Schmerzen

Einleitung

Jeder dritte Europäer leidet einmal pro Woche unter Schmerzen, mancher vor allem an chronischen, also dauerhaften Schmerzen. Schmerzforscher suchen nach Lösungen, um nicht nur akute, sondern gerade auch chronische Schmerzen nachhaltig zu lindern.

Aufgabenstellung

1. **Erläutern** Sie die Entstehung von Schmerzen:
   (a) **Stellen** Sie allgemein **dar**, wie eine Sinneszelle durch einen Reiz erregt werden kann und erläutern Sie, in welcher Form und unter welchen Bedingungen die Erregung weitergeleitet wird.
   (b) **Stellen** Sie eine **Hypothese auf** über die Entstehung von Schmerzerregungen in den freien Nervenzellen (M1) und ihre Modulation durch Prostaglandine (M5).
2. **Erläutern** Sie die Erregungsleitung:
   (a) **Erläutern** Sie, wie eine Erregung über ein Axon geleitet wird. Vergleichen Sie dazu die kontinuierliche mit der saltatorischen Erregungsleitung.
   (b) **Begründen** Sie, welcher der beiden Fasertypen des Schmerz wahrnehmenden Systems (M2) den ersten und welcher den zweiten Schmerz von der Hand zum ZNS leitet.
3. **Erläutern** Sie mithilfe von M3 die Weitergabe der Schmerzerregung an die Neuronen der Schmerzbahn im Hinterhorn des Rückenmarks.
4. **Beschreiben** Sie Veränderungen der synaptischen Verschaltung (M4) der Schmerzbahn im Hinterhorn des Rückenmarks bei chronischen Schmerzen, und **entwickeln** Sie eine **Hypothese** über den Mechanismus des Schmerzgedächtnisses.
5. (a) **Erklären** Sie die schmerzlindernde Wirkung von Aspirin.
   (b) **Begründen** Sie, warum eine fortgesetzte Einnahme von Aspirin die Magenwände angreifen kann.

Material

M1 Nozizeptoren

Die freien Nervenendigungen der Schmerzfasern reichen bis in die Oberhaut. Sie werden als Schmerzrezeptoren oder Nozizeptoren bezeichnet. Ihre Membranen enthalten Rezeptoren, die z. B. auf Serotonin oder auf Acetylcholin ansprechen. Bei Verwundungen der Haut wird Serotonin von den Blutplättchen an der verletzten Stelle freigesetzt und verengt dort kleine Blutgefäße, sodass die Wunde schneller geschlossen wird. Serotonin ist zugleich auch ein Neurotransmitter, der ähnlich wie z. B. Acetylcholin in chemischen Synapsen für die Erregungsübertragung von einem Neuron auf das nächste Neuron als Botenstoff wirkt.

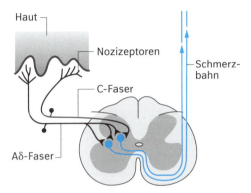

M1 Nozizeptoren der C- Fasern und Aδ-Fasern sind die reizaufnehmenden Strukturen der Schmerzbahn

M2 Zwei Arten von Schmerzfasern

Beim Öffnen einer Konservendose kann es vorkommen, dass man sich an der scharfen Kante des Dosendeckels schneidet. Ein erster stechend brennender Schmerz zeigt die Verletzung an. Die Wunde wird versorgt und ein Pflaster verhindert die Blutung. Erst jetzt setzen je nach Schwere der Verletzung bohrende dumpfe Schmerzen ein. Dafür macht man zwei Arten von Schmerzfasern des Schmerz wahrnehmenden Systems verantwortlich: Aδ-Fasern sind relativ dicke Axone (ca 3 – 5 μm), die von einer Myelinscheide umhüllt sind. C-Fasern sind dünn (ca 1 μm) und nicht von einer Myelinscheide umhüllt.

M2 a frische Schnittwunde

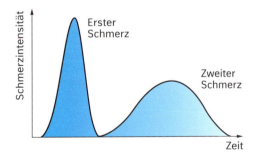

M2 b zeitlicher Verlauf unterschiedlicher Schmerzwahrnehmungen nach einer Verletzung

M3 Synaptische Verschaltung der Schmerzbahn im Rückenmark

Über Synapsen im Hinterhorn des Rückenmarks werden akute Schmerzerregungen an das Gehirn weitergeleitet.

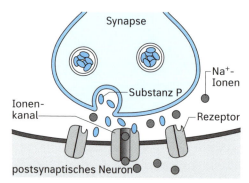

M3 Synapse aus der Schmerzbahn im Hinterhorn des Rückenmarks.

M4 Veränderungen chemischer Synapsen der Schmerzbahn im Hinterhorn des Rückenmarks

Durch lang anhaltende oder besonders starke Schmerzreize werden die Neuronen im Hinterhorn des Rückenmarks verändert. Die dadurch hervorgerufenen physiologischen Veränderungen bezeichnet man als Schmerzgedächtnis.

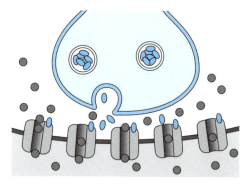

M4 veränderte Synapse aus der Schmerzbahn im Hinterhorn des Rückenmarks

M5 Prostaglandine und Acetylsalicylsäure

Prostaglandine werden von zwei Enzymen in unterschiedlichen Geweben synthetisiert, sie heißen Cyclooxygenase-1 (COX-1) und Cyclooxygenase-2 (COX-2). Während COX-1 in den blutgerinnungsauslösenden Blutplättchen (Thrombozyten) vorkommt, wird COX-2 in entzündeten oder verletzten Geweben synthetisiert. Die Prostaglandine aktivieren bei Verletzungen der Haut die Thrombozytenaggregation und fördern somit den Wundverschluss. Sie fördern allerdings auch Entzündungsreaktionen und senken dabei gleichzeitig den Schwellenwert in den Schmerzrezeptoren. Zudem hemmen sie die Sekretion von Magensaft.

Acetylsalicylsäure (ASS) ist ein Schmerzmittel, das erstmals 1897 in reiner Form hergestellt wurde. Es ist in Tablettenform unter dem Namen Aspirin bekannt. Acetylsalicylsäure hemmt die Enzyme COX-1 und COX-2, indem sie in der Aminosäurekette der Enzyme kurz vor dem aktiven Zentrum einen Acetylrest auf die Aminosäure Serin überträgt.

> **Benötigte Fachkenntnisse**
>
> Umwandlung von Reiz in Erregung, Weiterleitung der Erregung in Form von Aktionspotenzialen, saltatorische Erregungsleitung, Vorgänge an Synapsen (S. 56 ff.), Enzyme und ihre Wirkung, Enzymhemmung (S. 41 ff.)

> **Benötigte Methodenkenntnisse**
>
> Analyse von Diagrammen und schematischen Zeichnungen (S. 19 ff.)

Lösungen

1. (a) Die Membran einer freien Nervenendigung oder auch die einer Sinneszelle mit ihren Rezeptoren vermag einen adäquaten Reiz aufzunehmen. Dabei wird ein bestimmter Reiz in Erregung umgewandelt, d. h., dass aufgrund des ankommenden Reizes die Membran für Kationen (meist Na^+-Ionen) durchlässig wird, die folglich in die Zelle diffundieren. Auf diese Weise wird die Membran depolarisiert. Das Ruhepotenzial der Zelle wird herabgesetzt. Dies bezeichnet man als Generator- oder auch als Rezeptorpotenzial. Die Höhe der Potenzialänderung entspricht dabei der Größe des ankommenden Reizes. Ob diese durch den Reiz hervorgerufene Erregung zum Gehirn weitergeleitet wird, hängt davon ab, ob ein sogenannter Schwellenwert erreicht wird. Ist dies der Fall, wird die Erregung in Form von Aktionspotenzialen (APs) weitergeleitet. Die Anzahl der Aktionspotenziale pro Zeiteinheit entspricht dabei der Höhe des Generatorpotenzials und die Dauer der AP-Frequenz der Dauer des Reizes. Die APs folgen dem Alles-oder-Nichts-Gesetz, d. h. ihre Höhe ist immer gleich groß.
(b) Serotonin wird an den verletzten Stellen der Haut freigegeben. Es stellt somit den Schmerzreiz dar. Die freien Nervenendigungen enthalten vermutlich Serotoninrezeptoren. Werden diese von Serotonin besetzt, öffnen sich Na^+-Kanäle, sodass es zu einem Rezeptorpotenzial kommt. Je nach Anzahl der andockenden Serotoninmoleküle ist dieses lokale Potenzial von unterschiedlicher Stärke. Erreicht es den Schwellenwert, werden in der Nervenzelle Aktionspotenziale ausgelöst, die als Signale zum Gehirn geleitet werden und dort im Schmerzzentrum die Schmerzempfindung hervorrufen. Prostaglandine können den Schwellenwert herabsetzen, sodass die Anzahl der Aktionspotenziale und somit auch die Schmerzwahrnehmung durch ihre Zugabe erhöht wird.

2. (a) In Axonen von Nervenzellen wird die Erregung in Form von Aktionspotenzialen weitergeleitet. Je nachdem, ob das Axon myelinisiert, das heißt von Schwannschen Zellen umgeben ist oder nicht, unterscheidet man zwei verschiedene Arten der Weiterleitung: Bei marklosen Nervenfasern, das heißt bei fehlender Myelinisierung, wird das AP über das Axon von Abschnitt zu Abschnitt übertragen, indem der vorhergehende Abschnitt ein Aktionspotenzial an dem benachbarten, noch nicht erregten Abschnitt auslöst. Der vorhergehende Abschnitt ist dann bereits in der Repolarisationsphase, während am benachbarten eine Potenzialänderung ausgelöst werden kann, sodass dann dort ein Aktionspotenzial erfolgt. Diese Form der Weiterleitung ist relativ langsam. Die Leitungsgeschwindigkeit kann durch eine Verdickung des Axons vergrößert werden.

Bei Axonen, die von einer Myelinscheide umhüllt sind, findet die saltatorische Erregungsleitung statt. Die Myelinscheide wird von Schwannschen Zellen gebildet und ist deshalb im Abstand von 0,2 mm bis 1,5 mm unterbrochen. Diese Unterbrechungen heißen Ranviersche Schnürringe. Die zur Erzeugung des Aktionspotenzials nötigen spannungsabhängigen Na^+-Kanäle befinden sich nur an den Ranvierschen Schnürringen. Ein Aktionspotenzial, das an einem Schnürring entsteht, löst ein nächstes AP erst am nächsten Schnürring aus. Da die Aktionspotenziale nicht kontinuierlich an der Membran entlang laufen wie bei marklosen Fasern, sondern sozusagen von Schnürring zu Schnürring springen, nennt man dies eine saltatorische Erregungsleitung. Diese ist viel schneller und verbraucht weniger Energie als die kontinuierliche Form.

(b) Da die Aδ-Fasern relativ dicke Axone und von einer Myelinscheide umhüllt sind, leiten sie schneller als die dünnen marklosen C-Fasern. Der erste stechend brennende Schmerz kommt also durch die Erregung der Aδ-Fasern, der zweite dumpfe Schmerz durch die Erregung der C-Fasern.

3. An der Synapse im Hinterhorn des Rückenmarks laufen Aktionspotenziale ein, die die Ca^{2+}-Ionenkanäle im synaptischen Endknöpfchen des Axons der sensorischen Nervenzelle öffnen, sodass Calciumionen in das Endknöpfchen einströmen. Dies bewirkt die Verschmelzung der mit der Substanz P gefüllten synaptischen Bläschen mit der präsynaptischen Membran und folglich eine Transmitterausschüttung der Schmerzsubstanz P. Die Substanz P diffundiert durch den synaptischen Spalt und verbindet sich mit den Rezeptoren der postsynaptischen Membran, sodass sich dort Na^+-Ionenkanäle öffnen und Natriumionen in die postsynaptische Nervenzelle gelangen. Dadurch wird ein EPSP (exzitatorisches postsynaptisches Potenzial) an der postsynaptischen Membran ausgelöst. Diese postsynaptische Erregung wird unter Abschwächung (Dekrement) weitergeleitet. Erreicht sie am Axonhügel den Schwellenwert, entstehen dort wieder Aktionspotenziale, die über das Axon des Neurons weitergeleitet werden.

4. Lang anhaltende oder besonders starke Schmerzreize bewirken an der Synapse des Hinterhorns eine Vermehrung von postsynaptischen Rezeptoren für die Substanz P. Dadurch können die Moleküle der Substanz P bei ihrer Ausschüttung in den synaptischen Spalt gleichzeitig an mehr Rezeptoren andocken als es ohne anhaltende

Schmerzen der Fall wäre. Die Folge sind stärkere postsynaptische Potenziale, die stärkere und länger andauernde Schmerzen nach sich ziehen. Das bedeutet eine größere Sensibilität der Schmerzbahn für ankommende Erregungen. Man spricht hier vom Schmerzgedächtnis.

5. (a) Die Wirkungsweise von ASS bzw. Aspirin beruht darauf, dass es die Enzyme Cyclooxygenase-1 (COX-1) und Cyclooxygenase-2 (COX-2) hemmt, die für die Produktion von Prostaglandinen zuständig sind. Prostaglandine senken die Reizschwelle der Schmerzrezeptoren bei Verletzungen und Entzündungen; dementsprechend steigt mit hoher Prostaglandinkonzentration auch die Schmerzempfindlichkeit eines Gewebes, das sich an und um eine Verletzung befindet. Diese Konzentration ist bei Entzündungen besonders hoch, da die COX-2-Synthese und damit die Produktion von Prostaglandinen durch Entzündungen und Verletzungen ausgelöst wird. Aufgrund der Enzymhemmung wirkt Aspirin daher nicht nur schmerz-, sondern auch entzündungshemmend.
Aspirin verändert das aktive Zentrum der Enzyme, sodass diese die erforderlichen Substrate für die Synthese von Prostaglandinen nicht mehr anlagern und somit nicht mehr umsetzen können.
(b) Weil Prostaglandine zudem die Sekretion von Magensäuren hemmen, ist bei längerer oder höherer Dosierung von ASS auch eine Beeinträchtigung des Magens möglich, da ohne Prostaglandine zu viel Magensaft gebildet wird.

Selbstdiagnosebogen

Aufgabe Nr.	Kernkompetenzen	AFB	Punkte	erreicht	Förderung
1(a)	Beschreibung, wie ein Reiz in Erregung umgewandelt wird	I	4		Generator-, Rezeptorpotenzial, Umcodierung Reiz in Erregung Analogisieren üben, z. B. Schmerzsubstanz-Reiz (S. 55 ff.)
1(b)	Ableitung einer Hypothese aus den vorgelegten Materialien	III	5		
2(a)	Beschreibung der kontinuierlichen und saltatorischen Erregungsleitung am Axon	I	4		Aktionspotenzial, kontinuierliche und saltatorische Erregungsleitung (S. 57)
2(b)	Analyse von M1 und M2 sowie begründete Erklärung der unterschiedlichen Funktionen der beiden Schmerzfasern	II	2		Texterfassung und Umgang mit Diagrammen und Abbildungen (S. 19), Verknüpfung bekannten Wissens mit neuen Sachverhalten

Aufgabe Nr.	Kernkompetenzen	AFB	Punkte	erreicht	Förderung
3	Beschreibung der synaptischen Vorgänge und Erklären der Übertragung von Schmerzerregungen im Hinterhorn des Rückenmarks	II	4		anhand der Abbildung einer Synapse die einzelnen Schritte der Erregungsübertragung erklären (S. 58 ff.)
4	Beschreibung von synaptischen Veränderungen aufgrund M4 Erläuterung der direkten Folgen und der weitreichenden Folgen dieser Veränderung als Schmerzgedächtnis	II	4		Umgang mit Abbildungen, Vergleich von Abbildungen (S. 24 f.) Verknüpfung bekannten Wissens mit neuen Sachverhalten: Aufgaben zur Synapse
5(a) 5(b)	Erklärung der komplexen Wirkungsweise von Aspirin durch Ableitung aus verschiedenen Sachtexten Erfassen einer Nebenwirkung von Aspirin	II III	4 3		Bedeutung und Wirkungsweise von Enzymen, Enzymhemmung und ihre Folgen (S. 41 f.)

Gesamtpunkte: 30, davon AFB I: 8 Punkte (26,7 %); AFB II: 14 Punkte (46,7 %); AFB III: 8 Punkte (26,7 %)

Materialgrundlage:
Campbell N. A., Reece J. B.: Biologie. Spektrum Akademischer Verlag Heidelberg 2003
Feldermann D.: Was schmerzt denn da? In: LINDER Biologie. Neurobiologie. Sekundarstufe 2. Abitur- und Klausurtrainer. CD-ROM. Schroedel 2009
Hedewig R.: Die Haut – ein vielseitiges Organ. In: Unterricht Biologie, (1989) 142, S. 4–13
http://www.sinnesphysiologie.de/hvsinne/schmerz/schmerzin.htm

Aufnahme, Weitergabe und Verarbeitung von Information

Erregungsentstehung, Signalwirkketten, Transportprozesse

Aufgabe 5: Signaltransduktion beim Riechen und bei der Cholera – ein Vergleich auf molekularer Ebene

Einleitung

Die Adenylatcyclase ist ein Enzym, das bereits in einzelligen Lebewesen wie z. B. *Paramecium* vorkommt und eine zentrale Rolle bei der Signaltransduktion eukaryotischer Zellen spielt. Es gibt viele verschiedene Adenylatcyclasen. Allen ist gemein, dass sie Adenosintriphosphat (ATP) in cyklisches Adenosinmonophosphat (cAMP) umwandeln. Das cAMP ist ein Botenstoffmolekül und setzt in der Zelle zahlreiche Prozesse in Gang. Einige prokaryotische Krankheitserreger nutzen Adenylatcyclasen als Ausgangspunkt ihrer pathologischen Wirkung. So wird zum Beispiel die Cholera auf zellulärer Ebene indirekt durch eine übermäßige Aktivierung von Adenylatcyclasen in Darmepithelzellen ausgelöst. Körpereigene und künstliche Opiate deaktivieren Adenylatclasen in Neuronen der Schmerzbahn und unterdrücken so eine Weiterleitung des Schmerzsignals. Auch an der Depolarisation von Riechsinneszellen sind Adenylatcyclasen beteiligt.

Aufgabenstellung

1. **Fassen** Sie mithilfe von M1 die neurophysiologischen Vorgänge, die zur Erregungsbildung an Riechsinneszellen führen, **zusammen** und **entwickeln** Sie eine **Hypothese** wie es zur Depolarisation der Riechsinneszelle kommt.
2. **Beschreiben** Sie die Konzentrationsänderungen verschiedener Ionen im Darmlumen eines mit dem Cholera-Erreger infizierten Menschen (M3).
3. **Erläutern** Sie mithilfe von M3 und M4 die physiologischen Vorgänge, die nach der Infektion mit dem Cholera-Erreger im Darmlumen infizierter Personen ablaufen und erklären Sie die in M2 beschriebenen medizinischen Befunde eines an der Cholera erkrankten Menschen.
4. **Vergleichen** Sie die Wirkung der Adenylatcyclase bei der Depolarisation von Riechzellen mit der Wirkung bei den physiologischen Vorgängen in Darmepithelzellen mit dem Cholera-Erreger infizierter Menschen.

Material

M1 Schema Signaltransduktion in Riechsinneszellen

M1 stellt schematisch die Signaltransduktion bei Riechsinneszellen dar. Duftmoleküle erreichen die Riechschleimhaut (Regio olfactoria) über die beiden Nasenhöhlen. Beim Menschen ist die Regio olfactoria ungefähr so groß wie eine Euromünze und beheimatet etwa 20 Millionen Sinneszellen, welche auf die Wahrnehmung von Duftmolekülen in der Luft spezialisiert sind. Eine Sinneszelle besitzt in der Membran der Außenseite etwa 20 bis 30 Cilien, die in den Schleim der Regio olfactoria hineinreichen und mit den Duftmolekülen in Kontakt kommen. Die Axone der Riechsinneszellen leiten die Erregung der Sinneszellen direkt zum Riechhirn weiter. Der Riechsinn ist damit der einzige Sinn, der seine Impulse direkt und ungefiltert an das Gehirn leitet. Er besitzt auch eine direkte Verbindung zum limbischen System, einer entwicklungsgeschichtlich sehr alten Region des Gehirns, der unter anderem eine zentrale Rolle bei der Entstehung von Emotionen zugesprochen wird.

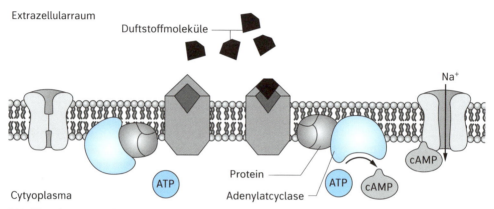

M1 Signaltransduktion in Riechsinneszellen

In den Zellwänden der Cilien der Riechsinneszellen sind zahlreiche Rezeptoren verankert, die nach dem Kotakt mit dem passenden Duftmolekül eine Signalkaskade in Gang setzen an. Dabei reicht ein einziges Duftmolekül aus, um die Bildung von 2000 cAMP-Molekülen zu induzieren. Wissenschaftler haben bisher Gene für 350 verschiedene Riechrezeptoren identifiziert.

M2 Basisinformationen über den Cholera-Erreger

Das Cholera-Bakterium *Vibrio cholerae* wird häufig über verunreinigtes Trinkwasser aufgenommen. Es produziert einen Giftstoff (Choleratoxin), welches in die Zellen des Darmepithels eindringt. Etwa zwei bis drei Tage nach der Infektion mit dem Bakterium kommt es zu sehr plötzlich auftretenden Durchfällen (Diarrhoe). Pro Tag können Patienten – je nach Schwere der Erkrankung – bis zu 25 l Flüssigkeit verlieren. Charakteristisch für die Cholera ist neben der starken Diarrhö ein trüber („reiswasserfarbener") flüssiger Stuhl mit einer erhöhten Konzentration verschiedener Ionen.

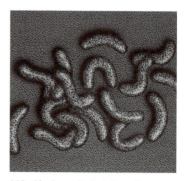

M2 Cholera-Bakterium in 10 000-facher Vergrößerung

M3 Veränderung der Ionenkonzentration im Darm infizierter Personen

M3 zeigt die Veränderung der Ionenkonzentration im Darmlumen infizierter Personen, wobei der Verlauf der Krankheit sehr unterschiedlich sein kann und vom gesundheitlichen Zustand der infizierten Person abhängt. Die Werte sind Durchschnittswerte.

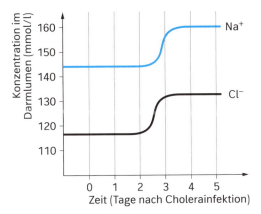

M3 Konzentrationsänderungen von Cl^-- und Na^+-Ionen im Darmlumen infizierter Personen

M4 Die Wirkung des Choleratoxins

Die folgende Abbildung stellt die Wirkung des Choleratoxins in den Zellen des Darmepithels schematisch dar.

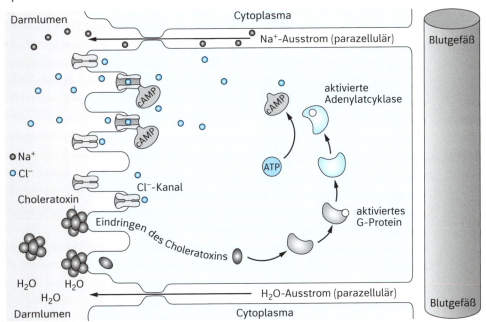

M4 Schema der Wirkung des Choleratoxins in den Epithelzellen des Darmlumens

> **Benötigte Fachkenntnisse**
>
> Signalentstehung und Signalweiterleitung, Signalwirkketten, Transportprozesse durch Biomembranen, Diffusion und Osmose (S. 38 f.)

> **Benötigte Methodenkenntnisse**
>
> Beschreiben, Erklären und Vergleichen biologischer Phänomene, Umgang mit komplexen Modellen (S. 29), Hypothesen bilden und überprüfen (S. 28 f.)

Lösungen

1. Duftmoleküle in der Luft erreichen über die Nasenhöhlen die Riechschleimhaut. Dort treffen sie auf Rezeptoren in den Zellmembranen der Cilien der Riechsinneszellen. Trifft ein passendes Duftmolekül auf einen Rezeptor, beginnt eine G-Protein vermittelte Signalkaskade, an deren Ende ein starker Anstieg der intrazellulären cAMP-Konzentration steht. Dabei wird zunächst über den Kontakt des Duftmoleküls mit dem Rezeptor ein G-Protein aktiviert, welches wiederum die Adenylatcyclase aktiviert. Die aktivierte Adenylatcyclase wandelt ATP in cAMP um. Ein Duftmolekül reicht aus, um die Umwandlung von 2000 ATP-Molekülen in cAMP-Moleküle zu induzieren. Die cAMP-Moleküle docken an Natriumionen-Kanäle an. Dadurch werden selektiv Natriumionen-Kanäle geöffnet und Natriumionen strömen in die Zelle ein. Durch die enorme Verstärkung des Signals (um den Faktor 2000) wird ein schneller Anstieg der intrazellulären cAMP-Konzentration erreicht, der wiederum zu einer schnellen Öffnung sehr vieler Natriumionen-Kanäle führt. Positiv geladene Natriumionen können schnell in die Zelle einströmen und die Zelle depolarisieren. Diese Depolarisation löst in den Riechsinneszellen ein Aktionspotenzial aus, welches über die Axone der Riechsinneszellen direkt zum Gehirn weitergeleitet wird und einen Sinneseindruck hervorruft.

2. M3 zeigt die Konzentrationsänderung von Chlorid- und Natriumionen im Darmlumen während einer Cholerainfektion. Zwei Tage nach der Infektion mit dem Choleraerreger steigt zunächst die Chloridionen-Konzentration im Darmlumen stark an. Innerhalb eines Tages erreicht sie einen Wert von ca. 130 mmol/l im Vergleich zum Ausgangswert von 117 mmol/l. Zeitlich etwas verzögert steigt auch die Natriumionen-Konzentration im Darmlumen von ca. 144 mmol/l auf ca. 158 mmol/l an. In den folgenden Tagen bleiben die Konzentrationen von Chlorid- und Natriumionen im Darmlumen konstant auf einem hohen Niveau.

3. M3 stellt die Wirkungsweise des Choleratoxins schematisch dar. Das Choleratoxin dockt an der Zellwand der Darmepithelzellen an. Ein Teil des Choleratoxins dringt in die Zelle ein. Im Cytoplasma aktiviert dieser Teil des Choleratoxins ein G-Protein. Das aktivierte G-Protein wiederum aktiviert die Adenylatcyclase, die ATP zu cAMP umwandelt. Das Signal wird durch diese Signalkette verstärkt. Die hohe intrazel-

luläre cAMP-Konzentration führt dazu, dass selektiv durch das Andocken eines cAMP-Moleküls Chloridionen-Kanäle geöffnet werden (M4 Schema der Wirkung des Choleratoxins in den Epithelzellen des Darmlumens). Durch die geöffneten Chloridionen-Kanäle strömen negativ geladene Chloridionen in das Darmlumen. Dadurch liegt im Darmlumen ein Überschuss an negativ geladenen Teilchen vor. Dies führt zur Erhöhung des osmotischen Gradienten. Natriumionen diffundieren entlang dieses Gradienten parazellulär nach. Natrium- und Chloridionen sind osmotisch stark wirksam, sodass Wasser parazellulär (und transzellulär) nachströmt. Dadurch kommt der enorme Flüssigkeitsverlust von bis zu 25 l pro Tag zustande. Die Inkubationszeit bei einer Infektion mit dem Choleraerreger beträgt ca. zwei Tage (M2). Die beschriebene Wirkungsweise des Choleratoxins erklärt auch den zeitlichen Ablauf der Ionenkonzentrationsänderung im Darmlumen betroffener Personen (M3). So lässt sich die im Stuhl nachweisbare erhöhte Ionenkonzentration erklären (M2), die die Diarrhoe zur Folge hat.

4. Sowohl bei der Signaltransduktion des Riechens als auch bei der Umkehr des osmotischen Gradienten in Darmepithelzellen mit dem Cholera-Erreger infizierter Menschen kommt der Adenylatcyclase eine Schlüsselrolle zu. Entscheidend ist in beiden Fällen der Anstieg des intrazellulären cAMP-Spiegels. Bei der Cholera führt dieser Anstieg zur Öffnung cAMP-sensitiver Chloridkanäle, sodass Chloridionen entlang ihres elektrochemischen Gradienten aus den Zellen in das Darmlumen strömen. Infolge dessen wird das osmotische Potenzial umgekehrt und Wasser strömt aus den Zellen und parazellulär ins Darmlumen. Bei der Signaltransduktion der Riechsinneszellen bewirkt ein hoher intrazellulärer cAMP-Spiegel eine Öffnung cAMP-sensitiver Natriumionen-Kanäle. Durch den Natriumeinstrom wird eine Depolarisation ausgelöst, die zu einem Aktionspotenzial führt. Die Erregung wird an das Gehirn weitergeleitet. Die Erhöhung der intrazellulären cAMP-Konzentration führt in beiden Fällen zu entscheidenden molekularen Veränderungen in Zellen. Die Adenylatcyclase spielt eine entscheidende Rolle bei der Weiterleitung und Verstärkung von Signalen und ist daher ein wichtiges Element zellulärer Signalwirkketten.

Selbstdiagnosebogen

Aufgabe Nr.	Kernkompetenzen	AFB	Punkte	erreicht	Förderung
1	Beschreibung der Signaltransduktion bei Riechsinneszellen unter Berücksichtigung der Fachsprache	I	6		Signalwirkketten und differenziertes Beschreiben von Schemata Erregungsbildung und Hypothesenbildung (S. 28 f.)
	Hypothesenbildung über die Depolarisation der Riechsinneszelle	II	4		
2	differenzierte Beschreibung der Abbildung in M2	I	3		Methodenschwerpunkt: Beschreiben von Tabellen und Grafiken (S. 19 ff.)
3	differenzierte Beschreibung der physiologischen Vorgänge bei einer Cholerainfektion unter Berücksichtigung der Fachsprache mithilfe eines Wirkschemas	II	6		genaue Beschreibung verschiedener biologischer Zusammenhänge auf Basis von Tabellen, Diagrammen und Grafiken (S. 19 ff.) Erläuterung komplexer Zusammenhänge
	Erläuterung physiologischer Zusammenhänge der Cholerainfektion	II	4		
4	Entwicklung einer Hypothese auf Basis vorher analysierter Zusammenhänge	III	7		Hypothesenbildung und Begründung der Hypothesen (S. 28)

Gesamtpunkte: 30, davon AFB I: 9 Punkte (30 %); AFB II: 14 Punkte (46,7 %); AFB III: 7 Punkte (23,3 %)

Materialgrundlage:

Chadhauri K., Chatterjee S.N.: Cholera Toxins (CT): Structure. In: Chadhauri, K. (Hrsg.): Cholera Toxins. Chapter 7, S. 105–123. Springer-Verlag, Berlin, Heidelberg. 2009

Gianella R.A.: Pathogenesis of acute bacterial diarrheal disorders. In: Annual Reviews in Medicine Nr. 32 S. 341-357, Palo Alto. 1981

Menon P.-M. et al.: Cholera. In: Evans, A.S., Brachmann, P.S. (Hrsg.): Bacterial Infections of Humans, Chapter 12, S. 249–272. Springer Science & Business Media LLC, Philadelphia. 2009

Schmidt R. und Lang f. (Hrsg.): Physiologie des Menschen mit Pathophysiologie. 30., neu bearbeitete und aktualisierte Auflage. Springer Medizin Verlag, Heidelberg. 2007

Immunbiologie: Entstehung einer Allergie; Biomembranen; humorale Immunantwort; ELISA-Test

Aufgabe 6: Die Erdnuss – ein lebensgefährlicher Snack

Einleitung

Nahrungsmittelallergien sind ein stetig wachsendes Problem. Eine besonders schwere Form ist die Erdnussallergie. Bereits kleine Mengen bestimmter Proteine der Hülsenfrucht *(Arachis hypogaea)* reichen aus, um schwere Reaktionen bis hin zu einem anaphylaktischen Schock auszulösen. Besonders weit verbreitet ist die Erdnussallergie in den USA und in Großbritannien, aber auch in Deutschland steigt die Zahl der Betroffenen. In den USA sterben jährlich rund 120 Menschen an schweren Schockreaktionen. Neuste Studien zeigen, dass auch immer mehr Kinder davon betroffen sind.

Aufgabenstellung

1. (a) Erstellen Sie eine schematische **Zeichnung** eines Antikörpers und beschriften Sie diese.
   (b) **Beschreiben** Sie unter Verwendung der Materialien M1 und M2 die Entstehung einer Erdnussallergie. Gehen Sie dabei ausführlich auf die humorale Immunantwort ein.
   (c) **Begründen** Sie, warum eine Erdnussallergie so gefährlich ist.
2. (a) **Vergleichen** Sie den Aufbau eines Chylomikrons mit dem Flüssig-Mosaik-Modell einer Biomembran.
   (b) **Überprüfen** Sie, warum Chylomikronen besonders geeignet sind, Fette aufzunehmen und zu transportieren.
3. Entwickeln Sie eine **Hypothese**, warum es bei Menschen mit einer Erdnussallergie zu allergischen Reaktionen auf andere Hülsenfrüchtler (Leguminosen) kommen kann. Solche „Kreuzreaktionen" kennt man mit Erbsen, Linsen oder Sojabohnen, aber auch mit Tomaten, die zu den Nachtschattengewächsen (Solanaceae) gehören.
4. (a) **Beschreiben** und **begründen** Sie die Funktionsweise des ELISA-Tests anhand der Abbildung in M3.
   (b) **Beurteilen** Sie die Aussagekraft eines positiven Testergebnisses.
   (c) **Erläutern** Sie einen möglichen Versuchsaufbau eines ELISA-Tests, mit dem man statt der Antikörper, im Blut befindliche Antigene nachweisen könnte.

Material

M1 Wie eine Erdnussallergie entsteht; Die Rolle der Chylomikronen

Man unterscheidet, je nach Dauer zwischen Allergenkontakt und Reaktion, verschiedene Allergietypen. Die Erdnussallergie gehört, zusammen mit Heuschnupfen, Insektenstichallergien, Tierhaarallergien u.a. zum Typ 1, dem „Soforttyp". Eine solche Allergie unterteilt man in zwei Schritte, die Sensibilisierungsphase und die Effektorphase. Kommt es zu einem Erstkontakt mit dem Allergen (= Antigen einer allergischen Reaktion), beginnt die Sensibilisierungsphase. Sie läuft nach dem Prinzip der humoralen Immunantwort ab. Kommt es zu einem erneuten Allergenkontakt, setzt die Effektorphase ein. Dazu genügt es bereits, Mengen im Mikrogrammbereich zu sich zu nehmen. Es kommt zur Ausschüttung von Histamin. Histamin ist ein Botenstoff, der bei Entzündungsreaktionen eine entscheidende Rolle spielt. Bei einer „Überdosis" Histamin können die Symptome in unterschiedlich starker Form am ganzen Körper auftreten (vgl. M2).

Man vermutet, dass die allergenen Erdnussproteine durch Chylomikronen ins Blut gelangen könnten. Chylomikronen sind Lipoproteine, Makromoleküle die aus Proteinen und Lipiden bestehen. Sie werden in den Zellen der Darmschleimhaut gebildet und ermöglichen die Aufnahme und den Transport von Fetten. Die Hülle ist aus Phospholipiden und sog. Apoproteinen aufgebaut, im Kern befinden sich die zu transportierenden Nahrungsfette. Die in der Nahrung enthaltenen Lipide können auf diese Weise über die Lymphe ins Blut und zu den Fett abbauenden oder Fett speichernden Geweben transportiert werden.

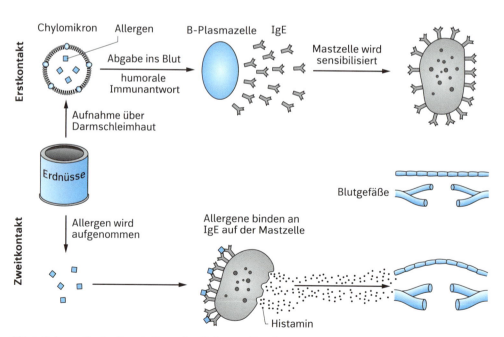

M1 a Schematische Darstellung der Erdnussallergie

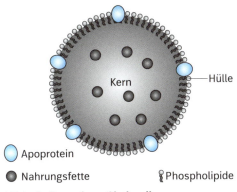

M1 b Aufbau eines Chylomikrons

M2 Allergische Reaktionen werden nach vier Schweregraden eingeteilt

Schweregrad 1	Juckreiz, Rötung und Schwellung der Haut
Schweregrad 2	Übelkeit, Bauchkrämpfe, Atemnot, beschleunigter Herzschlag, Blutdruckabfall
Schweregrad 3	Erbrechen und Durchfall, Asthmaanfall, Schock und Bewusstlosigkeit
Schweregrad 4	Atem- und Kreislaufstillstand, ggf. mit Todesfolge (= anaphylaktischer Schock)

M3 Der ELISA-Test zum Nachweis spezifischer IgE

Neben dem bekannten Pricktest, bei dem Allergene auf die durch einen kleinen Stich verletzte Haut aufgetragen werden, gibt es etliche weitere Verfahren, mögliche Lebensmittelallergien zu testen. Ein Testverfahren, das auch bei anderen immunologischen Tests, beispielsweise dem HIV-Test, angewandt wird, ist der ELISA-Test (Abk. für engl. „**e**nzyme **l**inked **i**mmuno **s**orbent **a**ssay"). Die nachfolgende Abbildung zeigt den Aufbau und die Durchführung eines solchen ELISA-Tests. Testverfahren wie der ELISA-Test wurden erst durch die Entwicklung monoklonaler Antikörper, für deren Entdeckung der Freiburger Forscher Georges Köhler 1984 den Nobelpreis erhielt, möglich. Dazu spritzt man einer Maus die entsprechenden Antigene, beispielsweise allergene Nahrungsbestandteile und wartet bis sie die passenden B-Plasmazellen gebildet hat. Anschließend werden der Maus die Plasmazellen entnommen und mit bestimmten Tumorzellen (Myelomzellen) fusioniert. Die so entstehenden Hybridomzellen vereinen die Eigenschaften beider Ursprungszellen, die Fähigkeit einen ganz bestimmten Antikörper zu produzieren und sich permanent teilen zu können und damit nahezu unsterblich zu sein.

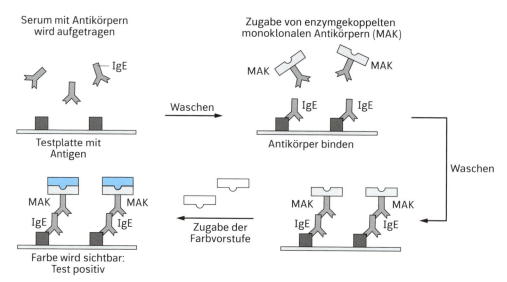

M3 Schema eines ELISA-Tests zum Nachweis von Antikörpern

Benötigte Fachkenntnisse
Aufbau der Biomembran (S. 37 f.), Struktur und Funktion von Antikörpern, Ablauf der humoralen Immunantwort (S. 64 f.).

Benötigte Methodenkenntnisse
Umgang mit Texten, schematischen Abbildungen, Experimenten und Hypothesen.

Lösungen

1. (a) Siehe S. 63.
   (b) Wenn man Erdnüsse isst, werden die als Allergene in Frage kommenden Proteine vermutlich zusammen mit den in den Nüssen enthaltenen Fetten in der Darmschleimhaut in Chylomikronen verpackt, aufgenommen und ins Blut transportiert. Dort werden die Lipoproteine abgebaut und die Allergene frei. Sie werden von Makrophagen und passenden B-Lymphocyten phagocytiert. Die Makrophagen präsentieren Allergenfragmente auf ihrem MHC-II Komplex. T-Helferzellen docken an und verbinden sich über ihren CD4-Rezeptor mit dem MHC-II Komplex, wodurch sie aktiviert werden. Die T-Helferzellen teilen sich vielfach und schütten Interleukin 2 aus, was die B-Plasmazellen, die das Allergen ebenfalls aufgenommen haben, aktiviert und zur Teilung anregt. Einige dieser Klone werden zu B-Plasmazellen, die den zum Allergen passenden Antikörper von Typ IgE bilden. Diese Antikörper

verankern sich in der Membran von Mastzellen, die dadurch sensibilisiert werden. Kommt es zu einem erneuten Allergenkontakt, binden die Allergenepitope an die auf den Mastzellen sitzenden IgE. Der Zeichnung in M1 a ist zu entnehmen, dass die Bindung eines Allergens mit zwei Antikörpern erfolgt, wodurch es zur Ausschüttung von dem in Vesikeln gespeicherten Histamin kommt. M1 a und M1 b ist zu entnehmen, dass Histamin die Gefäße weitet, was die Rötungen und Schwellungen der Haut erklärt. Werden zu viele Gefäße auf einmal geweitet, führt das zu einem Absinken des Blutdrucks, was im schlimmsten Fall zur Ohnmacht oder dem Tod durch Atemstillstand und Organversagen führen kann.
(c) Mehrere Faktoren machen eine Erdnussallergie besonders gefährlich. So reichen bereits kleinste Mengen aus, um einen anaphylaktischen Schock zu verursachen. Dadurch ist es unter Umständen schwer zu erkennen, auf was die Betroffenen allergisch reagieren. Spuren von Erdnüssen können in vielen Nahrungsmitteln enthalten sein. Gefährlich macht die Erdnussallergie auch, dass sie zu allen vier Schweregraden einer allergischen Reaktion führen kann, also auch zum Tod. Leiden Kinder unter der Allergie, besteht akute Gefahr, wenn sie unbeaufsichtigt erdnusshaltige Snacks verzehren, ohne es zu wissen.

2. (a) Gemeinsamkeiten: Grundaufbau der Membran aus Phospholipiden und (integralen) Proteinen. Unterschiede: In der Biomembran liegt eine doppelte Phospholipidschicht vor, sodass auf beiden Seiten ein hydrophiler Teil entsteht, die Chylomikronhülle besteht nur aus einer einfachen Schicht.
(b) Die äußere Seite der Chylomikronschicht wird von den hydrophilen Köpfchen der Phospholipide gebildet, wodurch sie sich besser zum Transport eigenen als wasserunlösliche Fette, die u. U. aufgrund ihrer Hydrophobie sogar die Blutbahnen verstopfen könnten. Die Innenseite der Membran wird von den hydrophoben Lipidschwänzchen gebildet, wodurch ein Milieu entsteht, in dem Fette ohne Problem transportiert werden können.

3. Die IgE Antikörper auf der Membran der Mastzellen sind, wie alle anderen Antikörper auch, epitopspezifisch und dürften daher eigentlich nur auf die Erdnussproteine reagieren. Zu einer Kreuzreaktion mit anderen Pflanzenproteinen könnte es dadurch kommen, dass sich die entsprechenden Epitope von ihrer chemischen Struktur sehr ähnlich sind. Für diese These würde die Tatsache sprechen, dass es Kreuzreaktionen mit sehr nahen Verwandten der Erdnüsse gibt. Wie die Kreuzallergie mit der Tomate zu erklären ist, ist unklar. Auch hier wäre eine Ähnlichkeit der Epitope denkbar, aufgrund der fehlenden direkten Verwandtschaft aber unwahrscheinlicher. Zur Klärung der Frage müsste man auf molekularer Ebene weiterforschen und die Epitope und deren chemische Struktur möglichst exakt bestimmen.

4. (a) Man gibt das Blutserum der Testperson auf eine Testplatte, auf der entsprechende Allergene verankert sind. Befinden sich allergenspezifische Antikörper im Blutserum, binden sie an die Antigene. Anschließend wird das Gefäß gespült, um andere im Blut enthaltene IgE zu entfernen. Nun gibt man auf die Testplatte monoklonale Antikörper, die an die ggf. anhaftenden IgE Antikörper binden. Anschließend wird

abermals gespült. Die monoklonalen Antikörper sind außerdem mit einem Enzym versehen, das eine unsichtbare Farbvorstufe in einen Farbstoff umwandelt. Kommt es nach der Zugabe der Farbvorstufe zu einer Färbung, so ist das Ergebnis positiv, d. h. das untersuchte Blut enthält Antikörper gegen das Allergen.
(b) Ein positives Testergebnis zeigt lediglich, dass im Blut Antikörper gegen das entsprechende Allergen vorhanden sind. Das muss aber noch nicht automatisch heißen, dass es auch sensibilisierte Mastzellen gibt, also eine Allergie vorliegt. Das können nur weiterführende Tests klären.
(c) Der Aufbau eines solchen Tests könnte sehr ähnlich sein, allerdings müsste der Boden des Testgefäßes nicht das gesuchte Antigen, sondern passende Antikörper dazu enthalten. Nach der Zugabe des Testserums und einem ersten Waschgang würde man einen zweiten Antikörper dazugeben, der ebenfalls an das Antigen bindet, idealerweise an ein anderes Epitop. Dieser Antikörper könnte wiederum mit einem Enzym markiert sein. Nach einem weiteren Waschgang kann durch Zugabe der Farbvorstufe geprüft werden, ob der zweite Antikörper gebunden hat. Kommt es zum Farbumschlag, war das Antigen im Testserum vorhanden, der Test wäre positiv.
Anmerkung: Dieses Testverfahren gibt es tatsächlich und wird aufgrund des entstehenden Antikörper-Antigen-Antikörper-Komplexes auch „Sandwich-ELISA-Test" genannt.

Selbstdiagnosebogen

Aufgabe Nr.	Kernkompetenz	AFB	Punkte	erreichte Punkte	Förderung
1(a)	Struktur eines Antikörpers	I	2		Struktur und Funktion eines Antikörpers; Entstehung und Bedeutung der variablen Abschnitte; unspezifische vs. spezifische Immunabwehr; humorale und zellvermittelte Immunantwort (S. 63 ff.) Methodentrainig: Umgang mit verschiedenen Quellen (S. 18 ff.)
1(b)	Beschreibung der humoralen Immunantwort und der allergischen Reaktion	I	5		
1(c)	Zusammentragen und bewerten von Informationen aus diversen Quellen	II	3		
2(a)	Vergleich Biomembran und Chylomikron anhand einer schematischen Zeichnung	I	2		Struktur und Funktion von Biomembranen (S. 37 f.) Aufbau von (Phospho-)Lipiden (S. 37)
2(b)	Aufbau und Hydrophobie von Lipiden in Zusammenhang bringen mit Struktur und Funktion der Chylomikronen	II	4		

Aufgabe Nr.	Kernkompetenz	AFB	Punkte	erreichte Punkte	Förderung
3	Erstellen einer Hypothese aufgrund beschriebener Zusammenhänge und dem Wissen aus der Immunbiologie	III	5		Humorale Immunantwort; Methodenkompetenz Umgang mit Hypothesen (S. 28 f.)
4(a)	Beschreiben und begründen eines möglicherweise unbekannten Tests anhand einer schematischen Zeichnung und den Inhalten der Immunbiologie	II	4		Struktur und Funktion von Antikörpern; Methodentraining Umgang mit schematischen Zeichnungen (S. 24 f.) Entstehung einer Allergie; Aufbau und Aussage eines ELISA-Tests Unterschied zwischen beschriebenem ELISA-Test und dem Sandwichtest
4(b)	Beurteilung eines Tests mit eigener Stellungnahme	III	2		
4(c)	Abwandlung eines bestehenden Versuchsaufbaus	III	3		

Gesamtpunkte: 30, davon AFB I: 9 Punkte (30 %); AFB II: 11 Punkte (37 %); AFB III: 10 Punkte (33 %)

Materialgrundlage:

http://www.yazio.de/ernaehrungslexikon/erdnussallergie.html
http://www.allum.de/krankheiten/erdnussallergie/haeufigkeit
http://www.pm-magazin.de/a/krankmacher-erdnuss
www.students.informatik.uni-luebeck.de/zhb/ediss88.pdf
http://www.medizin-blog.net/allgemeines/lipoproteine/
http://de.wikipedia.org/wiki/Chylomikron

Stammbaumanalyse, Evolutionshinweise und Evolutionstheorie, Methoden der Biologie

Aufgabe 7: Großbär oder Kleinbär? Einordnung des Großen Pandas und des kleinen Pandas in den Stammbaum der Bären

Einleitung

Aufgrund einiger Besonderheiten der Pandas hinsichtlich ihrer Morphologie und ihres Verhaltens haben Zoologen lange Zeit gestritten, in welche Familie die Pandas einzuordnen sind. Seit der Entdeckung des großen Pandas *Ailuropoda melanoleuca* im Jahre 1869 sind mehr als 40 wissenschaftliche Abhandlungen nur über die systematische Einordnung dieser Art erschienen. Teils wurde der große Panda zu den Großbären, teils zu den Kleinbären gerechnet, einige Zoologen schlugen sogar eine eigene Familie vor.

Aufgabenstellung

1. In den Materialien M1–M4 sind Verbreitung, Morphologie und die Verhaltensweisen der beiden Pandaarten und jeweils von einem Vertreter der Großbären und der Kleinbären dargestellt. **Werten** Sie diese Materialien im Hinblick auf die Einordnung der beiden Pandas in den Stammbaum der Bären **aus**.
2. Die Materialien M5 zeigen die Ergebnisse einer Analysemethode aus der Molekulargenetik (DNA-Hybridisierung).
   (a) **Beschreiben** Sie Ablauf und Funktionsweise der DNA-Hybridisierung und **erläutern** Sie, inwiefern sich Ergebnisse aus molekulargenetischen Untersuchungen zur Analyse von Verwandtschaftsverhältnissen eignen.
   (b) **Deuten** Sie die Ergebnisse der DNA-Hybridisierung im Hinblick auf eine Einordnung der Pandas in den Stammbaum der Bären.
3. M6 zeigt eine Skelettrekonstruktion eines ausgestorbenen Säugetieres. Diese Entdeckung wurde von Forschern als 'missing link' der Evolution der Pandabären gefeiert. Analysieren Sie die Handrekonstruktion dieses Uhrzeiträubers und **stellen** Sie eine **Hypothese auf**, wie die beiden Pandas, unter Berücksichtigung aller Ihnen vorliegender Untersuchungen, in den Stammbaum der Bären eingeordnet werden können. **Begründen** Sie Ihre Entscheidung.
4. **Erläutern** Sie vor dem Hintergrund ihrer Einordnung der Pandas und mithilfe von M1 und M6, wie es bei beiden Arten zu einer Ausprägung des „falschen" Daumens kommen konnte.

Material

M1 Großer Panda

Das Verbreitungsgebiet des großen Pandas *Ailuropoda melanoleuca* liegt in der gebirgigen Region im Westen Chinas. Verteilt auf mehrere kleinere Habitate leben dort ca. 2500–3000 Tiere in freier Wildbahn. Der große Panda besitzt einige biologische Merkmale, die eine eindeutige phylogenetische Einordnung in den Stammbaum der Bären erschweren. Eine Besonderheit des großen Pandas ist der ausgeprägte Handwurzelknochen der Vorderpfoten, der zum sogenannten Pseudodaumen (auch „falscher" Daumen genannt) ausgebildet ist. Diesem Pseudodaumen liegt der Daumen gegenüber und ermöglicht ein besseres Abgreifen der Blätter der Bambusstengel.

Überwinterung: kein Winterschlaf
Nahrung: Bambus
Laute: blöken, zischen

Verbreitungsgebiet

M1 Steckbrief des großen Pandas

M2 Kleiner Panda

Der kleine Panda oder Katzenbär *Ailurus fulgens* lebt im Osten Asiens und ist ebenfalls ein Pflanzenfresser. Auch der kleine Panda besitzt einen Pseudodaumen und ernährt sich – wenn auch nicht ausschließlich – von Bambusschösslingen. Die phylogenetische Einordnung des kleinen Pandas in den Stammbaum der Bären war lange Zeit äußerst umstritten.

Überwinterung: kein Winterschlaf
Nahrung: Bambus
Laute: blöken, zischen

Verbreitungsgebiet

M2 Steckbrief des kleinen Pandas

M3 Stammbaum der Bären und Verbreitungsgebiete von Groß- und Kleinbär

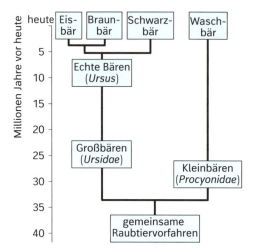

M3 a Der Stammbaum der Bären

M3 b Verbreitungsgebiet der Großbären

M3 c Verbreitungsgebiet der Kleinbären

M4 Vergleich anatomischer und morphologischer Merkmale und einiger Verhaltensweisen des großen und kleinen Pandas mit Braunbär und Waschbär als Vertreter der Groß- und Kleinbären

Im Rahmen zahlreicher wissenschaftlicher Studien wurden morphologische Merkmale und Verhaltensweisen der Pandas mit Vertretern der Groß- und Kleinbären verglichen. Die Ergebnisse sind in der folgenden Tabelle dargestellt.

Merkmal	Großer Panda	Kleiner Panda	Waschbär als Vertreter der Kleinbären	Braunbär als Vertreter der Großbären
Schädel	knöcherner Teil der Schnauze verkürzt	knöcherner Teil der Schnauze verkürzt	knöcherner Teil der Schnauze verkürzt	ausgeprägter knöcherner Teil der Schnauze
Vorderpfoten	sechster Finger als „Pseudodaumen" (den anderen Fingern gegenübergestellt)	sechster Finger als „Pseudodaumen" (den anderen Fingern gegenübergestellt)	fünf Finger, von dem einer als Daumen genutzt wird	fünf Finger, von denen keiner als Daumen gegenübergestellt ist
Gebiss	Abflachung der Vorderbackenzähne als Mahlfläche; mäßig entwickelte Reißzähne	Backenzähne mit großen Mahlflächen; stark unterentwickelte Reißzähne	leicht vergrößerte Oberfläche der Backenzähne; mäßig entwickelte Reißzähne	geringe Anpassung an herbivore (pflanzliche) Ernährungsweise; kräftige Reißzähne
Gang	Sohlengänger	Sohlengänger	Sohlengänger	Sohlengänger
Laute	blöken; zischen	blöken; zischen	zischen	brummen; brüllen
Harn-, Kotmarkierungen	Reviermarkierung durch Harnen und Koten	Reviermarkierung durch Harnen und Koten	Reviermarkierung durch Harnen und Koten	Keine Reviermarkierung
Winterschlaf	kein Winterschlaf	kein Winterschlaf	kein echter Winterschlaf	Winterschlaf

M5 Untersuchung des Erbguts verschiedener Bärenarten mithilfe der DNA-DNA-Hybridisierung

Ergebnisse aus molekulargenetischen Untersuchungen verschiedener Bärenarten lassen ebenfalls Rückschlüsse auf deren Verwandtschaft zu.

Braunbär	80,2
Eisbär	80,3
Schwarzbär	83,4
Kleiner Panda	74
Waschbär	72,4
native DNA des großen Panda	99

Braunbär – Eisbär	0,55
Braunbär – Schwarzbär	1,4
Braunbär – Waschbär	7,1
Braunbär – kleiner Panda	7,1
Kleiner Panda – Waschbär	6,3

M6 a Schmelzpunkt in °C von der nativen DNA und von DNA-Hybriden des großen Pandas

M6 b Schmelzpunkterniedrigungen im Vergleich zu artgleichen Doppelsträngen in °C

M6 Skelettfund klärt Stammbaum der Pandas

Im Jahre 2005 wurde ein spektakulärer Fossilienfund in der Nähe von Madrid gemeldet, ein sehr gut erhaltenes, fossiles Skelett eines *Simocyon batalleri*, dem längst ausgestorbenen, fleischfressenden Urahn der Katzenbären (*Ailuridae*). Der carnivore Räuber war etwa so groß wie ein Puma und ein hervorragender Kletterer. Das Besondere bei diesem Fund ist der Pseudodaumen, den **S. batalleri** an seinen Pranken, neben bzw. gegenüber dem Daumen, besitzt. Dieser Pseudodaumen findet sich heute noch sowohl beim kleinen als auch dem großen Panda. Beim großen Panda ist der „falsche" Daumen eine große Hilfe beim Abgreifen der Bambusstangen. Auch dem kleinen Panda bringt dieser Pseudodaumen Vorteile bei der Nahrungsaufnahme. Für den kürzlich entdeckten *S. batalleri* war der Pseododaumen eine große Hilfe beim Klettern und Jagen auf Bäumen.

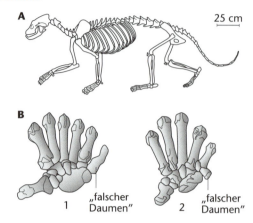

Benötigte Fachkenntnisse
Grundlagen evolutiver Veränderungen, Evolutionshinweise und Belege für Evolution (Homologie, Analogie und Konvergenz), Molekulargenetische Verwandtschaftsnachweise (S. 71, 74 ff.)

Benötigte Methodenkenntnisse
Analyse von Texten, Diagrammen, Bildern und schematischen Zeichnungen (S. 18 ff.); Umgang mit Hypothesen (S. 28 f.)

Lösungen

1. Der Steckbrief des großen Pandas (M1) zeigt ein sehr kleines Verbreitungsgebiet im Westen Chinas. Der kleine Panda kommt ebenfalls nur in Asien vor, lebt aber in zwei etwas größeren Verbreitungsgebieten im Osten Asiens. Beide Pandas zeigen Ähnlichkeiten in der Überwinterungsstrategie, beide halten keinen Winterschlaf. Auch die Hauptnahrungsquelle des kleinen und des großen Pandas ist identisch, wobei der Steckbrief die Schlussfolgerung nahe legt, dass der große Panda sich fast ausschließlich von Bambus ernährt, während der kleine Panda auf andere Nahrung ausweichen kann. Die Lautäußerungen sind ebenfalls identisch: Beide blöken und zischen. Überwinterungsstrategie, Nahrungsaufnahme und Lautäußerungen legen den Schluss nahe, dass es sich bei den beiden Pandaarten um nahe verwandte Arten handeln könnte. M3 zeigt den Stammbaum der Bären. Ausgehend von einem

gemeinsamen Raubtiervorfahren vor ca. 40 Mio. Jahren haben sich vor ca. 32 Mio. Jahren die Familien der Kleinbären und der Großbären voneinander getrennt. Als heutiger Vertreter der Kleinbären ist der Waschbär dargestellt, als Vertreter der Großbären Eisbär, Braunbär und Schwarzbär. Ein erster Blick auf das Aussehen von großem und kleinem Panda könnte den Schluss nahelegen, dass der große Panda den Großbären, der kleine Panda den Kleinbären zuzuordnen ist.

M3 b zeigt das heutige Verbreitungsgebiet der Großbären. Nach dem Verbreitungsgebiet kann der große Panda zu den Großbären gezählt werden. Die Verbreitungsgebiete des kleinen Pandas stimmen nicht mit den Verbreitungsgebieten der Kleinbären in M3 c überein. Er lebt im Verbreitungsgebiet der Großbären. Nach Analyse der Verbreitungsgebiete könnte der große Panda eher den Großbären zugeordnet werden. M4 zeigt einen Vergleich anatomischer und morphologischer Merkmale der beiden Pandaarten im Vergleich zum Waschbären als Vertreter der Kleinbären und dem Braunbär als Vertreter der Großbären. In den Kategorien Gebiss, Schädel, Reviermarkierung und Winterschlaf sind Ähnlichkeiten beim großen Panda, kleinen Panda und Waschbären zu erkennen (verkürzter knöcherner Teil des Schädels, eher an pflanzliche Nahrung angepasstes Gebiss, zischende Laute, Reviermarkierung, kein Winterschlaf). Die Gangart aller vier dargestellten Vertreter ist identisch (Sohlengänger). Die Vorderpfoten vom großen und kleinen Panda weisen beide einen Pseudodaumen als sechsten Finger aus, während Waschbär und Braunbär nur fünf Finger besitzen. Aufgrund der aufgeführten morphologischen und anatomischen Merkmale und einiger Verhaltensweisen der Tiere sind sowohl der große Panda als auch der kleine Panda den Kleinbären zuzuordnen, da große Ähnlichkeiten zum Waschbären als Vertreter der Kleinbären bestehen. Zudem deuten das Vorhandensein eines Pseudodaumens beim großen und kleinen Panda und die Nahrungsaufnahme, Überwinterungsstrategie und Lautäußerungen (M1 und M2) auf eine enge Verwandtschaft hin, was die Einordnung in eine Familie (in diesem Fall die der Kleinbären) stützen würden.

2. Die DNA-Hybridisierung kann ebenfalls zur Analyse von Verwandtschaftsverhältnissen genutzt werden. Dabei wird die DNA einer Spezies zunächst so geschmolzen (denaturiert), dass sich die Wasserstoffbrückenbindungen zwischen den Basenpaaren trennen, das Zucker-Phosphat-Rückgrat aber noch stabil bleibt. Die DNA zweier, verschiedener Arten werden im darauffolgenden Schritt miteinander vermischt. Dabei paaren sich beim Abkühlen die Einzelstränge der beiden verschiedenen Arten, es entsteht eine Hybrid-DNA. Es können sich dabei nur diejenigen Basen über Wasserstoffbrücken paaren, die komplementär zueinander sind. Wird diese Hybrid-DNA dann erneut erwärmt, lässt die Schmelzpunkttemperatur Rückschlüsse darauf zu, wie viele Basenpaare ausgebildet wurden. Je weniger komplementäre Basenpaare es gibt, umso niedriger fällt die Schmelzpunkttemperatur im Vergleich zu artreiner DNA aus. Die komplementären Übereinstimmungen zweier Arten sind auf DNA-Ebene umso höher, je näher die beiden Arten miteinander verwandt sind. Somit lässt sich auch über die Schmelzpunkttemperatur hybrider DNA ein Verwandtschaftsverhältnis ausdrücken. Diese Methode ist genauer als der Präzipitintest, da indirekt Ähnlichkeiten der DNA-Sequenz zweier Arten untersucht werden.

M6 zeigt die Ergebnisse einer DNA-Hybridisierung zur Klärung der Verwandtschaftsverhältnisse der Pandas. Mit jeweils 80 % bzw. 83 % der Schmelzpunkttemperatur von DNA-Hybriden des großen Pandas mit Vertretern der Großbären im Vergleich zur nativen DNA des großen Pandas, ist die Schmelzpunkttemperatur verhältnismäßig hoch, was auf eine relativ enge Verwandtschaft des großen Pandas mit den Großbären hindeutet. Diese Ergebnisse stützen die Ergebnisse aus dem Präzipitintest (M5). Damit wird die Hypothese, dass der große Panda der Familie der Großbären zuzuordnen ist, gestützt. Da es sich um einen indirekten DNA-Sequenzvergleich handelt, ist dem Ergebnis eine relativ hohe Genauigkeit im Vergleich z. B. zu morphologischen Analysen zuzuschreiben. Beim kleinen Panda werden ebenfalls die Ergebnisse des Präzipitintests gestützt. Bei DNA-Hybriden der DNA des kleinen Pandas mit der DNA des Braunbären ist eine deutliche Verringerung der Schmelzpunkttemperatur (im Vergleich zur artreiner DNA) festzustellen (7,1 °C). Damit ist eine Verwandtschaft von kleinem Panda und Großbären sehr unwahrscheinlich. Ähnlich sieht es bei DNA-Hybriden der DNA des kleinen Pandas und der DNA des Waschbären als Vertreter der Kleinbären aus (Schmelzpunkterniedrigung von 6,3 °C). Damit ist auch eine Verwandtschaft des kleinen Pandas mit den Kleinbären unwahrscheinlich. Wobei nach der DNA-Hybridisierung der kleine Panda den Kleinbären immer noch ähnlicher ist als den Großbären (6,3 °C Schmelzpunkttemperaturerniedrigung im Vergleich zu 7,1 °C).

3. Nach den vorliegenden Ergebnissen kann der große Panda mit sehr hoher Wahrscheinlichkeit in die Familie der Großbären eingeordnet werden. Der hohe Schmelzpunkt der Hybrid-DNA des großen Pandas mit dem Schwarzbär (83,4 °C) unterstützt diese Hypothese. Die morphologischen Analysen zeigen zwar keine große Ähnlichkeit des großen Pandas mit dem Braunbären als Vertreter der Großbären; die molekularbiologischen Befunde aus M5 sind aber stärker zu gewichten. Beim kleinen Panda kann zwar aus morphologischer Sicht eine Ähnlichkeit mit den Kleinbären beschrieben werden, die molekularbiologischen Befunde (M5) weisen aber auf keine nahe Verwandtschaft zwischen dem kleinen Panda und den Kleinbären hin. Der molekularbiologische Befund der DNA-Hybridisierung zeigt eine nähere Verwandtschaft des kleinen Pandas zu den Kleinbären als zu den Großbären. M6 zeigt eine Skelettrekonstruktion des ausgestorbenen, fleischfressenden Simocyon batalleri, einem Urahn des Katzenbären. Entscheidend ist, dass S. batalleri einen Pseudodaumen besaß. Auf morphologischer Ebene lässt sich also eine Verwandtschaft sowohl zum kleinen als auch zum großen Panda erkennen. Da der kleine Panda weder zu den Groß- noch zu den Kleinbären gezählt werden kann, lässt sich vermuten, dass er in eine ganz andere Familie eingeordnet werden muss. Die Tatsache, dass S. batalleri einen Pseudodaumen besitzt und ihn Wissenschaftler als Urahn der Katzenbären identifizierten, unterstützt diese These. Der kleine Panda könnte somit der einzige noch lebende Vertreter der Familie der Katzenbären sein.

4. Der Pseudodaumen des großen und des kleinen Pandas lässt sich nicht durch eine nahe Verwandtschaft der beiden Pandas erklären. Er muss durch eine konvergente Entwicklung entstanden sein. Dem kleinen Panda hilft der Pseudodaumen, wie auch

seinem Vorfahren, dem *Simocyon batalleri*, beim Klettern. Dem großen Panda ist der Pseudodaumen ein großer Vorteil bei der Nahrungsaufnahme, da er auf ein effizientes Abgreifen der Blätter von Bambusstangen, seiner Hauptnahrungsquelle, angewiesen ist.

Selbstdiagnosebogen

Aufgabe Nr.	Kernkompetenzen	AFB	Punkte	erreicht	Förderung
1	Analyse der Verbreitungsgebiete und Verhaltensweisen auf Basis der Steckbriefe	I	3		Analyse verschiedener Materialien mit mittlerer Komplexität
	Erste hypothetische Einordnung in den Stammbaum der Bären (M3)	II	2		Übungen zum Entnehmen der Hauptaussage aus verschiedenen Materialien und zur Fokussierung auf die Themenstellung
	Analyse der Morphologie und Verhaltensstrategien (M4)	I	3		
	Hypothese: Beide Pandas sind den Kleinbären zuzuordnen	II	3		Hypothesenbildung und deren Beleg (S. 28f.)
	Beleg der Hypothese auf Basis von M1 – M4	III	2		
2	Beschreibung des Präzipitintests	I	2		Fachwissen: Serum-Präzipitintest, Belege für Evolution (S. 74ff.) Vergleich mit anderen Analysemethoden
	Erläuterung der Aussagekraft der molekularbiologischen Befunde	II	2		
	Auswertung der Ergebnisse der DNA-DNA-Hybridisierung (M6)	II	3		Auswertung von Diagrammen und Tabellen (S. 19ff.)
	Hypothetische Einordnung: Großer Panda → Großbären Kleiner Panda → weder Großbär noch Kleinbär	III	2		Hypothesen bilden auf Basis einer Tabelle oder eines Diagramms (S. 28f.)
	Geeignete Belege der Hypothesen auf Basis von M6	III	2		

Aufgabe Nr.	Kernkompetenzen	AFB	Punkte	erreicht	Förderung
3	zusammenfassende Einordnung auf Basis von M1 bis M7: Der Panda kann mit sehr hoher Wahrscheinlichkeit den Großbären zugeordnet werden (Belege im Material).	III	2		Zusammenfassung verschiedener Materialien mit hoher Komplexität (hier: M1 bis M6)
	M7 zeigt deutlich, dass die vorherigen Hypothesen stimmen: der kleine Panda ist weder Großbär noch Kleinbär und kann in eine eigene Familie eingeordnet werden	III	2		Strukturierte Hypothesenbildung und Beleg der Hypothese auf Basis der ausgewerteten Materialien (S. 28 f., Hauptaussagen)
	Beleg dieser Hypothese mit M7 (und M5 – M6).	III	1		
4	Erläuterung der Entwicklung der Pseudodaumen der Pandas mit dem Konzept der konvergenten Entwicklung	II	3		Fachwissen: Konzept der Analogie und Konvergenz

Gesamtpunkte: 42, davon AFB I: 10 Punkte (23,8%); AFB II: 18 Punkte (42,9%); AFB III: 14 Punkte (33,3%)

Materialgrundlage:

Anton M. et al.: Implications of the funtional anatomy of the hand and forearm of Ailurus fulgens (Carnivore, Ailuridae) for the evolution of the 'false-thumb' in pandas. In: J.Anat. No. 209, S. 757 – 764, Anatomical Society of Great Britain and Ireland, London, 2006

Fischer R. E. et al.: The phylogeny of the red panda (Ailurus fulgens): evidence from the hindlimb. In: J.Anat. No. 213, S. 607 – 628, Anatomical Society of Great Britain and Ireland, London, 2008

Förster H., Kattmann U.: Bambus fressender Harlekin. In: Unterricht Biologie, Heft Nr. 222, S. 42 – 48, Seelze, 1997

Salesa M. et al.: Evidence of a false thumb in a fossil carnivore clarifies the evolution of pandas. In: PNAS, Vol. 103 No. 2 S. 379 – 382, Washington D.C., 2006

Walory M. et al.: Fit fürs Abi – Aufgabentrainer. S. 76 – 79 Schroedel Verlag, Hannover, 2000

http://hopsea.mnhn.fr/pc/thesis/Diploma_Hartmann_2004.pdf

http://schuetz.sc.ohost.de/Biologie/Evolution/DNA-Hybridisierung.pdf

http://www.morgenpost.de/printarchiv/wissen/article335676/Fossilienfund_klaert_Stammbaum_der_Pandas.html

Art und Artbildung

Aufgabe 8: Untersuchungen zur Rassen- und Artbildung beim Grünen Laubsänger

Einleitung

Neben der Entstehung neuer Arten durch ihre Entwicklung ist die Bildung neuer Arten durch Artaufspaltung ein wichtiges Thema in der Evolution. Der allopatrische Artbildungsprozess beim grünen Laubsänger ist eine typische nacheiszeitliche Entwicklung. Mit dem rückweichenden Eis konnte das freiwerdende Land wieder besiedelt werden. Die schnelle Vergrößerung des Siedlungsraumes und die unterschiedlichen Besiedlungsrichtungen um den Himalaya herum förderten die Bildung von Teilpopulationen. Die in diesem Prozess stattgefundenen Veränderungen der Ursprungsform waren fließend, daher liegen die unterschiedlichen Zwischenformen der Entwicklung heute noch als Unterarten vor, ein Genfluss zwischen ihnen findet zum Teil statt. Gleichzeitig haben sich die räumlich am weitesten von der Ursprungspopulation entfernten Populationen so weit von einander getrennt, dass zwischen ihnen auch im Überlappungsgebiet keine Bastardisierung mehr stattfindet. Dies wirft natürlich die Frage nach der Gliederung in Rassen oder Arten auf. Alle gängigen Artdefinitionen kommen bei diesem fließenden Übergang nicht zu einer sicheren Klärung. Ähnliche Entwicklungen können z. B. bei Möwen oder Kohlmeisen belegt werden

Aufgabenstellung

1. **Beschreiben** Sie die heutige Verbreitung des grünen Laubsängers in Eurasien.
2. **Erläutern** Sie das Schema der Rassen- und Artbildung in M3 und erklären Sie auf dieser Basis die Entwicklung der Verbreitung des grünen Laubsängers nach der Eiszeit. Gehen Sie dabei von einer Stammform des Laubsängers südlich des Himalayas aus. **Erklären** Sie dabei auch, warum *P. t. viridanus* und *P. t. plumbeitarsus* in Mittelsibirien nicht mehr bastadisieren, obwohl sie das gleich Habitat besiedeln.
3. **Diskutieren** Sie die in M5 vorgenommene Artdefinitionen und **nehmen** Sie **Stellung** zum Bemühen, *P. t. viridanus* und *P. t. plumbeitarsus* den Rang von eigenen Arten zuzuerkennen.

Material

M1 Information zum Grünen Laubsänger

Der Grüne Laubsänger *Phylloscopus trochiloides* ist in mehreren Unterarten in Südschweden, Osteuropa, Zentralasien und China verbreitet (vgl. M2). Die Unterarten unterscheiden sich nur geringfügig in der Färbung.

Die Vögel sind an das Vorkommen von Wäldern gebunden; in den Steppen und Wüsten Zentralasiens kommen sie nicht vor. Auch das Hochland von Tibet in fast 4000 m Höhe können diese Vögel weder bewohnen noch überfliegen.

Wie bei allen Singvögeln finden sich die Geschlechtspartner vorwiegend über den Gesang. Die Weibchen wählen zur Paarung Männchen, deren Gesang ihnen besonders zusagt. Tonhöhen und Strophenbildung des Gesangs sind bei den Jungvögeln teilweise genetisch festgelegt, teilweise lernen sie das Singen von den Eltern.

M2 Verbreitung der verschiedenen Unterarten des Grünen Laubsängers

Die Verbreitungsgebiete von *P. t. plumbeitarsus* und *P. t. viridanus* überlappen sich in Mittelsibirien (siehe Pfeil in der Abbildung). Dort kommt es nicht zu Bastardbildungen, obwohl die Tiere dieselben Habitate besiedeln. Hier unterscheiden sich die Gesänge der Unterarten deutlich.

Dagegen verändern sich die Gesänge von Mittelsibirien nach Osten (innerhalb der Unterart *P. t. plumbeitarsus*) kontinuierlich, ebenso von Mittelsibirien nach Süden (von *P. t. viridanus* über *P. t. ludlowi* und *P. t. trochiloides* bis *P. t. obscuratus*).

Untersuchungen mit DNA-Markern ergaben große Unterschiede zwischen den Unterarten *P. t. plumbeitarsus* und *P. t. viridanus* in Mittelsibirien und nur geringe Unterschiede zwischen den übrigen benachbarten Unterarten. Dagegen fand man erstaunlich große Übereinstimmungen zwischen bestimmten DNA-Abschnitten von P. t. obscuratus und Individuen aus der südlichen Verbreitungszone von *P. t. plumbeitarsus*.

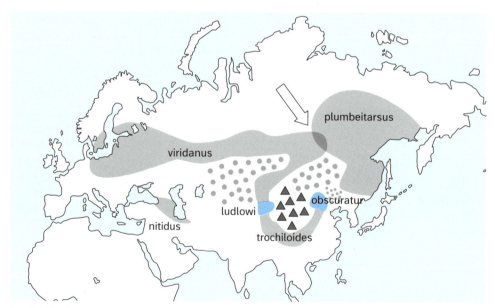

M2 Verbreitung des Grünen Laubsängers in Eurasien. Groß gepunktete Fläche: Wüsten oder Steppen; klein gepunktete Fläche: Gebiete, in denen vor der Abholzung von Wäldern wahrscheinlich Grüne Laubsänger vorkamen; ∆∆∆ - Hochgebirge (Himalaya)

M3 Schema zur Rassen- und Artbildung

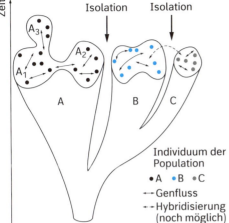

M4 Veränderungen der Lebensräume des Grünen Laubsängers

Seit dem Quartär vor rund 2 Millionen Jahren veränderten sich die Lebensräume des Grünen Laubsängers. Während der Eiszeiten „wanderte" der Wald aus Sibirien allmählich nach Süden. Südlich des Himalayas, im heutigen Verbreitungsgebiet von *P. t. trochiloides*, überdauerte ein bewaldetes Resthabitat die Kältephasen.

Nicht nur klimatische Faktoren, auch der Mensch veränderte die Vegetation. In Nordchina, nordöstlich des heutigen Verbreitungsgebietes von *P. t. obscuratus*, wurde der Wald vermutlich in prähistorischer Zeit gerodet.

Die Unterart *P.t. nitidus* lebt in den Laubwäldern des Kaukasus, wo ein mildes regenreiches Klima herrscht.

M5 Der biologische Artbegriff

Arten sind Gruppen von natürlichen Populationen, die wirklich oder potenziell eine Fortpflanzungsgemeinschaft bilden und gegen andere Populationen reproduktiv isoliert sind.

Benötigte Fachkenntnisse

Allopatrische Artbildung, Isolationsmechanismen, geografische Isolation, genetische Separation, Art- und Rassenbegriff (S. 69 ff.)

Benötigte Methodenkenntnisse

Rolle von Modellen in den Naturwissenschaften, Umgang mit Definitionen (S. 29 ff.)

Lösungen

1. Der in Eurasien beheimatete Grüne Laubsänger kommt in seiner östlichen Form als *P. t. plumbeitarsus* im Nordosten Chinas, der Mongolei und im Südosten Sibiriens vor. Von Osten nach Westen kommen die Formen *P. t. obscuratus*, *P. t. trochiloides* und *P. t. ludlowi* südlich des Himalayas vor. Das Verbreitungsgebiet der Form *P. t. viridanus* erstreckt sich vom Himalaya über Sibirien bis nach Südschweden. *P. t. nitidus* kommt ohne Berührung mit den Verbreitungsgebieten der anderen Formen nur zwischen dem Kaspischen und dem Schwarzen Meer vor. Parallel vorkommende Arten im gleichen Gebiet gibt es nur zwischen *P. t. plumbeitarsus* und *P. t. viridanus* in Südsibirien.

2. Das Schema verdeutlicht allgemein die verschiedenen Phasen der allopatrischen Rassen- und Artbildung: Ausgehend von einer Stammpopulation haben sich im Laufe der Zeit durch geografische Isolation drei Populationen A, B und C gebildet. Die Isolation zwischen den Teilpopulationen A und B dauerte so lange, dass sich die Teilpopulationen getrennt voneinander in verschiedene Richtungen entwickeln konnten. Dabei bildeten sich auch Fortpflanzungsbarrieren, die zur genetischen Separation führten (Bildung der neuen Arten A und B). Innerhalb der Art A existieren Teilpopulationen (A1, A2, A3) mit eingeschränktem Genfluss. Die Isolation der Populationen B und C erfolgte vor relativ kurzer Zeit. Zwischen den verschiedenen Individuen beider Populationen sind noch Hybridisierungen möglich. Hier die genetische Separation noch nicht abgeschlossen, B und C stellen noch Rassen dar.
Der Grüne Laubsänger überdauerte die Eiszeit in dem verbliebenen Waldgebiet südlich des Himalayas. Von dort aus breitet er sich einmal in östlicher Richtung und einmal in südwestlicher Richtung aus. Im Zuge dieser Ausbreitung wurde die Panmixie eingeschränkt. Durch Mutation, Gendrift und Selektion änderte sich der Genpool und neue Rassen entstanden. Es bildete sich ein Rassenkreis.
Ursprünglich gab es vermutlich noch eine südöstliche Verbindung zwischen *P. t. plumbeitarsus* und *P. t. obscuratus*. Dafür sprechen die großen Übereinstimmungen zwischen *P. t. obscuratus* und südlichen Formen von *P. t. plumbeitarsus*. Durch die Rodung der Wälder in Nordchina wurde der Rassenkreis unterbrochen. Mit der klimabedingten Ausbreitung der innerasiatischen Steppengebiete wurde *P. t. nitidus* im Kaukasus von den übrigen Unterarten isoliert. In Mittelsibirien stoßen die Endglieder des oben beschriebenen Rassenkreises wieder aufeinander. In Folge der lang andauernden Trennung ist es u. a. zu einer ethologischen Isolation gekommen: *P. t. viridanus* und *P. t. plumbeitarsus* unterscheiden sich hier deutlich in ihren Gesängen. Aufgrund dieser Unterschiede unterbleibt eine Bastardierung.

3. Der in M5 vorgegebene biologische Artbegriff zieht keine morphologischen Unterschiede zur Abgrenzung einer Art von einer anderen heran. Ein solcher Artbegriff ist sinnvoll, führt aber auch nicht immer zu einer eindeutigen Klärung, z. B. dann nicht, wenn die Endglieder eines Rassenkreises zwar genetisch separiert sind, sie aber innerhalb des Kreises noch einen Genaustausch mit jeweils einer benachbarten Rasse haben (wie z. B. beim Rassenkreis der Möwe oder der Kohlmeise).

Wenn Bastarde, die aufgrund von erheblichen Selektionsnachteilen nicht zur Geschlechtsreife kommen, durch Veränderungen der Umwelt wieder selektionsbegünstigt werden und dann wieder Nachkommen untereinander und mit den angrenzenden Rassen haben, kann es zwischen zwei schon genetisch separierten (da keine fertilen Nachkommen mehr) Populationen wieder zu einem Genfluss kommen. Dies ist beispielweise geschehen während der El-Nino-Ereignisse bei Darwinfinken. Ein anderes Beispiel sind die Hausmäuse Madeiras. Deren Teilpopulationen sind morphologisch und aufgrund ihrer Gene nicht voneinander zu unterscheiden. Allerdings sind ihre Chromosomensätze aufgrund von Chromosomenfusionen verschieden. So gibt es Populationen mit 24, 30 und 40 Chromosomen im diploiden Satz. Nach dem biologischen Artbegriff in M5 sind diese Populationen, weil sie keine Nachkommen mehr miteinander haben, als mehrere Arten zu betrachten, obwohl sie die gleichen Gene haben und nach dem morphologischen Artbegriff als eine Art (Hausmäuse) aufzufassen sind.

Selbstdiagnosebogen

Aufgabe Nr.	Kernkompetenz	AFB	Punkte	erreichte Punkte	Förderung
1	Darstellung M2 auf das Wesentliche reduzieren	I	4		auf Karten dargestellte Verbreitung selbstgewählter Faktoren beschreiben (S. 19 ff.)
2	Modell zur Erklärung der Artbildung	I	3		andere bekannte Modelle erläutern (S. 29 ff.)
	Modell zur Artbildung zur Erklärung der Artentwicklung beim Grünen Laubsänger anwenden	II	4		mithilfe des Modells die Artbildung bei der Möwe und der Kohlmeise erklären (S. 69 ff.)
	Anwendung der Kenntnisse der allopatrischen Artbildung	II	3		Beispiele allopatrischer Artbildung erklären (S. 69 ff.)
3	Anwendbarkeit und Grenzen des Artbegriffs reflektieren	III	3		Die Definition Gen unter dem Gesichtspunkt des Spleißens bei Eukaryoten diskutieren (S. 45)
	Aussage zum Artbegriff	III	3		Grenzen der Anwendbarkeit der Definition „Gen" diskutieren

Gesamtpunkte: 20, davon AFB I: 7 Punkte (35 %); AFB II: 7 Punkte (35 %); AFB III: 6 Punkte (30 %)

Materialgrundlage:
M1 – M3 aus: Unterricht Biologie, Heft 324, S. 40, Mai 2007, verändert

Original-Prüfungsaufgaben

Einführung

Betrachten Sie die schriftliche Abiturprüfung wie eine übliche Klausur in der Kursstufe. Wählen Sie Ihre Kleidung so aus, dass Sie sich darin wohlfühlen. Packen Sie sich am Abend vorher Ihre Tasche mit (Lieblings-) Schreibgeräten: Füller oder Kugelschreiber, Blei und Buntstiften, Marker und Lineal. Taschenrechner nicht vergessen!

Tipps zur Aufgabenauswahl

Ihnen werden vier Aufgaben vorgelegt, von denen Sie drei auswählen und bearbeiten müssen. Es ist entscheidend diese Auswahl mit Bedacht zu treffen, da ein späterer Wechsel zu einer anderen Aufgabe Sie zu viel Zeit kosten würde. Sie können zum Beispiel nach folgenden Gesichtspunkten auswählen:

1. Lassen Sie sich nicht vom ersten Eindruck abschrecken und dazu verleiten, eine Aufgabe voreilig abzuwählen. Jedes Jahr kann man in den Abituraufgaben etwas finden, dass selbst die Besten unter Ihnen überraschen dürfte. Alle diese Aufgaben sind aber so konzipiert, dass Sie sie mit den im Unterricht behandelten Grundlagen und dem richtigen Umgang mit den Materialen bearbeiten können. Also: keine Angst vor völlig fremden Sachverhalten!
2. Jede der vier Aufgaben hat in der Regel einen **thematischen Schwerpunkt**, der aber durch ein oder mehrere Stoffgebiete ergänzt werden kann. So wurden von den 20 Verrechnungspunkten (VP) der Aufgabe 1 aus dem Jahr 2015 beispielsweise 13 für die Neurobiologie und die restlichen 7 VP unter anderem für Inhalte der Evolutionsbiologie vergeben (s. Seite 165 ff.). Machen Sie sich also zunächst klar, welche Schwerpunkte in den Aufgaben gesetzt wurden und welche Ihnen liegen.
3. Die echten Herausforderungen stecken in den Details der einzelnen Teilaufgaben. Schauen Sie sich die einzelnen Teilaufgaben unter folgenden Aspekten genauer an: Welche **Operatoren** enthalten sie? Wie viele VP geben jeweils die für Sie sicheren Aufgaben? Wie gut lassen sich Informationen aus den angegebenen Materialien ziehen? usw. Addieren Sie die sicheren Punkte und vergleichen Sie so die Aufgaben. Wenn Sie einmal eine Auswahl getroffen haben, dann hinterfragen Sie diese nicht mehr, sondern richten Sie Ihre ganze Aufmerksamkeit auf das Lösen dieser Aufgaben.

Bearbeitungszeit

Die Bearbeitungszeit beträgt inklusive Auswahlzeit 270 Minuten. Nehmen Sie sich für die Auswahl der drei Aufgaben ruhig 30 Minuten Zeit, es lohnt sich! Die verbleibenden vier Stunden können Sie so aufteilen, dass Sie pro Aufgabenblock etwa eine Stunde rechnen (also etwa 3 Minuten pro VP). Die letzte Stunde kann dann zur Nachkontrolle, zum Korrekturlesen und/oder für die noch ungelösten Aufgabenteile verwendet werden.

Zugelassene Hilfsmittel sind:

- Codesonne (ist den Aufgaben beigefügt)
- Wörterbuch zur deutschen Rechtschreibung und
- wissenschaftlicher Taschenrechner.

Nutzen Sie die zugelassenen Hilfsmittel: Schlagen Sie nicht nur bei Unsicherheiten in der Orthografie im Wörterbuch nach, auch wenn Sie Unsicherheiten in der Wortbedeutung haben, hilft häufig das Wörterbuch weiter. Gelegentlich muss in Biologieklausuren etwas gerechnet werden. Auch wenn Sie die Rechnung im Kopf leicht durchführen können, schafft der Griff zum Taschenrechner Sicherheit.

Tipps zur Bearbeitung der Aufgaben

Neben dem Inhalt zählt auch die Darstellungsform Ihrer Lösungen. Gewertet wird (außer bei offensichtlichen Übertragungsfehlern) nur das, was in der Reinschrift steht. Für schwere sprachliche und darstellerische Mängel können Ihnen bis zu zwei Notenpunkte abgezogen werden! Beachten Sie daher unbedingt folgende Tipps:

- Schreiben Sie eher in kurzen als in langen verschachtelten Sätzen. Begründen Sie Ihre Ausführungen. Vermeiden Sie Gedankensprünge.
- Strukturieren Sie Ihren Text durch Absätze und Überschriften, unterstreichen Sie Reizwörter mit dem Lineal. Beziehen Sie sich klar auf das Material, indem Sie mit der entsprechenden Bezeichnung darauf verweisen.
- Benutzen Sie Fachbegriffe treffsicher. Falls Sie in der Schreibweise oder der Bedeutung von Fachausdrücken unsicher sind, schauen Sie im ausliegenden Wörterbuch nach. Häufig kann es Ihnen weiterhelfen.
- Versuchen Sie möglichst alle Fachbegriffe einzubauen, die zu einer Antwort „passen". Nennen Sie, wenn Sie beispielsweise etwas im Sinne der synthetischen Evolutionstheorie erklären müssen, also nicht nur einen, sondern möglichst viele Evolutionsfaktoren.
- Schreiben Sie auf den Linien und nicht über den Rand. Verwenden Sie ein Lineal, um gerade Linien z. B. in einem Diagramm zu ziehen.
- Achten Sie darauf, dass Ihre Skizzen oder Diagramme groß genug sind (mind. 1/2 Seite). Entwerfen Sie diese unbedingt vorher auf dem Konzeptpapier!

Hinweise zu den Musterlösungen

Die Musterlösungen entstammen der Feder des Autors und spiegeln das wider, was in etwa von Ihnen erwartet wird. Manche Aufgaben lassen mehr als nur eine richtige Lösung zu. In diesem Fall finden Sie mehrere mögliche Lösungsvorschläge. Diese Lösungsvorschläge erheben keine Anspruch darauf, die einzigen oder besten zu sein, auch andere sind möglich! Sind Sie sich nicht sicher, ob auch Ihre Lösung zutreffend ist, sprechen Sie sich mit Ihrer Fachlehrerin/Ihrem Fachlehrer ab.

Prüfungsaufgaben 2014

Aufgabe 1: Die giftigsten Schlangen der Welt

Teil 1

Als giftigste Schlange der Welt gilt der australische Inland-Taipan *(Oxyuranus microlepidotus)*. Ein einziger Tropfen seines Giftes würde ausreichen, um etwa 100 Menschen zu töten.

Das Gift besteht hauptsächlich aus zwei Proteinen, dem α- und β-Neurotoxin. Das α-Neurotoxin wirkt postsynaptisch durch Blockade des Rezeptors für Acetylcholin an neuromuskulären Synapsen, während das β-Neurotoxin präsynaptisch die Wiederherstellung der Transmittervesikel verhindert. Einige Zeit nach dem Biss kommt es zum tödlichen Atemstillstand.

Abbildung 1: Inland-Taipan

1.1 Stellen Sie anhand einer beschrifteten Skizze (Größe mindestens ½ Seite) die wesentlichen Schritte der Erregungsübertragung an einer Synapse dar. (3 VP)

1.2 Erläutern Sie, wie α- und β-Neurotoxin jeweils den Atemstillstand bewirken. (3 VP)

Teil 2

Der Tod nach einem Taipan-Biss kann nur durch schnelles Verabreichen eines sogenannten Antiserums verhindert werden, das Antikörper gegen Taipan-Toxine enthält. Um dieses zu gewinnen, werden beispielsweise einem Pferd kleinste Dosierungen des Schlangengiftes verabreicht. Anschließend werden die Antikörper aus dem Blut des Pferdes gewonnen.

2. Beschreiben Sie die hierbei im Pferd ablaufenden immunbiologischen Vorgänge. (3 VP)

Teil 3

Neben dem Inland-Taipan gibt es in Australien zwei weitere Taipan-Arten, den Küsten-Taipan *(Oxyuranus scutellatus)* und die erst 2007 entdeckte Art *Oxyuranus temporalis*. Alle drei extrem giftigen Schlangenarten haben sich im Laufe der Evolution aus einer weniger giftigen Stammart entwickelt.

Evolutive Veränderungen wurden in den letzten 200 Jahren unterschiedlich erklärt.

Ein erster Erklärungsansatz für die Veränderlichkeit der Arten stammte von Jean-Baptiste Lamarck. Er hätte die Veränderung der Giftigkeit der *Oxyuranus*-Schlangen beispielsweise wie folgt formuliert:
„Durch zunehmende Jagd verblieben im Lebensraum der Schlangen vorwiegend wehrhafte Beutetiere. Die Schlangen versuchten auch diese zu erbeuten, ohne dabei selbst verletzt zu werden. Durch häufigen Gebrauch ihres Giftapparates entwickelten sie die Fähigkeit, immer mehr und immer stärkeres Gift zu produzieren, das die Beutetiere schnell und effektiv tötete. Diese Fähigkeit vererbten sie ihren Nachkommen."

3. Stellen Sie dar, was man Lamarck aus heutiger evolutionsbiologischer Sicht entgegenhalten würde und erläutern Sie die Veränderung der Giftigkeit der Oxyuranus-Schlangen aus heutiger evolutionsbiologischer Sicht. (4 VP)

Teil 4

Die drei heute lebenden *Oxyuranus*-Arten müssen durch zwei aufeinander folgende Artaufspaltungen aus einer gemeinsamen Stammart entstanden sein. Dafür gibt es drei mögliche Verwandtschaftshypothesen (Abbildung 2). Um zwischen diesen Hypothesen zu entscheiden, werden ausgewählte homologe DNA-Sequenzen der drei Arten verglichen. Außerdem liegen entsprechende DNA-Sequenzen anderer Schlangenarten vor. Ein kleiner Ausschnitt von 15 Basen ist in Abbildung 3 angegeben.

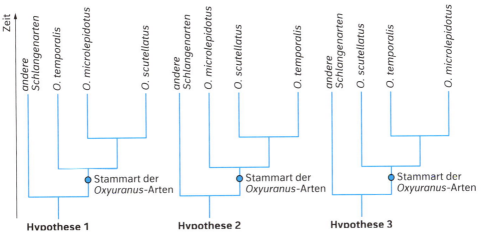

Abbildung 2: Mögliche Hypothesen zur Verwandtschaft der drei *Oxyuranus*-Arten

Art	Basensequenzen														
	1	2	3	4	5	6	7	8	9	10	11	12	13	14	15
andere Schlangenarten	C	A	T	T	C	G	T	T	T	A	T	C	C	C	A
Oxyuranus scutellatus (Küsten-Taipan)	T	A	T	C	C	G	C	C	T	A	T	C	T	C	A
Oxyuranus temporalis	T	A	T	C	C	G	C	C	T	A	T	C	C	C	A
Oxyuranus microlepidotus (Inland-Taipan)	T	A	T	C	C	G	C	C	T	A	T	C	T	C	A

Abbildung 3: Homologe Basensequenzen bei verschiedenen Schlangenarten

4. Vergleichen Sie die DNA-Sequenzen der drei *Oxyuranus*-Arten mit denen anderer Schlangen. Begründen Sie anhand der Basensequenz (Abbildung 3), warum Hypothese 1 zu bevorzugen ist und die Hypothesen 2 und 3 eher auszuschließen sind. (3 VP)

Teil 5

5. Beschreiben Sie ein molekular- oder immunbiologisches Verfahren zur Klärung von Verwandtschaftsverhältnissen. Erläutern Sie die zu erwartenden experimentellen Ergebnisse für die drei *Oxyuranus*-Arten nach Hypothese 1. (4 VP)

Lösungen

1.1 Stellen Sie anhand einer beschrifteten Skizze (Größe mindestens ½ Seite) die wesentlichen Schritte der Erregungsübertragung an einer Synapse dar.

Lösungshinweis: Hierbei handelt es sich um eine Aufgabe, die Sie mit den Grundlagen der „Neurobiologie" (vgl. S. 75 f.) sicher lösen können sollten. Es geht aber nicht nur darum eine Synapse zu skizzieren. Vielmehr müssen Sie die Erregungsübertragung an einer solchen darstellen. Aus Ihrer Skizze muss also klar hervorgehen, wie die Erregung auf die nachfolgende Zelle übertragen wird. Um dies sicher zu stellen, können Sie beispielsweise die Beschriftung etwas ausführlicher gestalten.

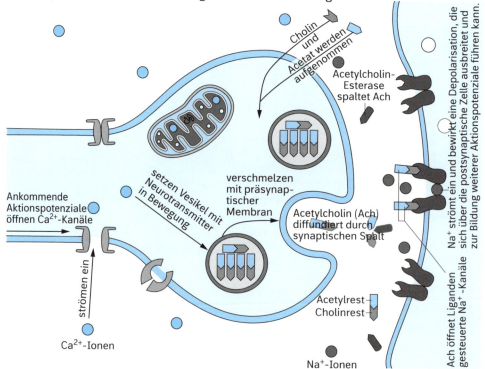

1.2 Erläutern Sie, wie α- und β-Neurotoxin jeweils den Atemstillstand bewirken.

Lösungshinweis: Die Wirkungsweisen der beiden Gifte können Sie dem einleitenden Text entnehmen. Überlegen Sie sich nun, wie die jeweilige Wirkung zu Atemstillstand führen kann.

Dadurch, dass das α-Neurotoxin den Acetylcholin-Rezeptor blockiert, verhindert es die Öffnung der Na^+-Kanäle in der postsynaptischen Membran und damit den Na^+-Einstrom. Die Membran der nachfolgenden Zelle wird nicht depolarisiert. Da das EPSP (exzitatorisches postsynaptisches Potenzial) fehlt, bleibt die Erregung der nachfolgenden Zelle (der Atemmuskulatur) aus. Es kommt zur Lähmung und schließlich zum Atemstillstand.
Das β-Neurotoxin verhindert die Regeneration der Neurotransmittervesikel. Dadurch kommt es zwar zu einer anfänglichen Erregungsübertragung, die aufgrund des ausbleibenden Neurotransmitternachschubs mit der Zeit aber zum Erliegen kommt. Durch das Fehlen des Neurotransmitters bleiben die Na^+-Kanäle an der postsynaptischen Membran ebenfalls geschlossen, wodurch die Erregungsübertragung abbricht. Die Folgen sind dieselben wie beim α-Neurotoxin.

2. Beschreiben Sie die hierbei im Pferd ablaufenden immunbiologischen Vorgänge.

Lösungshinweis: Da sich das Gift nach der Injektion in den Körperflüssigkeiten des Pferdes befindet, müssen/dürfen Sie nur den Ablauf der humoralen Immunantwort beschreiben. Achten Sie dabei darauf, den Bezug zur Aufgabe (Antigen = Gift; Pferd etc.) nicht zu verlieren.

Aktivierungsphase: Makrophagen phagozytieren das gespritzte Gift, zerlegen es und präsentieren bestimmte Bruchstücke (Epitope) an ihrem MHC-II-Komplex. Spezifische T-Helferzellen heften sich mit ihren T-Zell-Rezeptoren an diese Epitope, wobei die Verbindung durch das CD4-Molekül der T-Helferzelle verstärkt wird. Die Makrophagen schütten Cytokine (Interleukin-2) aus, wodurch die T-Helferzellen aktiviert werden, sich teilen und differenzieren. Manche werden so zu T-Supressorzellen, die die Immunantwort nach erfolgreicher Abwehr beenden.
Differenzierungsphase: Die aktivierten T-Helferzellen treffen auf B-Lymphozyten, die ebenfalls den Giftstoff aufgenommen haben und die Epitope präsentieren. Durch die Ausschüttung von Cytokinen aktivieren die T-Helferzellen ihrerseits die B-Zellen, die sich tausendfach teilen und zu B-Plasmazellen und B-Gedächtniszellen werden. Die B-Plasmazellen bilden spezifische Antikörper, die nach dem Schlüssel-Schloss-Prinzip exakt auf die Epitope des Giftes passen. Die B-Gedächtniszellen „merken" sich den Giftstoff und könnten bei einem erneuten Kontakt des Pferdes mit dem Gift eine schnellere und effektivere Immunantwort einleiten (immunologisches Gedächtnis).
Effektorphase: Es kommt zur Antigen-Antikörper-Reaktion. Die Antikörper können durch ihren Bau (vgl. S. 63) jeweils an mindestens zwei Giftmoleküle binden, wo-

durch es zur Verklumpung (Agglutination) des Giftes kommt. Anschließend phagozytieren Makrophagen die entstandenen Antigen-Antikörper-Komplexe und bauen sie ab.

3. *Stellen Sie dar, was man Lamarck aus heutiger evolutionsbiologischer Sicht entgegenhalten würde und erläutern Sie die Veränderung der Giftigkeit der Oxyuranus-Schlangen aus heutiger evolutionsbiologischer Sicht.*

Lösungshinweis: Den ersten Teil Ihrer Lösung können Sie etwas allgemeiner halten. Erklären Sie, was gegen Lamarcks Theorie spricht. Sie können dazu auch auf andere Beispiele als die Schlangen zurückgreifen. Im zweiten Teil sollten Sie allerdings die Entwicklung der Giftigkeit der Oxyuranus-Arten im Sinne der synthetischen Evolutionstheorie erklären. Achten Sie darauf, möglichst viele Fachbegriffe unterzubringen, allerdings nur solche, die im Zusammenhang mit der Aufgabe Sinn machen.

Da bisher nicht nachgewiesen werden konnte, dass eine Anpassung an sich verändernde Umweltbedingungen aktiv durch gezielten Gebrauch von Organen erfolgen kann, bzw. erworbene/trainierte Fähigkeiten vererbt werden können, muss man davon ausgehen, dass Lamarcks Theorie keine Gültigkeit hat.
Aus Sicht der heute gültigen synthetischen Evolutionstheorie lässt sich die Entwicklung der Schlangen wie folgt erklären: In einer Stammpopulation der weniger giftigen Vorfahren der heutigen Taipane führten Mutationen und/oder Rekombination zur Entstehung neuer Phänotypen, in diesem Falle zu Schlangen mit stärkerem Gift. Diese Schlangen hatten gegenüber den anderen einen Selektionsvorteil. Sie verzeichneten mit Sicherheit einen höheren Jagderfolg und waren außerdem wehrhafter als ihre weniger giftigen Verwandten. Dadurch hatten sie einen höheren Fortpflanzungserfolg, wodurch sich mit der Zeit der Genpool der Population veränderte. Führten diese Veränderungen zu Fortpflanzungsbarrieren gegenüber anderen Populationen der gleichen Stammart, war der Weg frei für die Entstehung einer neuen Art.
Dem einleitenden Text von Aufgabe 4 und der Abbildung 2 ist zu entnehmen, dass es zwei aufeinanderfolgende Artaufspaltungen gegeben haben muss. Da eine Taipan-Art an der Küste *(O. Scutellatus)*, die andere im Landesinneren *(O. microlepidotus)* zu finden ist, könnte auch eine geografische Isolation für mindestens eine der beiden – in diesem Falle allopatrischen Artbildungen – Ausschlag gebend gewesen sein.

4. *Vergleichen Sie die DNA-Sequenzen der drei Oxyuranus-Arten mit denen anderer Schlangen. Begründen Sie anhand der Basensequenz (Abbildung 3), warum Hypothese 1 zu bevorzugen ist und die Hypothesen 2 und 3 eher auszuschließen sind.*

Lösungshinweis: Für den ersten Teil der Aufgabe müssen Sie sich lediglich die Tabelle in Abbildung 3 genau anschauen und alle Unterschiede auflisten. Im zweiten Teil der Aufgabe müssen Sie sehr gut aufpassen, den letzten Schritt nicht zu vergessen. Es genügt nicht, zu begründen warum Hypothese 1 zu bevorzugen ist. Es ist ausdrücklich auch eine Begründung verlangt, warum die anderen beiden Hypothesen eher nicht in Frage kommen können.

Alle drei Taipan-Arten unterscheiden sich an den Positionen 1 (T statt C), 4 (C statt T), 7 und 8 (jeweils C statt T) von den anderen Schlangenarten. Darüber hinaus unterscheiden sie *O. scuttelatus* und *O. microlepidotus* an der Position 13 (T statt C) von den anderen Schlangenarten. Diese Tatsache lässt den Schluss zu, dass wohl Hypothese 1 zu bevorzugen ist, da in diesem Falle die Mutation an Position 13 erst nach der Abspaltung von *O. temporalis,* aber vor der Aufspaltung in die beiden anderen Taipan-Arten erfolgte. *O. scuttelatus* und *O. microlepidotus* müssten in diesem Falle näher miteinander verwandt sein, was in Stammbaum 1 gegeben ist.
Sowohl Hypothese 2 als auch 3 wären nur erklärbar, wenn mehrere Mutationsschritte hintereinander erfolgt wären. So könnte beispielsweise jeweils die Mutation an Position 13 bei allen drei Schlangenarten erfolgt sein und bei *O. temporalis* durch eine Rückmutation wieder verloren gegangen sein. Denkbar wären die beiden Theorien auch, wenn die Mutation an Position 13 bei *O. scuttelatus* und *O. microlepidotus* jeweils unabhängig voneinander erfolgte. Da (positive) Mutationen sehr selten sind, ist die Wahrscheinlichkeit sowohl für das eine oder andere so gering, dass die Hypothesen zwei und drei eher auszuschließen sind.

5. *Beschreiben Sie ein molekular- oder immunbiologisches Verfahren zur Klärung von Verwandtschaftsverhältnissen. Erläutern Sie die zu erwartenden experimentellen Ergebnisse für die drei Oxyuranus-Arten nach Hypothese 1.*

Lösungshinweis: Die Beschreibung eines solchen Verfahrens (z. B. Serum-Präzipitintest, DNA-Hybridisierung oder DNA-Sequenzierung) kam immer wieder in den Prüfungsaufgaben vor und sollte Sie vor keine größeren Probleme stellen. Andernfalls schauen Sie sich noch mal S. 74 f. an. Vergessen Sie nicht, die zu erwartenden Ergebnisse Ihres Tests auf die Hypothese 1 zu erläutern.

Serum-Präzipitintest: Einem Kaninchen wird beispielsweise Blut der Schlangenart *O. scutellatus* gespritzt, mit dem Ziel, dass sich spezifische Antikörper gegen das Schlangenblut bilden (humorale Immunantwort). Nach einiger Zeit wird das Blutserum des Kaninchens mit dem Blut der Art *O. scutellatus* gemischt. Die im Serum befindlichen spezifischen Antikörper verklumpen mit den Blutzellen des Taipans und es kommt zu einer sichtbaren Ausfällung, die als 100 % festgesetzt wird. Nun mischt man das Serum auch noch jeweils mit dem Blut der anderen Schlangen und vergleicht den Verklumpungsgrad mit dem ersten. Je stärker die Verklumpung, desto näher ist die Verwandtschaft zu *O. scutellatus*, da sich die von den Antikörpern erkannten Blutbestandteile ähneln. Im Falle von Hypothese 1 müsste die Verklumpung bei *O. microlepidotus* stärker ausfallen als bei *O. temporalis* und diese wiederum stärker als die bei allen anderen Schlangenarten.

Aufgabe 2: Bakterien produzieren Lysin

Teil 1

Der Bedarf an proteinreichen Nahrungsmitteln wächst mit den steigenden Ernährungsansprüchen einer stetig wachsenden Weltbevölkerung. Bei den in der Tiermast verwendeten pflanzlichen Futtermitteln sind einige der für die Tiere essenziellen Aminosäuren in nur geringen Mengen enthalten. Durch Anreicherung des Futters mit essenziellen Aminosäuren kann die Wertigkeit der Nahrung für die Tiermast deutlich gesteigert werden. Heute werden zum Beispiel mithilfe des Bakteriums *Corynabacterium glutamicum* jährlich über 600 000 Tonnen der essenziellen Aminosäure Lysin produziert.

1. Geben Sie eine Bedeutung von Aminosäuren für den Organismus an. Erklären Sie in diesem Zusammenhang den Begriff „essenziell". (2 VP)

Teil 2

Die Lysin-Synthese in *C. glutamicum* geht von Asparaginsäure aus, die in einem ersten Schritt von einem Enzym E1 umgesetzt wird. Abbildung 1 zeigt einen Ausschnitt aus der Basensequenz des codogenen Strangs für das Gen von Enzym 1. Abbildung 2 zeigt den weiteren Syntheseweg für die Aminosäure Lysin. Abbildung 3 zeigt, wie diese Synthese reguliert wird.

3'... C G G G A C C A G C A T G T C... 5'
Abbildung 1: Ausschnitt aus dem codogenen Strang für das Gen von E1

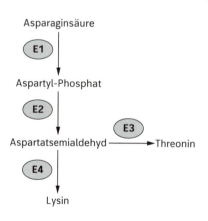

Abbildung 2: Lysin-Syntheseweg in *C. glutamicum* (vereinfacht)

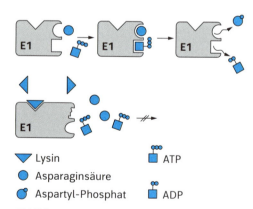

Abbildung 3: Regulation der Lysin-Synthese (vereinfacht)

2.1 Ermitteln Sie mithilfe der Codesonne (s. S. 33) die der Basensequenz zugehörige Aminosäurensequenz von E1. Erklären Sie am Beispiel der Lysin-Synthese (Abbildung 2) den Begriff Genwirkkette. (3 VP)

2.2 Erklären Sie unter Zuhilfenahme der Abbildungen 2 und 3, wie die Produktion von Lysin in *C. glutamicum* auf Enzymebene reguliert wird. (3 VP)

Teil 3

Man kennt Mutanten von *C. glutamicum*, die eine verstärkte Lysin-Produktion aufweisen. Die Mutationen betreffen die Gene für die Enzyme E1 und E3.

3. Erläutern Sie jeweils eine Möglichkeit, wie durch Veränderungen an den Enzymen E1 und E3 die Lysin-Produktion gesteigert werden kann. Geben Sie eine mögliche Erklärung für die Beobachtung, dass bestimmte Mutationen im Gen für E1 oder im Gen für E2 zu keiner Änderung der Lysin-Syntheserate führen. (3 VP)

Teil 4

Die Lysin-Produktion kann auch auf Genebene reguliert werden. Hierbei wirkt eine hohe Lysin-Konzentration hemmend auf die Genexpression.

4.1 Erklären Sie anhand einer beschrifteten Skizze ein Modell für die Genregulation der Lysin-Synthese. Berücksichtigen Sie hierbei nur das für das Enzym E4 codierende Gen. (3 VP)

4.2 Erläutern Sie je einen Vorteil der Regulation auf Enzym- bzw. auf Genebene für das Bakterium. (2 VP)

Das von *C. glutamicum* produzierte Lysin kann isoliert werden, nachdem es über die Zellmembran ins Kulturmedium abgegeben wurde. Um diese Abgabe von Lysin zu untersuchen, hat man neun verschiedene Stämme (Stamm A bis I) von *C. glutamicum* verglichen. Diese Stämme unterscheiden sich ausschließlich in ihrer intrazellulären Lysin-Konzentration. Abbildung 4 zeigt Messergebnisse des Lysin-Transports durch die Zellmembran für die verschiedenen Stämme von *C. glutamicum*.

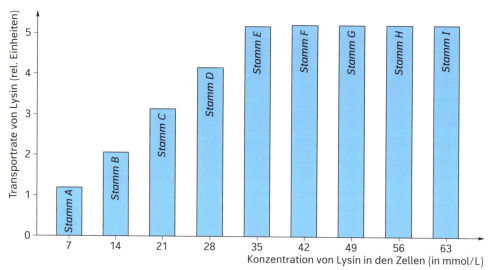

Abbildung 4: Transportrate (transportierte Lysin-Menge pro Zeiteinheit) durch die Zellmembran bei den Stämmen A bis I

Teil 5

5. Beschreiben Sie die Ergebnisse (Abbildung 4) und interpretieren Sie diese hinsichtlich eines möglichen Transportmechanismus. Bei anderen Stämmen von *C. glutamicum* beobachtet man höhere Geschwindigkeiten der Lysin-Abgabe unter gleichen Kulturbedingungen. Erläutern Sie zwei mögliche Ursachen.
(4 VP)

Lösungen

1. *Geben Sie eine Bedeutung von Aminosäuren für den Organismus an. Erklären Sie in diesem Zusammenhang den Begriff „essenziell".*

Lösungshinweis: Wenn Sie sich überlegen für welche Moleküle die Aminosäuren die Bausteine sind, haben Sie die Antwort auf den ersten Teil der Frage gefunden. Sie müssen zwar wissen, was essentielle Aminosäuren sind, aber nicht welche. Lernen Sie keine unnötigen Fakten!

Aminosäuren sind die Bausteine für Peptide, wie beispielsweise die Proteine. Essentielle Aminosäuren kann der Mensch nicht selber herstellen, sondern muss sie über die Nahrung aufnehmen. Für den Menschen sind acht Aminosäuren essenziell.

2.1 Ermitteln Sie mithilfe der Codesonne (s. Seite 33) die der Basensequenz zugehörige Aminosäurensequenz von E1. Erklären Sie am Beispiel der Lysin-Synthese (Abbildung 2) den Begriff Genwirkkette.

Lösungshinweis: Da der codogene Strang angegeben ist, müssen Sie diesen zunächst in eine mRNA übersetzten („Transkription") und diese wiederum in die entsprechende Aminosäuresequenz („Translation"). Achtung: die Pünktchen (…) zwischen 3' und C sowie C und 5' am Anfang und Ende des Ausschnittes sprechen dafür, dass weder der Anfang noch das Ende des Gens dargestellt sind. Suchen Sie auf der mRNA also weder das Start- noch ein Stoppcodon! Selbst wenn Ihnen der Begriff „Genwirkkette" nichts sagen sollte, können Sie sich mit etwas Fantasie und mithilfe von Abbildung 2, sowie einer Zerlegung des Wortes „Gen-wirk-kette" die richtige Antwort erschließen.

DNA:	3'…CGG GAC CAG CAT GTC…5'
mRNA:	5'…GCC…CUG…GUC…GUA CAG…3'
AS-Sequenz:	Ala Leu Val Val Gln…

In einer Genwirkkette codieren mehrere Gene für eine Reihe von Enzymen, die nacheinander geschaltet mehrere Stoffwechselvorgänge bis hin zum Endprodukt katalysieren. Im Beispiel wären das die Gene 1, 2 und 4, die für die Enzyme E1, E2 und E4 codieren, die wiederum die Synthese von Lysin aus Asparaginsäure über die Zwischenstufen Aspartyl-Phosphat und Aspartatsemialdehyd katalysieren.

2.2 Erklären Sie unter Zuhilfenahme der Abbildungen 2 und 3, wie die Produktion von Lysin in C. glutamicum auf Enzymebene reguliert wird.

Lösungshinweis: Schauen Sie sich die Abbildungen genau an, vor allem Abbildung 3 und die darin verwendeten Symbole. Sie müsste Ihnen die komplette Lösung liefern, sofern Sie mit den Grundlagen der Enzymatik vertraut sind.

Wenn kein (oder nur wenig) Lysin vorhanden ist, binden je ein Molekül Asparaginsäure und ATP nach dem Schlüssel-Schloss-Prinzip im aktiven Zentrum des Enzyms E1. E1 katalysiert die Synthese von Aspartyl-Phosphat (ein Phosphat wird vom ATP auf die Asparaginsäure übertragen). Ist Lysin vorhanden, greift das Prinzip der Endprodukthemmung. Das Endprodukt, in diesem Fall Lysin, setzt sich in das allosterische Zentrum des Enzyms E1. Dadurch verändert sich die räumliche Struktur des Enzyms und die beiden Substrate ATP und Asparaginsäure passen nicht mehr ins aktive Zentrum. Folglich kann es zu keiner Aspartyl-Phosphat-Synthese mehr kommen und die komplette Lysin-Synthese ist gestoppt. Geht die Lysin-Konzentration zurück, wird es zunehmend nicht gehemmte Enzyme E1 geben und die Lysin-Produktion kann wieder starten.

3. *Erläutern Sie jeweils eine Möglichkeit, wie durch Veränderungen an den Enzymen E1 und E3 die Lysin-Produktion gesteigert werden kann. Geben Sie eine mögliche Erklärung für die Beobachtung, dass bestimmte Mutationen im Gen für E1 oder im Gen für E2 zu keiner Änderung der Lysin-Syntheserate führen.*

Lösungshinweis: Machen Sie sich anhand von Abbildung 2 nochmals klar, welche Rolle die beiden Enzyme E1 und E3 in der Lysin-Synthese spielen. Überlegen Sie sich nun, welche Veränderungen dazu führen könnten, dass die Produktion von Lysin gesteigert wird. Möglicherweise hilft auch noch mal ein Blick auf die Lösung von Aufgabe 2.2. Mit derselben Logik werden Sie mögliche Antworten für den zweiten Teil der Aufgabe finden. Mehrere schlüssige Antworten sind denkbar.

Veränderungen an E1: Es wäre denkbar, dass die Mutationen dazu geführt haben, dass das allosterische Zentrum von E1 verformt ist, sodass die in 2.2 beschriebene Endprodukthemmung durch Lysin nicht mehr möglich ist. Folglich würde „unkontrolliert" Lysin produziert werden. Denkbar wäre aber auch, dass die Veränderungen dazu führten, dass E1 effektiver wurde und mehr Substrate pro Zeiteinheit umsetzen kann.
Veränderungen an E3: Die Mutationen könnten dazu geführt haben, dass das Enzym funktionslos ist bzw. kein Aspartat-Semialdehyd mehr binden kann. Dadurch steht das ganze Substrat für das Enzym E4 und die Synthese von Lysin zur Verfügung.

Wenn Mutationen stumme Mutationen sind, also beispielsweise die letzte Base eines Tripletts betreffen und damit keine andere Aminosäure eingebaut wird, bleiben sie wirkungslos. Denkbar wäre auch, dass es durch die Mutationen zwar zu einer Veränderung der Aminosäurensequenz der Enzyme E1 und/oder E3 kommt, diese aber keine Auswirkung auf die Form des aktiven oder allosterischen Zentrums hat. Die Lysin-Produktionsrate bliebe unverändert.

4.1 *Erklären Sie anhand einer beschrifteten Skizze ein Modell für die Genregulation der Lysin-Synthese. Berücksichtigen Sie hierbei nur das für das Enzym E4 codierende Gen.*

Lösungshinweis: Da Sie nur das Operon-Modell (auch Jacob-Monod-Modell) können müssen, werden Sie vermutlich auch nur dieses in der Schule durchgesprochen haben. Sie finden es auf S. 47 f. Versuchen Sie eine möglichst vollständige und aussagekräftige Skizze zu erstellen. Möglicherweise macht es Sinn, diese zunächst auf dem Konzeptpapier zu entwerfen, damit sie in der Reinschrift sauber und übersichtlich ist. Beachten Sie bitte, dass Sie die Skizze so aufbauen, dass sich die dargestellte Regulation auf das Enzym E4 bezieht.

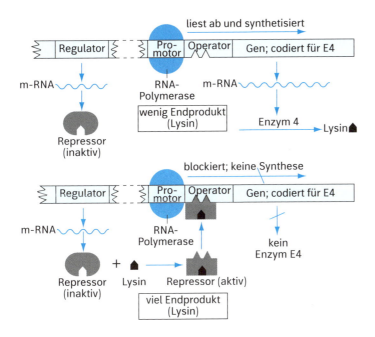

4.2 Erläutern Sie je einen Vorteil der Regulation auf Enzym- bzw. auf Genebene für das Bakterium.

Lösungshinweis: Machen Sie sich klar, welchen Unterschied es für die Zelle macht, ob die Regulation auf Gen- oder Enzymebene erfolgt. Auch hier sind mehrere logische Antworten denkbar.

Vorteil der Regulation auf Enzymebene: Das Enzym ist vorhanden und kann bei einem plötzlichen Lysinmangel sofort dazu verwendet werden, Lysin zu produzieren. Bei einer Regulation auf Gen-Ebene müsste das Enzym erst synthetisiert werden (Transkription, Translation).
Vorteil der Regulation auf Genebene: Da die Regulation vor Transkription und Translation erfolgt, spart die Zelle Energie und Baustoffe ein, die im Falle der Enzymregulation bei nicht verwendeten Enzymen „verschwendet" werden würden.

5. Beschreiben Sie die Ergebnisse (Abbildung 4) und interpretieren Sie diese hinsichtlich eines möglichen Transportmechanismus.
Bei anderen Stämmen von C. glutamicum beobachtet man höhere Geschwindigkeiten der Lysin-Abgabe unter gleichen Kulturbedingungen. Erläutern Sie zwei mögliche Ursachen.

Lösungshinweis: Auch wenn sie optische zweigeteilt scheint, ist diese Aufgabe eigentlich dreigeteilt, was die Gefahr erhöht, dass Sie etwas in Ihrer Lösung vergessen. Beschreiben Sie als erstes die Abbildung möglichst exakt. Machen Sie sich dazu zu-

nächst klar, was sie darstellt. Lesen Sie auch den einleitenden Text sorgfältig durch! Prüfen Sie nun, welche Größen auf den beiden Achsen angeben sind und in welchem Zusammenhang sie stehen.
Wenn Sie das Diagramm beschrieben haben, interpretieren Sie die dargestellten Ergebnisse in Bezug auf einen möglichen Transportmechanismus. Es sind mehrere Antworten denkbar, aber achten Sie bitte darauf, dass Ihre zu den Ergebnissen passt (warum steigt z. B. die Transportrate der Stämme E bis I nicht weiter an?)
Wenn Sie diesen Aufgabenteil gut durchdacht haben, sollte es Ihnen keine Probleme mehr bereiten, den dritten Teil der Aufgabe zu lösen.

Beschreibung der Ergebnisse/des Diagramms: Auf der Abszisse („x-Achse") ist die intrazelluläre Lysinkonzentration in den verschiedenen Stämmen in mmol/L angegeben, auf der Ordinate („y-Achse") die Transportrate in relativen Einheiten. Die intrazelluläre Lysinkonzentration steigt von Stamm zu Stamm um 7 mmol/L an. Sie beginnt bei Stamm A mit 7 mmol/L und endet bei Stamm I mit 63 mmol/L. Die Transportrate nimmt von Stamm A (1 rel. Einheit) bis Stamm E (5 rel. Einheiten) jeweils um eine rel. Einheit zu. Ab Stamm E ändert sich die Transportrate nicht mehr.
Interpretation: Es ist denkbar, dass der Lysintransport passiv durch Tunnelproteine in der Zellmembran der Bakterien erfolgt. Bis zu einer Erhöhung der Lysinkonzentration auf 35 mmol/L steigt auch die Transportrate an. Dass sie danach trotz höherer Konzentration gleich bleibt, könnte daran liegen, dass die Anzahl der Tunnelproteine beschränkt ist und diese ab einer Konzentration von 35 mmol/L ausgelastet sind.
Mögliche Ursachen für höhere Transportraten bei anderen *C. glutamicum*-Stämmen: Es wäre möglich, dass diese Stämme eine höhere Tunnelproteindichte in ihrer Biomembran haben und daher auch zu höheren Transportraten in der Lage sind. Es könnte aber auch sein, dass diese Stämme über einen effektiveren Transportmechanismus verfügen, wie etwa „bessere" Tunnelproteine oder Carrier gestützten Transport o. ä.

Aufgabe 3: EPO regt die Bildung von Blutzellen an

Teil 1

Erythrozyten (rote Blutzellen) transportieren Sauerstoff. Ein Mangel an Erythrozyten bezeichnet man als Anämie. Typische Symptome einer Anämie sind erhöhte Herzfrequenz, leichte Ermüdbarkeit, Atemnot besonders bei körperlicher Belastung und häufig auch Kopfschmerzen. Anämie kann erworben (z. B. bei Blutverlust, Hormonstörungen, Nierenerkrankungen) oder angeboren sein.

Das körpereigene Hormon Erythropoetin (EPO) regt in Stammzellen des Knochenmarks die Bildung von Erythrozyten an. Das EPO-Gen wurde auf dem 7. Chromosom lokalisiert und codiert für ein Protein, welches aus 165 Aminosäuren besteht.

1. Fertigen Sie eine beschriftete Schemazeichnung vom Aufbau eines DNA-Abschnitts an (Größe etwa ½ Seite).
   Nennen Sie drei Anforderungen, die ein Molekül erfüllen muss, damit es als Erbsubstanz in Frage kommt und begründen Sie kurz, wie die DNA diese Anforderungen erfüllt. (5 VP)

Teil 2

Das EPO-Gen wird in Nierenzellen exprimiert. Abbildung 1 zeigt vereinfacht, wie die Expression des EPO-Gens reguliert wird.

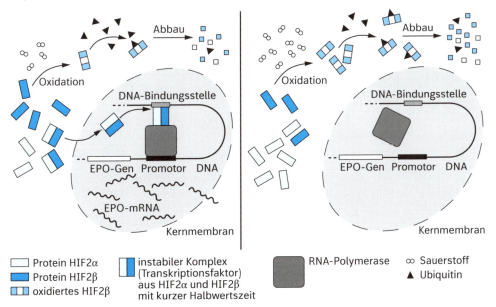

Abbildung 1: Regulation der Expression des EPO-Gens in Nierenzellen (vereinfacht)

2. Erklären Sie mithilfe der Abbildung 1 den Regulationsmechanismus der Expression des EPO-Gens in Nierenzellen. (3 VP)

Teil 3

Eine leichte Anämie entsteht auch nach einer Blutspende. Innerhalb kurzer Zeit gleicht der Organismus den Verlust der roten Blutzellen wieder aus.

3. Erläutern Sie mithilfe der Abbildungen 1 und 2, wie die Anzahl der roten Blutzellen im Organismus nach einer Blutspende wieder auf den Normalwert reguliert wird. 3 VP

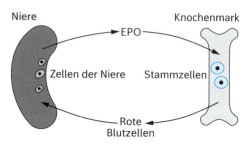

Abbildung 2: Regulation der Anzahl der roten Blutzellen im Organismus

Teil 4

Eine erbliche Form der Anämie beruht auf einem defekten EPO-Gen. Eine Behandlungsmöglichkeit dieser Form der Anämie besteht in der Verabreichung gentechnisch hergestellten EPOs.

4. Nennen Sie die wesentlichen Schritte der gentechnischen Herstellung von EPO. Erläutern Sie ein mögliches Verfahren für die Selektion erfolgreich transformierter Zellen. (4 VP)

Teil 5

Ein anderer Therapieansatz könnte darauf beruhen, intakte EPO-Gene durch Gentherapie mithilfe von Viren in Zellen einzuschleusen.

5. Nennen Sie einen Vorteil einer solchen Gentherapie im Vergleich zur Therapie, bei der EPO gespritzt wird. Beschreiben Sie ein Risiko der Gentherapie mithilfe von Viren. (2 VP)

Teil 6

„Repoxygen™" war das erste Arzneimittel, mit dem es im Tierversuch gelungen ist, das gentechnisch hergestellte EPO-Gen über Virenvektoren in Zellen einzubringen. Um den erfolgreichen Einbau des EPO-Gens zu überprüfen, entnimmt man diesen Zellen DNA und untersucht diese mithilfe von PCR und Gelelektrophorese. Dieser Nachweis nutzt die Tatsache, dass die genomische DNA zwischen den codierenden Bereichen (Exons) nicht codierende Bereiche (Introns) aufweist, welche nach der Transkription herausgeschnitten werden. Die von den Viren übertragene transgene DNA beinhaltet hingegen nur die Exons (Abbildung 3).

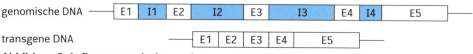

Abbildung 3: Aufbau genomischer und transgener EPO-Gene

Die Nukleotidsequenzen beider Gene sind bekannt, sodass verschiedene Primer für den Nachweis hergestellt werden können.

6. Erläutern Sie zwei Möglichkeiten, wie mithilfe geeigneter Primer eindeutig nachgewiesen werden kann, ob das EPO-Gen eingebaut wurde. (3 VP)

Lösungen

1. Fertigen Sie eine beschriftete Schemazeichnung vom Aufbau eines DNA-Abschnitts an (Größe etwa ½ Seite).
   Nennen Sie drei Anforderungen, die ein Molekül erfüllen muss, damit es als Erbsubstanz in Frage kommt und begründen Sie kurz, wie die DNA diese Anforderungen erfüllt.

Lösungshinweis: Achten Sie darauf, dass Ihre Zeichnung die wesentlichen Merkmale und Bausteine der DNA enthält. Korrekte chemische Formeln sind nicht verlangt, Sie dürfen eigene Symbole kreieren, die Sie beschriften oder in einer Legende erklären müssen. Für den zweiten Teil der Aufgabe müssen Sie etwas komplexer denken. Es könnte Ihnen helfen, wenn Sie überlegen, wie in welcher Form die DNA die Erbinformation speichert und was mit ihr geschieht, wenn die Information von einer Generation auf die nächste weitergegeben werden soll. Als Darstellungsform für diese Lösung eignet sich eine Tabelle.

Schemazeichnung DNA:

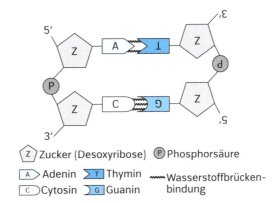

Anforderung an Erbsubstanz	DNA erfüllt diese Anforderung durch
Möglichkeit der Informationsspeicherung/Codierung	die Basenabfolge (genetischer Code). Ein Basentriplett codiert für eine Aminosäure.
Molekül muss identisch vervielfältigbar sein	den Bau als komplementärer Doppelstrang. Ein Strang dient dabei dem anderen als Vorlage. Außerdem gibt es den Mechanismus der Replikation, die diese Vervielfältigung steuert.
Molekül muss die Möglichkeit bieten, veränderbar zu sein (Evolution!)	Mutationen, die zu Veränderungen des genetischen Codes führen, indem Basen ausgetauscht, eingefügt oder herausgeschnitten werden.
Erbinformation sollte gezielt abgelesen/oder blockiert werden können	die Regulation der Genexpression. Bei Bakterien geschieht dies nach dem Operon-(Jacob-Monod-)Modell, bei Eukaryoten durch verschiedene Mechanismen, wie etwa das Prozessieren der mRNA, epigenetische Vorgänge u. a.

2. *Erklären Sie mithilfe der Abbildung 1 den Regulationsmechanismus der Expression des EPO-Gens in Nierenzellen.*

Lösungshinweis: Machen Sie sich anhand der Abbildungen genau klar, welche Proteine an der Regulation der Expression des EPO-Gens beteiligt sind und welche Aufgabe sie übernehmen. Es lohnt sich, nochmal den einleitenden Text vor Aufgabe 1 durchzulesen. Erschließen Sie sich einen detaillierten Schritt-für-Schritt-Ablauf, den Sie anschließend als Erklärung verwenden.

Sauerstoff sorgt in den Nierenzellen dafür, dass das Protein HIF2β oxidiert und von Ubiquitin abgebaut wird. Befindet sich wenig Sauerstoff in der Zelle, wird wenig HIF2β oxidiert und abgebaut. Es kann in diesem Fall mit dem Protein HIF2α einen kurzlebigen Transkriptionsfaktor bilden. Dieser Komplex gelangt durch die Kernmembran in den Zellkern und heftet sich an eine passende DNA-Bindungsstelle. Daraufhin kann sich die RNA-Polymerase an den Promotor heften und mit der Transkription des EPO-Gens beginnen. Es entstehen zahlreiche EPO-mRNA Moleküle.
Befindet sich viel Sauerstoff in der Zelle, werden entsprechend viele HIF2β-Moleküle oxidiert und abgebaut. Es bilden sich keine Transkriptionsfaktoren mehr. Folglich kann die RNA-Polymerase nicht mehr an den Promotor andocken und die Transkription und damit auch die Bildung der EPO-mRNA bleiben aus.

3. *Erläutern Sie mithilfe der Abbildungen 1 und 2, wie die Anzahl der roten Blutzellen im Organismus nach einer Blutspende wieder auf den Normalwert reguliert wird.*

Lösungshinweis: Lesen Sie den Text vor Aufgabe 1 nochmal durch. Aus ihm geht hervor, dass eine Anämie ein Mangel an Erythrozyten bedeutet. Außerdem entnehmen Sie dem Text, dass EPO die Bildung neuer Erythrozyten im Knochenmark anregt. Aus der eben erstellten Lösung zu Aufgabe 2 und der Abbildung 2 sollten Sie die hier geforderte Erklärung eigentlich sicher liefern können.

Die Verringerung der Erythrozytenzahl durch eine Blutspende führt zu einer Verminderung des Sauerstofftransportes und damit zu einem Absinken der Sauerstoffkonzentration in den Nierenzellen. Wie in der Lösung zur Aufgabe 2 erklärt, wird dadurch die Transkription des EPO-Gens eingeleitet. Die EPO-mRNA wird in den Nierenzellen zu EPO translatiert, was über das Blut ins Knochenmark gelangt. Dort regt es die Bildung von Erythrozyten aus Stammzellen an. Die neu gebildeten roten Blutzellen ihrerseits sorgen für einen erhöhten Sauerstofftransport und damit letztlich für eine verminderte EPO-Produktion in den Nierenzellen (vgl. Lösung zu Aufgabe 2). Die Konzentration der roten Blutzellen wird sich so, nach dem Prinzip eines Regelkreises, auf einem bestimmten Wert einpendeln.

4. Nennen Sie die wesentlichen Schritte der gentechnischen Herstellung von EPO. Erläutern Sie ein mögliches Verfahren für die Selektion erfolgreich transformierter Zellen.

Lösungshinweis: Hier geht es letztlich darum, die Herstellung transgener Zellen zu beschreiben. Wählen Sie das Verfahren, dass Sie in der Schule besprochen haben. Üblicherweise ist dies die Herstellung und Selektion transgener Bakterien mithilfe der Plasmidtechnik, die Sie auf Seite 51 ff. nochmal nachlesen können.

Zunächst einmal muss das EPO-Gen isoliert werden. Da es sich um ein eukaryotisches Gen handelt, das in eine prokaryotische Zelle eingebaut werden soll, entsteht ein Problem. Das eukaryotische Gen enthält Introns, die aus der transkribierten m-RNA herausgeschnitten werden müssen, wozu die Bakterienzelle aber nicht in der Lage ist. Um dieses Problem zu umgehen, verwendet man in der Regel cDNA (copy DNA). Diese erhält man, indem man die reife (gespleißte) EPO-mRNA mithilfe einer reversen Transkriptase in einen DNA-Strang übersetzt. Sowohl die cDNA als auch das Plasmid, welches man als Vektor verwenden möchte, werden mit denselben Restriktionsenzymen geschnitten, idealerweise mit solchen, die sticky ends erzeugen. Mithilfe von Ligasen werden die Fremd-DNA und die Plasmid-DNA miteinander verklebt. Nun werden die rekombinanten Plasmide durch Transformation von den Bakterien aufgenommen. Dieser natürlich ablaufende Prozess wird oft unterstützt, zum Beispiel durch Hitzeschocks. Mittels eines Selektionsverfahrens (s. u.) werden die transgenen Bakterien ausgewählt und kultiviert. Schließlich kann aus dieser Kultur das EPO gewonnen werden.
Die Notwendigkeit zur Selektion ergibt sich daraus, dass dieses Verfahren nicht sonderlich zuverlässig ist. Es wird nach der versuchten Transformation Bakterien geben, die gar keine Plasmide aufgenommen haben, solche die Plasmide aufgenommen haben, bei denen der Geneinbau aber nicht funktioniert hat und hoffentlich auch solche, bei denen sowohl der Geneinbau als auch die Transformation geglückt ist. Eine gute Möglichkeit, die Bakterien mit rekombinantem Plasmid zu selektieren, bietet die Verwendung von Plasmiden mit Resistenzgenen gegen Antibiotika, wie z. B. Ampicillin und Tetracyclin. Dabei sorgt man über die Wahl der Restriktionsenzyme dafür, dass die EPO-cDNA in das Gen für die Tetracyclinresistenz eingebaut wird, wodurch diese Resistenz verloren geht. Plattiert man die Bakterien nach der Trans-

formation auf einen Nährboden der Ampicillin enthält, werden alle Bakterien, die kein Plasmid aufgenommen haben, sterben. Überträgt man die überlebenden Bakterienkolonien nun mit der Stempeltechnik auf einen Tetracyclin-Nährboden, werden nur noch diejenigen überleben, die Plasmide aufgenommen haben, bei denen der Geneinbau nicht funktioniert hat. Die Bakterien, die nicht überlebt haben, sind die gesuchten transgenen. Über einen Vergleich der beiden Kolonienbilder findet man die gewünschten Bakterien und kann sie kultivieren.

5. Nennen Sie einen Vorteil einer solchen Gentherapie im Vergleich zur Therapie, bei der EPO gespritzt wird. Beschreiben Sie ein Risiko der Gentherapie mithilfe von Viren.

Lösungshinweis: Hier sollen Sie erklären, welcher Vorteil sich daraus ergäbe, ein intaktes EPO-Gen einzuschleusen. Ebenso sollten Sie in der Lage sein, sich ein Risiko zu überlegen, das sich aus der Verwendung von Viren als Vektoren ergeben könnte.

Der Vorteil der somatischen Gentherapie liegt darin, dass EPO nicht mehr gespritzt werden muss, sondern die natürliche EPO-Produktion des Körpers (inklusive der o. g. Regulationsmechanismen) wiederhergestellt werden kann. Der Patient wäre geheilt. Die Verwendung von Viren als Vektoren – man spricht in diesem Fall von Transduktion – birgt das Risiko, dass der Einbau nicht gesteuert werden kann und an einer falschen und für den Patienten gefährlichen Stelle in der DNA erfolgen könnte. Außerdem besteht die Gefahr, dass das verwendete Virus durch Mutation virulent werden könnte.

6. Erläutern Sie zwei Möglichkeiten, wie mithilfe geeigneter Primer eindeutig nachgewiesen werden kann, ob das EPO-Gen eingebaut wurde.

Lösungshinweise: Da der geforderte Nachweis mithilfe der Gelelektrophorese erfolgen soll, kann er letztlich nur über die Länge der PCR-Produkte oder deren Vorhandensein, bzw. Nichtvorhandensein erfolgen. Überlegen Sie sich, wie die Primer zu wählen wären, damit das eine oder andere möglich ist.

Möglichkeit 1: Wenn man Primer wählt, die in beiden Nukleotidsequenzen Bindungsstellen besitzen, werden beide durch die PCR vervielfältigt. Findet man in der Gelelektrophorese beide Sequenzen (aufgrund der unterschiedlichen Länge unterscheidbar), war der Einbau erfolgreich.
Möglichkeit 2: Man wählt einen Primer so, dass er nur in der transgenen DNA Bindungsstellen hat (z. B. im Übergang zwischen zwei Exons). Nun gibt es nur ein PCR-Produkt, wenn das untersuchte Erbgut die trangene DNA enthält. Ist DNA durch die Gelelektrophorese nachweisbar, war die Transduktion erfolgreich.

Aufgabe 4: Antibiotika-Einsatz im Hühnerstall

Teil 1

Zu Beginn des Jahres 2012 geriet die industrielle Massentierhaltung wiederholt in die Schlagzeilen. Stichprobenartige Überprüfungen in verschiedenen Supermärkten ergaben, dass die Hälfte der untersuchten Hühnerfleischproben mit Escherichia coli-Bakterien belastet war, die gegenüber bestimmten Antibiotika resistent waren. Wie gefährlich ist das, was in die Küche kommt? Eines jedenfalls steht fest: Der häufige Einsatz von Antibiotika in der Massentierhaltung fördert die Verbreitung Antibiotika-resistenter Bakterien.

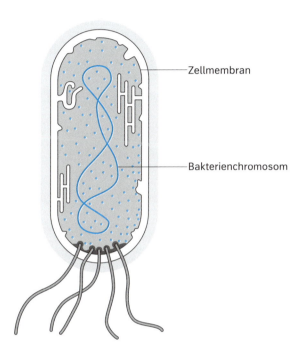

Abbildung 1: Bau eines Bakteriums

1.1 Eine Bakterienzelle (Abbildung 1) weist im Vergleich zu einer menschlichen Zelle in ihrem Aufbau sowohl Gemeinsamkeiten als auch Unterschiede auf. Nennen Sie je zwei Beispiele. (2 VP)

Antibiotika haben bei Bakterienzellen unterschiedliche Angriffsorte. So verhindert beispielsweise das Antibiotikum Penicillin bei sich teilenden Bakterienzellen die Zellwandsynthese. Behandelt man Bakterien mit Penicillin, schwellen die sich teilenden Zellen stark an und platzen.

1.2 Erläutern Sie den Zusammenhang zwischen der Wirkung des Penicillins und dem zu beobachtenden osmotischen Vorgang. (3 VP)

Teil 2

Eine zweite Klasse von Antibiotika sind die Sulfonamide, welche die Synthese der für die Bakterien lebensnotwendigen Folsäure hemmen. Die Folsäure ist eine Vorstufe der DNA-Basen. Während Folsäure beim Menschen mit der Nahrung aufgenommen zugeführt werden muss, stellen Bakterien Folsäure mithilfe des Enzyms Folatsynthetase aus p-Aminobenzoesäure selbst her. Sulfonamide hemmen dieses Enzym.

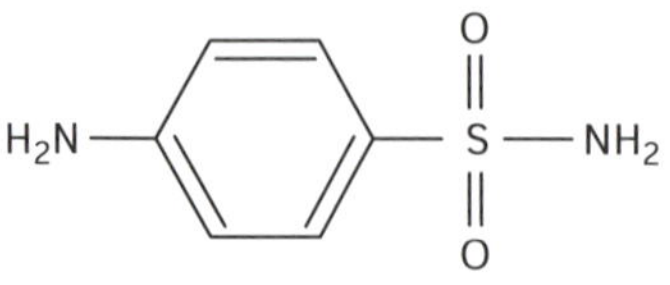

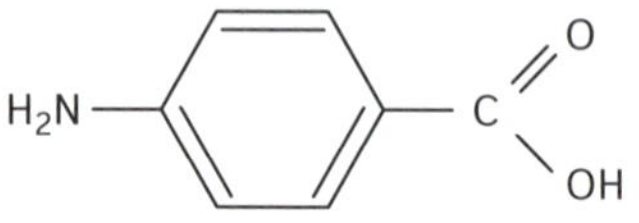

$H_2N-\underset{}{\underset{}{\bigcirc}}-\overset{O}{\underset{O}{\overset{\|}{S}}}-NH_2$

Sulfonamid

$H_2N-\underset{}{\underset{}{\bigcirc}}-\overset{O}{\underset{OH}{\overset{\|}{C}}}$

p-Aminobenzoesäure

Abbildung 2: Strukturformeln (vereinfacht)

2.1 Erläutern Sie die hemmende Wirkung der Sulfonamide unter Berücksichtigung von Abbildung 2.
Erklären Sie, wie man experimentell überprüfen kann, ob die Art der Hemmung reversibel ist. (3 VP)

2.2 Erklären Sie, weshalb die bei Bakterien beobachtete Wirkung von Penicillin und von Sulfonamiden bei menschlichen Zellen ausbleibt. (2 VP)

Teil 3

Ursache für Resistenzen ist das Vorhandensein spezieller Resistenzgene (R-Gene). Auch die Sulfonamid-Resistenz von Bakterien ist auf Resistenzgene und nicht auf eine Mutation im Folatsynthetase-Gen zurückzuführen.

3. Formulieren Sie zwei Hypothesen, wie durch R-Gene eine Resistenz gegen Sulfonamide hervorgerufen werden kann. (2 VP)

Teil 4

In Deutschland werden jährlich mehr als 1700 Tonnen Antibiotika in der Massentierhaltung eingesetzt.

4.1 Erklären Sie, weshalb der häufige Einsatz von Antibiotika die Ausbreitung resistenter Bakterien fördert. (2 VP)

4.2 Die Resistenzgene sind häufig auf Plasmiden lokalisiert. Beschreiben Sie den in Abbildung 3 dargestellten Vorgang der Konjugation.
Erläutern Sie unter Berücksichtigung der Abbildung 3 A und 3 B mögliche Gefahren, die von Hühnerfleisch ausgehen, das mit Antibiotika-resistenten Bakterien belastet ist. (4 VP)

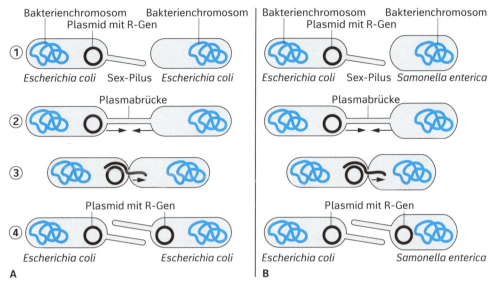

Abbildung 3: Konjugation zwischen Bakterien (schematisch)

4.3 Bewerten Sie den Einsatz von Antibiotika in der Massentierhaltung. (2 VP)

Lösungen

1.1 Eine Bakterienzelle (Abbildung 1) weist im Vergleich zu einer menschlichen Zelle in ihrem Aufbau sowohl Gemeinsamkeiten als auch Unterschiede auf. Nennen Sie je zwei Beispiele.

Lösungshinweis: Diese Aufgabe erfordert Grundwissen aus der Zellbiologie (vgl. S. 35f.). Als Darstellungsform bietet sich eine Tabelle an.

Gemeinsamkeiten	Unterschiede
DNA als Erbsubstanz	Menschliche Zellen haben einen Zellkern, Bakterien nicht
Zellmembran	Menschliche Zellen besitzen Kompartimente, Bakterien nicht

Anmerkung: Selbstverständlich sind hier auch andere Lösungen zulässig.

1.2 Erläutern Sie den Zusammenhang zwischen der Wirkung des Penicillins und dem zu beobachtenden osmotischen Vorgang.

Lösungshinweis: Um diese Aufgabe richtig beantworten zu können, fehlt eigentlich noch eine Angabe, die Sie hier als Voraussetzung annehmen müssen. Das Außenmedium ist in diesem Fall im Vergleich zur Zellflüssigkeit hypotonisch, enthält also weniger gelöste Teilchen (vor allem Ionen) als das Zellplasma. Bedenken Sie, dass dadurch Wasser einströmen muss und das Penicillin die Zellwandsynthese stört.

Dadurch, dass das Außenmedium im Vergleich zum Zellplasma hypotonisch ist und die selektiv permeable Zellmembran Ionen nicht passieren lässt, strömt Wasser in die Zelle ein. Da die Zellwandsynthese durch die Zugabe von Penicillin gestört ist, ist die Zelle dem zunehmenden osmotischen Druck nicht mehr gewachsen und zerplatzt.

2.1 Erläutern Sie die hemmende Wirkung der Solfonamide unter Berücksichtigung von Abbildung 2.
Erklären Sie, wie man experimentell überprüfen kann, ob die Art der Hemmung reversibel ist.

Lösungshinweis: Lassen Sie sich nicht davon abschrecken, dass Strukturformeln abgebildet sind. Sie müssen lediglich erkennen, dass sich die beiden Moleküle in ihrer Struktur sehr ähnlich sind. Mit den Grundlagen der Enzymatik lassen sich beide Teile dieser Aufgabe sicher lösen.

Da Sulfonamid dem eigentlich Substrat p-Aminobenzoesäure strukturell sehr ähnlich ist, ist davon auszugehen, dass es auch in das aktive Zentrum der Folatsynthetase passt und als kompetitiver Hemmstoff wirkt, indem es mit dem Substrat um die freien Plätze in den Enzymen konkurriert. Dadurch wird die Synthese der Folsäure offensichtlich soweit reduziert, dass die Bakterien an Folatmangel sterben.
Ob die Art der Hemmung reversibel ist, ließe sich überprüfen, indem man in einem weiteren Ansatz die Substratkonzentration erhöht und die Sulfonamidkonzentration beibehält. Da im Vergleich zum kompetitiven Hemmstoff nun deutlich mehr echte Substrate vorhanden sind, ist die Wahrscheinlichkeit, dass ein p-Aminobenzoesäure-Molekül an das aktive Zentrum bindet, wesentlich höher und die kompetitive Hemmung müsste ausbleiben, respektive deutlich abgeschwächt sein.

2.2 Erklären Sie, weshalb die bei Bakterien beobachtete Wirkung von Penicillin und von Solfonamiden bei menschlichen Zellen ausbleibt.

Lösungshinweis: Lesen Sie sich zur Beantwortung dieser Frage nochmal die beiden kurzen Texte vor und nach der Aufgabe 1.2 durch.

Da menschliche Zellen keine Zellwand ausbilden, hat Penicillin keine Auswirkung auf sie oder ihren Teilungsprozess.
Sulfonamide hemmen die Synthese der Folsäure, nicht aber deren Wirkung. Da wir Menschen selber zu dieser Synthese nicht in der Lage sind, kann uns das Sulfonamid nicht schaden.

Anmerkung: Wenn man davon ausgeht, dass die Endosymbiontentheorie zutrifft, dann sind unsere Mitochondrien sehr nah mit den Bakterien verwandt und müssten ebenfalls durch Antibiotika zerstört, zumindest aber ihre Vermehrung gehemmt werden. Damit würde die Kernaussage dieser Aufgabe nicht mehr zutreffen, da eine Schädigung der Mitochondrien selbstverständlich auch nachteilige Auswirkungen auf die menschliche Zelle hätte. Tatsächlich ist es einem Forscherteam der Universität Boston gelungen, diese Schädigungen der Mitochondrien nachzuweisen (s. http://stm.sciencemag.org/content/5/192/192ra85)

3. Formulieren Sie zwei Hypothesen, wie durch R-Gene eine Resistenz gegen Sulfonamide hervorgerufen werden kann.

Lösungshinweis: Da bei resistenten Bakterien zusätzliche Gene (R-Gene) vorhanden sind, müssen folglich auch zusätzliche Peptide/Proteine vorhanden sein, die offensichtlich diese Resistenz bewirken. Überlegen Sie sich zwei mögliche Wirkungen/Einsatzmöglichkeiten solcher Proteine, durch die Sulfonamid unschädlich gemacht wird.

Hypothese 1: Das Genprodukt, z. B. ein Enzym, ist in der Lage Solfonamid zu spalten, bzw. den Ab-/Umbau zu katalysieren, wodurch es für die Zelle nicht mehr schädlich ist.
Hypothese 2: Das Genprodukt verhindert die Aufnahme von Sulfonamid in die Zelle, bzw. transportiert es wieder raus („Sulfonamid-Pumpe"), wodurch es in der Bakterienzelle keinen Schaden anrichten kann.

Anmerkung: Selbstverständlich sind auch andere schlüssige Hypothesen zulässig.

4.1 Erklären Sie, weshalb der häufige Einsatz von Antibiotika die Ausbreitung resistenter Bakterien fördert.

Lösungshinweis: Wenn Sie die Antibiotika als Selektionsfaktor verstehen, können Sie diese Aufgabe im Sinne der synthetischen Evolutionstheorie erklären. Passen Sie auf, dass Sie nicht in Lamarck'sches Denken abrutschen, nach dem Motto: „durch den häufigen Einsatz von Antibiotika gibt es immer mehr Bakterien, die dagegen Resistenzen entwickeln um überleben zu können..."

Der häufige Einsatz von Antibiotika verschafft den resistenten Bakterienstämmen einen deutlichen Selektionsvorteil, da die nicht resistenten Konkurrenten ständig abgetötet werden. Die resistenten Bakterien haben dadurch ein höheres Platz- und Nahrungsangebot, wodurch sie einen höheren Fortpflanzungserfolg verzeichnen. Auf Dauer wird sich der Genpool der Bakterienpopulationen zugunsten der resistenten Stämme verändern.

4.2 Die Resistenzgene sind häufig auf Plasmiden lokalisiert. Beschreiben Sie den in Abbildung 3 dargestellten Vorgang der Konjugation. Erläutern Sie unter Berücksichtigung der Abbildung 3 A und 3 B mögliche Gefahren, die von Hühnerfleisch ausgehen, das mit Antibiotika-resistenten Bakterien belastet ist.

Lösungshinweis: Diese Aufgabe ist zweigeteilt. Im ersten Teil sollen Sie einfach nur die dargestellte Konjugation beschreiben. Die ist unter diesem allgemeinen Gesichtspunkt in 3 A und 3B gleich. Es genügt also, wenn Sie sich dafür nur mit z. B. 3 A befassen. Selbst wenn Sie den Begriff „Konjugation" noch nie gehört haben sollten, sind die wesentlichen Schritte alle dargestellt, so dass Sie diesen Lösungsteil problemlos schaffen können.
Um den Kern des zweiten Teils der Aufgabe zu erkennen, sollten Sie sich nochmal verdeutlichen, was im einleitenden Text vor Aufgabe 1.1 steht. Ihm können Sie die Information entnehmen, dass das Hühnerfleisch mit resistenten Escherichia coli-Bakterien belastet war. Wenn Sie sich vor diesem Hintergrund die Abbildung 3 A und B nochmal genau anschauen, sollten Sie die mögliche Gefahr erkennen.

Beschreibung der Konjugation: Bakterien können mithilfe einer aufgebauten Plasmabrücke genetische Information, z. B. in Form von Plasmiden, auf andere Bakterien übertragen (Parasexualität). Dies ist auch über Artgrenzen hinweg möglich. Dazu bildet eine der beiden Zellen eine Ausstülpung, einen sog. Sex-Pilus aus, mit dem sie sich mit einer anderen Bakterienzelle verbindet, wodurch eine Plasmabrücke entsteht. Nun verdoppelt die „männliche" Spenderzelle Teile ihres Erbgutes, z. B. Plasmide, und gibt diese über die Plasmabrücke an die „weibliche" Empfängerzelle weiter. Auf diese Weise können R-Gene von resistenten auf bisher nicht resistente Bakterien übertragen werden.
Anmerkung: Nicht alle Bakterien können Sex-Pili ausbilden. Nur Bakterien mit einem bestimmten Plasmid, dem F-Plasmid (F steht für Fertilitätsfaktor), sog. F^+-Bakterien, sind dazu in der Lage. Auch diese Fähigkeit kann auf andere (F^--Bakterien) übertragen werden. Da diese Tatsache in der Abbildung nicht dargestellt ist, müssen Sie sie in Ihrer Antwort aber auch nicht zwingend anführen.

Gefahren, die von belastetem Hühnerfleisch ausgehen können: Antibiotika resistente *Escherichia coli*-Bakterien, die wir beim Verzehr von belastetem Hühnerfleisch aufnehmen, könnten bisher nicht resistenten Darmbakterien (ebenfalls *E. coli*) diese Resistenzgene durch Konjugation übertragen (Abbildung 3 A). Kommen diese so veränderten *E. coli*-Bakterien mit solchen Bakterien in Kontakt, die für den Menschen pathogen sein können (z. B. Salmonellen) und übertragen diesen auch die R-Gene, besteht die Gefahr, dass bakterielle Krankheiten entstehen, die nur noch schwer mit Antibiotika zu bekämpfen sind (Abbildung 3 B).

4.3 Bewerten Sie den Einsatz von Antibiotika in der Massentierhaltung.

Lösungshinweis: Diese Aufgabe mag auf den ersten Blick ein wenig überraschend sein und leicht erscheinen, da sie kein Fachwissen abfragt. Die Gefahr bei solchen Aufgaben ist, dass Sie mit Ihrer Antwort zu oberflächlich oder zu einseitig bleiben. Sie sollten versuchen, Argumente für und gegen den Einsatz von Antibiotika in der Massentierhaltung zu finden und diese zu einer in sich stimmigen Argumentation zusammentragen. Selbstverständlich sind Sie hierbei sehr frei.

Mögliche Argumente für den Einsatz von Antibiotika:
- Da die Tiere auf sehr engem Raum zusammengepfercht sind, ist die Gefahr für Infektionskrankheiten sehr hoch. Um zu verhindern, dass ganze Bestände sterben, muss man Antibiotika einsetzen.
- Selbst wenn die Tiere nicht an den Bakterieninfektionen sterben sollten, besteht doch die Gefahr, dass belastetes Fleisch beim Endverbraucher landet. Um das zu verhindern, sollte man durch den Einsatz von Antibiotika versuchen, die Bakterien soweit wie möglich einzudämmen.
- Eine Alternative wäre nur eine Abkehr von der Massentierhaltung, das wiederum würde aber die Produktionskosten und damit auch den Preis für Hühnerfleisch in für den Endverbraucher möglicherweise ungewünschte Höhen treiben.
- ...

Mögliche Argumente gegen den Einsatz von Antibiotika:
- Der Einsatz von Antibiotika führt zu einer zunehmenden Zahl Antibiotika resistenter Bakterienstämme, die Mediziner und Krankenhäuser vor wachsende Probleme stellt.
- Der Einsatz von Antibiotika ermöglicht/fördert eine nicht tiergerechte Aufzucht in Massentierhaltungen. Nicht die Bakterien sind das Problem, sondern die Art der Haltung!
- Der Verzicht von Antibiotika würde eine andere Art der Haltung erfordern (Freilandhaltung, mehr Platz, anderes Futter...), die die Qualität des Hühnerfleisches deutlich steigern würde.
- ...

Prüfungsaufgaben 2015

Aufgabe 1: Pflanzliche Lock- und Abwehrstoffe

Teil 1

Viele Orchideen zeichnen sich durch außergewöhnliche Fortpflanzungsstrategien aus. Die Orchidee *Epipactis veratrifolia* zum Beispiel produziert den Duftstoff Pinen. Dieser wird üblicherweise von Blattläusen gebildet und als Alarmstoff abgegeben. Zudem hat die Orchidee auf der Blüte dunkle, warzenähnliche Gebilde, die Blattläusen täuschend ähnlich sehen. Schwebfliegenweibchen werden vom Pinenduft angelockt und legen ihre Eier neben den vermeintlichen Blattläusen ab, wobei sie die Orchideen bestäuben.

Abbildung 1: *Epipactis veratrifolia* mit angelockter Schwebfliege

Üblicherweise dienen Blattläuse den schlüpfenden Schwebfliegenlarven als Nahrung. Ohne Blattlausnahrung können sich die Larven nicht entwickeln.

1 Erklären Sie das Entstehen der dunklen, warzenähnlichen Gebilde auf der Orchideenblüte nach der Synthetischen Evolutionstheorie. Nennen Sie die Aspekte Ihrer Antwort, die über Darwins Evolutionstheorie hinausgehen. (4 VP)

Teil 2

Neben der Geruchswahrnehmung ist auch die optische Wahrnehmung von Bedeutung bei der Wahl eines geeigneten Orts für die Eiablage. Schwebfliegen besitzen Komplexaugen. Diese bestehen aus einzelnen Augen, an deren Grund Lichtsinneszellen, sogenannte Retinulazellen (Abbildung 2), sitzen. In der Membran der Retinulazellen befindet sich das lichtabsorbierende Rhodopsin. Im Gegensatz zu menschlichen Lichtsinneszellen haben Retinulazellen ein Axon und sind in der Lage bei Belichtung Aktionspotenziale auszubilden.

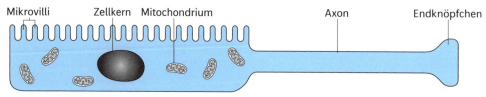

Abbildung 2: Retinulazelle (Schema)

2.1 Erläutern Sie die biologische Bedeutung der Mikrovilli und der großen Anzahl von Mitochondrien für die Funktion der Retinulazelle. 2 VP

2.2 Geben Sie eine mögliche Erklärung, wie es, ausgehend von der Belichtung einer Retinulazelle, zur Entstehung von Aktionspotenzialen kommen könnte. 2 VP

Teil 3

Neben Lockstoffen produzieren manche Pflanzen auch Abwehrstoffe, die vor Insektenfraß schützen. So bilden bestimmte Chrysanthemenarten Pyrethrine, die auf Insekten tödlich wirken. Unter Pyrethrin-Einfluss bleiben die spannungsgesteuerten Natriumionenkanäle in Nervenzellen von Insekten nach einer überschwelligen Reizung dauerhaft geöffnet.

3.1 Zeichnen sie ein Diagramm, das den Verlauf eines Aktionspotenzials zeigt (Größe ca. ½ Seite), und erläutern Sie die auf molekularer Ebene ablaufenden Vorgänge, die zu diesem Spannungsverlauf führen. 4 VP

3.2 Erläutern Sie, wie sich der Spannungsverlauf am Axon nach einer überschwelligen Reizung unter Einfluss von Pyrethrinen verändert. 2 VP

3.3 Erläutern sie unter Berücksichtigung der Vorgänge an neuromuskulären Synapsen (motorischen Endplatten) die tödliche Wirkung von Pyrethrinen. 3 VP

Teil 4

Duftstoffe spielen nicht nur für die Kommunikation zwischen Pflanzen und Insekten, sondern auch für die Partnerfindung bei Insekten eine große Rolle. So werden sogenannte Pheromone von weiblichen Tieren abgegeben, um Geschlechtspartner anzulocken. Diese Tatsache nutzt man z. B. im Weinbau zur Bekämpfung des Traubenwicklers, dessen Raupen Fraßschäden an Trauben verursachen. Im Frühjahr werden zur Bekämpfung dieses Schmetterlings viele kleine Duftkapseln in Weinbergen aufgehängt, die großflächig weibliche Pheromone des Traubenwicklers verteilen.

4 Erklären Sie, warum durch diese Methode Traubenwickler effektiv bekämpft werden können, und nennen Sie zwei Vorteile gegenüber dem Einsatz von Insektengift.

Lösungen

1 Erklären Sie das Entstehen der dunklen, warzenähnlichen Gebilde auf der Orchideenblüte nach der Synthetischen Evolutionstheorie. Nennen Sie die Aspekte Ihrer Antwort, die über Darwins Evolutionstheorie hinausgehen.

Lösungshinweis: Beachten Sie, dass die Aufgabe zweigeteilt ist. Zunächst müssen Sie das Zustandekommen der warzenähnlichen Gebilde nach der Synthetischen Evolutionstheorie „erklären". Achten Sie darauf, möglichst alle passenden Aspekte unterzubringen. In einem zweiten Schritt sollen Sie die Aspekte „nennen" (ohne Erklärung!), die über Darwins Theorie hinausgehen.

Innerhalb einer Population von Vorfahren der heutigen Orchideen haben sich durch Mutation und Rekombination Pflanzen gebildet, die in ihren Blüten über warzenähnliche Gebilde verfügten. Da diese Blüten von den Schwebfliegen bevorzugt aufgesucht wurden, stieg die Wahrscheinlichkeit bestäubt zu werden und damit der Fortpflanzungserfolg gegenüber den Orchideen des ursprünglichen Phänotyps. Diese natürliche Selektion führte auf Dauer dazu, dass sich die „neuen" Orchideen gegenüber den „alten" durchsetzten, was eine allmähliche Veränderung des Genpools der Population zur Folge hatte.

Aspekte, die über Darwins Theorie hinausgehen: Mutation, Rekombination, Veränderung des Genpools.

2.1 Erläutern Sie die biologische Bedeutung der Mikrovilli und der großen Anzahl von Mitochondrien für die Funktion der Retinulazelle.

Lösungshinweis: Machen Sie sich klar, dass das Vorhandensein von Mikrovilli eine Oberflächenvergrößerung der Membran zur Folge hat und dass sich das Rhodopsin laut Text in eben dieser Membran der Lichtsinneszellen befindet. Mitochondrien als „Kraftwerke der Zelle" treten vor allem dort auf, wo viel Energie verbraucht wird.

Die Mikrovilli bewirken eine Oberflächenvergrößerung der Zellmembran der Retinulazellen. Da sich das lichtabsorbierende Rhodopsin in dieser Membran befindet, kann durch die Oberflächenvergrößerung mehr Rhodopsin eingelagert und damit die Effektivität der Lichtabsorption gesteigert werden.
Dem Text ist zu entnehmen, dass die Retinulazellen in der Lage sind Aktionspotenziale auszubilden. Die damit verbundene Notwendigkeit, die Zelle immer wieder in das Ruhepotenzial zurück zu versetzen, erfordert eine hohe Anzahl von Natrium-Kalium-Pumpen. Diese wiederum benötigen viel Energie (meist in Form von ATP), die nur durch eine entsprechend hohe Zahl von Mitochondrien bereitgestellt werden kann. Darüber hinaus durchläuft das Rhodopsin durch die Lichtabsorption eine Konformationsänderung, die unter Aufwand von ATP immer wieder rückgängig gemacht werden muss.

2.2 Geben Sie eine mögliche Erklärung, wie es, ausgehend von der Belichtung einer Retinulazelle, zur Entstehung von Aktionspotenzialen kommen könnte.

Lösungshinweis: Was muss gegeben sein, damit in einer Nervenzelle ein Aktionspotenzial ausgelöst wird? Überlegen Sie sich eine schlüssige Erklärung, inwiefern das lichtabsorbierende Rhodopsin diesen Prozess in Gang setzen könnte. Da keinerlei Angaben über die beteiligten Ionen und deren Verteilungen gemacht sind, können Sie von der „Standardsituation" ausgehen, wie Sie sie von anderen Nervenzellen kennen.

Durch die Absorption von Licht kommt es zu einer Konformationsänderung des Rhodopsins. Diese Konformationsänderung bewirkt eine Öffnung von Na^+-Kanälen, was den Einstrom von Na^+-Ionen in das Zellinnere ermöglicht. Eine Depolarisation der Axonmembran setzt ein. Übersteigt sie den Schwellenwert, öffnen sich weitere, spannungsgesteuerte Na^+-Kanäle und ein Aktionspotenzial setzt ein.

3.1 Zeichnen sie ein Diagramm, das den Verlauf eines Aktionspotenzials zeigt (Größe ca. ½ Seite), und erläutern Sie die auf molekularer Ebene ablaufenden Vorgänge, die zu diesem Spannungsverlauf führen.

Lösungshinweis: Bei dieser Aufgabe handelt es sich um eine ganz typische „Aktionspotenzial-Aufgabe". Zeichnen Sie zunächst den Verlauf eines Aktionspotenzials (auf Größe und Beschriftung achten!) und erklären Sie anschließend den Ablauf auf molekularer Ebene. Sollte Ihnen diese Aufgabe noch Mühe bereiten, müssen Sie sich unbedingt nochmal die entsprechenden Grundlagen anschauen (Kapitel 5, S. 58 f.)

Wie in 2.2 bereits erläutert, hat der durch die lichtbedingte Konformationsänderung des Rhodopsins ausgelöste Na^+-Einstrom in die Retinulazelle eine Depolarisation der Axonmembran zur Folge. Übersteigt diese einen bestimmten Schwellenwert (ca. – 50 mV), öffnen sich spannungsgesteuerte Na^+-Kanäle und es kommt zu einem verstärkten Na^+-Ioneneinstrom und einer weiteren Depolarisation der Membran mit Spannungsumkehr auf etwa + 30 mV. Weniger als eine Millisekunde später schließen sich die Na^+-Kanäle wieder

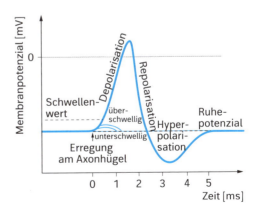

Phasen des Aktionspotenzials

und spannungsgesteuerte Kaliumkanäle öffnen sich. K^+-Ionen strömen dem elektrochemischen Gradienten folgend aus, was eine Repolarisation der Membran zur Folge hat. Da der K^+-Ausstrom auch noch anhält, wenn das Ruhepotenzial von – 70 mV bereits erreicht ist, wird die Membran hyperpolarisiert (bis ca. – 90 mV), ehe sich das Ruhepotenzial wieder einstellt.

3.2 Erläutern Sie, wie sich der Spannungsverlauf am Axon nach einer überschwelligen Reizung unter Einfluss von Pyrethrinen verändert.

Lösungshinweis: Dem einleitenden Text können Sie die Wirkung der Pyrethrine entnehmen. Beachten Sie, dass Sie in dieser Aufgabe lediglich die Auswirkungen auf den Spannungsverlauf an der Axonmembran erläutern sollen. Es handelt sich hier und in den folgenden Aufgaben um eine Insekten-Nervenzelle. Da man diese in der Schule normalerweise nicht gesondert bespricht, lösen Sie alle Aufgaben mit dem gelernten Grundwissen. Auch wenn es bei diesen Fragen keine Rolle spielt, achten Sie aber trotzdem darauf, dass Insektenneurone keine Myelinscheiden haben.

Dem einleitenden Text ist zu entnehmen, dass Pyrethrine eine dauerhafte Öffnung der spannungsabhängigen Na^+-Kanäle in der Axonmembran zur Folge haben. Der anhaltende Na^+-Einstrom verhindert die Repolarisation der Membran. Da die Na^+/K^+-Pumpen auf Dauer dem Na^+-Einstrom nicht gewachsen sind, wird es zu einer folgenschweren Umverteilungen der Ionen kommen und das Membranpotenzial über kurz oder lang zusammenbrechen.

3.3 Erläutern sie unter Berücksichtigung der Vorgänge an neuromuskulären Synapsen (motorischen Endplatten) die tödliche Wirkung von Pyrethrinen.

Lösungshinweis: Es bietet sich bei dieser Aufgabe an, dass Sie zunächst die normalen Abläufe der Reizweiterleitung an einer neuromuskulären Synapse erläutern, ehe Sie auf die Pyrethrin induzierten Folgen mit tödlicher Wirkung eingehen.

Erreicht ein Reiz in Form eines Aktionspotenzials das synaptische Endknöpfchen, öffnen sich spannungsabhängige Ca^{2+}-Kanäle. Ca^{2+}-Ionen strömen in das Zellinnere. Die erhöhte Ca^{2+}-Konzentration bewirkt, dass ein Teil der synaptischen Bläschen, die den Neurotransmitter Acetylcholin enthalten, mit der präsynaptischen Membran verschmilzt und den Neurotransmitter in den synaptischen Spalt freisetzt. Die Acetylcholinmoleküle diffundieren zur postsynaptischen Membran und öffnen ligandengesteuerte Na^+-Kanäle. Dabei müssen immer zwei Acetylcholinmoleküle an einen Na^+-Kanal binden, damit er sich öffnet. Das in die Muskelfaser einströmende Na^+ depolarisiert die Membran. Man spricht von einem erregenden postsynaptischen Potenzial (EPSP). Ist diese Depolarisation stark genug, öffnen sich spannungsabhängige Na^+-Kanäle und Aktionspotenziale werden ausgelöst, die letztlich eine Kontraktion des Muskels bewirken. Unter dem Einfluss von Pyrethrinen kommt es durch die anhaltend geöffneten Na^+-Kanäle („Dauer-Aktionspotenzial") zu einem erhöhten Ca^{2+}-Einstrom im Endknöpfchen und damit zu einem verstärkten und vor allem länger anhaltenden erregenden EPSP. Dieses EPSP führt in den betroffenen Muskeln zu Krämpfen durch Überreizung, was letztlich zum Tode durch Lähmung führen kann.

4 Erklären Sie, warum durch diese Methode Traubenwickler effektiv bekämpft werden können, und nennen Sie zwei Vorteile gegenüber dem Einsatz von Insektengift.

Lösungshinweis: Um für den ersten Teil der Aufgabe eine Lösung zu finden, müssen Sie möglicherweise etwas „ums Eck" denken. Aus dem einleitenden Text geht hervor, dass die Weibchen des Traubenwicklers mittels Pheromonen ihre Geschlechtspartner anlocken. Überlegen Sie sich nun, welche Auswirkungen großflächig ausgebrachte Pheromone auf die Kommunikation zwischen möglichen Geschlechtspartner haben könnten.

Die großflächige Verteilung der weiblichen Pheromone des Traubenwicklers führt dazu, dass die Kommunikation zwischen den Geschlechtspartnern erheblich gestört wird. Die Männchen werden förmlich „auf die falsche Fährte gelockt", wodurch die Wahrscheinlichkeit, dass sie das Weibchen nicht finden, stark ansteigt. Dadurch wird der Fortpflanzungserfolg entscheidend eingeschränkt.

Vorteile gegenüber dem Einsatz von Insektiziden: Pheromone sind nicht giftig und darüber hinaus artspezifisch, d. h. andere, u. U. nützliche Insekten werden nicht in ihrer Fortpflanzung gestört. 3 VP

Aufgabe 2: Ist eine HIV-Infektion heilbar?

Teil 1

Vor einigen Jahren gelang die spektakuläre Heilung des HIV-infizierten T. R. Brown, der zusätzlich noch an Leukämie erkrankt war. Mitarbeiter der Berliner Charité und des Robert-Koch-Instituts hatten T. R. Brown aufgrund seiner Leukämieerkrankung fremdes Knochenmark und somit neue Blutstammzellen übertragen. Vor der Knochenmarktransplantation wurde das körpereigene Knochenmark des Patienten durch Chemotherapie komplett zerstört. Das transplantierte Knochenmark stammte von einem Spender, der resistent gegen das HI-Virus war. Diese Resistenz beruht auf einer Veränderung des Membranproteins CCR5, über welches das HI-Virus normalerweise an die Zielzelle andockt.

Die Hoffnungen der Ärzte, bei T. R. Brown mit dieser Transplantation neben der Therapie der Leukämie gleichzeitig auch die HIV-Infektion einzudämmen, wurden sogar noch übertroffen: Nach einiger Zeit ließen sich bei dem Patienten keinerlei HI-Virusspuren mehr nachweisen. T. R. Brown gilt als von beiden Erkrankungen geheilt.

1 Beschreiben Sie beginnend mit der Infektion einer menschlichen Zelle die Vermehrung des HI-Virus. 3 VP

Teil 2

Tabelle 1 zeigt ausgewählte Werte von Blutuntersuchungen eines Patienten vor und nach einer HIV-Infektion.

	Vor der Infektion	Einige Wochen nach der Infektion	1 Jahr nach der Infektion	6 Jahre nach der Infektion	10 Jahre nach der Infektion
Konz. der HI-Viren (Mio. Viren/ml Blut)	0	9,8	3,0	4,8	10,2
Konz. der T-Helferzellen (Mio. Zellen/ml Blut)	1	1,3	0,8	0,4	0,1

Tabelle 1: Werte von Blutuntersuchungen eines Patienten

2.1 Erläutern Sie die Konzentrationsänderungen von HI-Viren und T-Helferzellen (Tabelle 1).

2.2 Erklären Sie, weshalb ein AIDS-Kranker an normalerweise harmlosen Infektionen sterben kann. 4 VP

2.3 Erklären Sie unter Berücksichtigung der beschriebenen Therapie, weshalb sechs Monate nach der Knochenmarktransplantation bei T. R. Brown keine HI-Viren mehr nachweisbar waren. 3 VP

Teil 3

Der Resistenz gegen das HI-Virus liegt ein verändertes CCR5-Membranprotein zu Grunde. Das zugehörige Gen besitzt 32 Basenpaare weniger als das Gen für das nicht veränderte CCR5-Membranprotein. Das veränderte CCR5-Membranprotein ist aber um 137 Aminosäuren kürzer als das intakte CCR5-Membranprotein.

3   Geben Sie hierfür eine mögliche Erklärung. 2 VP

Teil 4

Das Gen für das CCR5-Membranprotein liegt auf dem Chromosom 3 und kommt in den beiden oben beschriebenen Ausprägungen (Allelen), d. h. mutiert und nicht mutiert, vor. Um den Genotyp des Patienten T. R. Brown zu ermitteln, wurde DNA aus verschiedenen Körperzellen isoliert, dass ccr5-Gen vervielfältigt und anschließend eine Gel-Elektrophorese durchgeführt.

4.1 Erklären Sie das Funktionsprinzip der Gel-Elektrophorese.

Abbildung 1 zeigt schematisch das Ergebnis einer Gel-Elektrophorese der Proben des Patienten T. R. Brown vor der beschriebenen Knochenmarktransplantation.

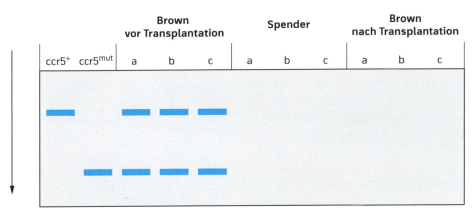

ccr5⁺   Nicht mutiertes ccr5-Gen
ccr5ᵐᵘᵗ Mutiertes ccr5-Gen

a ccr5-Allele aus Hautzellen
b ccr5-Allele aus Muskelzellen
c ccr5-Allele aus weißen Blutzellen

Abbildung 1: Ergebnis der Gel-Elektrophorese

4.2 Übertragen Sie Abbildung 1 ohne Legende in Ihre Reinschrift und ergänzen Sie die zu erwartenden Banden für die Proben des Knochenmarkspenders (a bis c) sowie von T. R. Brown (a bis c) sechs Monate nach der erfolgreichen Knochenmarktransplantation.
Begründen Sie die von Ihnen eingezeichneten Ergebnisse. 3 VP

Teil 5

In der Presse wurde diskutiert, ob diese beschriebene Knochenmarktransplantation zukünftig als HIV-Therapie eingesetzt werden kann.

5   Erläutern sie, weshalb der Einsatz dieser Therapieform nur in seltenen Fällen möglich ist.

2 VP

Lösungen

1   Beschreiben Sie beginnend mit der Infektion einer menschlichen Zelle die Vermehrung des HI-Virus.

Lösungshinweis: Diese Aufgabe birgt gewisse Tücken. Einerseits, da es sich bei dem Thema HIV eigentlich um ein Wahlthema handelt, andererseits, weil das im einleitenden Text erwähnte Membranprotein CCR5 in Schulbüchern üblicherweise nicht erscheint. Mehr als die Information, dass das HI-Virus über das CCR5 an die Zielzelle angedockt, ist leider nicht gegeben und für sich gesehen auch nicht ganz korrekt. Vermutlich werden Sie gelernt haben, dass das HI-Virus über den CD4-Rezeptor an die Zielzelle angedockt, was an sich zwar richtig, aber eine eben solche Vereinfachung ist. Tatsächlich ist der CD4-Rezeptor der T-Helferzellen für eine Infektion zwar erforderlich, alleine aber nicht ausreichend. Für eine erfolgreiche Infektion benötigt es die Co-Rezeptoren CCR5 bzw. CXCR4. Da die Resistenz gegen das HI-Virus auf einer Mutation des CCR5 Proteins beruht, ist dessen Erwähnung für diese Aufgabe unerlässlich. Für Ihre Lösung ist es aber vollkommen ausreichend, die Infektion so zu beschreiben wie sie sie gelernt haben. Sollten Sie das Thema HIV im Unterricht nicht behandelt haben bzw. das nötige Grundwissen nicht mehr parat haben, finden Sie es ab Seite 67 im Buch.

Das HI-Virus dockt an die T-Helferzellen an, indem es sich mit seinem Glykoprotein gp 120 mit dem CD4-Rezeptor der T-Helferzellen verbindet. Diese Verbindung ermöglicht ein Verschmelzen der Virushülle mit der Zellmembran, wodurch virale RNA und Enzyme in die Zelle eingeschleust werden. Das Virus-Enzym Reverse Transkriptase schreibt die virale RNA in DNA um. Diese DNA wird durch das Enzym Integrase in das Genom der Wirtszelle eingebaut. In dieser Form (Provirus) kann das HI-Virus mehrere Jahre unerkannt in der T-Helferzelle schlummern. Wird die T-Helferzelle aktiviert, kommt es zur Transkriptionen viraler Gene. Die gebildete RNA dient einerseits als Virusgenomen, andererseits als mRNA für die Translation eines Vorläuferproteins für das Virus. Dieses Vorläuferprotein wird durch Proteasen in die verschiedenen Virusproteine zerschnitten. Schließlich werden die Virenbausteine zusammengebaut und die fertigen Viren durch Knospung freigesetzt.

2.1 *Erläutern Sie die Konzentrationsänderungen von HI-Viren und T-Helferzellen (Tabelle 1).*

Lösungshinweis: Wenn Ihnen die Grundlagen der HIV-Infektion bekannt sind, dürfte Ihnen die Beantwortung dieser Frage keine größeren Schwierigkeiten bereiten.

Konzentrationsänderungen der HI-Viren: Vor der Infektion sind verständlicherweise keine HI-Viren im Blut des Patienten nachweisbar. Einige Wochen nach der Infektion wurden die HI-Viren stark vermehrt und ihre Zahl ist auf 9,8 Millionen pro Milliliter Blut gestiegen. Dass die Zahl im Blut nachweisbarer freier Viren nach einem Jahr deutlich gesunken ist, liegt daran, dass ein Großteil der nach der Infektion gebildeten Viren vom Immunsystem beseitigt wurde. Die restlichen Viren „schlummern" als Proviren versteckt in der DNA der Wirtszellen. Durch Aktivierung dieser Proviren steigt Jahre nach der Infektion die Zahl freier Viren im Blut kontinuierlich an. Begünstigt wird dieser Anstieg durch die gleichzeitig geringer werdende Anzahl der T-Helferzellen.
Konzentrationsänderungen der T-Helferzellen: Durch die Infektion mit dem HI-Virus ist die Konzentration der T-Helferzellen einige Wochen nach der Infektion leicht angestiegen. Ab diesem Zeitpunkt nimmt die Zahl der T-Helferzellen durch den Befall mit dem HI-Virus und die Zerstörung bei der Freisetzung neuer Viruspartikel kontinuierlich ab. Je größer die Zahl freier Viruspartikel, die neue Zellen befallen können, im Blut wird, desto geringer wird die Konzentration der T-Helferzellen.

2.2 *Erklären Sie, weshalb ein AIDS-Kranker an normalerweise harmlosen Infektionen sterben kann.*

Lösungshinweis: Machen Sie sich klar, dass durch das HI-Virus T-Helferzellen befallen und zerstört werden und welche zentrale Rolle diese in der Abwehr von Krankheitserregern spielen.

Sowohl für die Aktivierung der B-Lymphozyten (humorale Antwort) als auch der T-Lymphozyten (zelluläre Antwort) spielen die T-Helferzellen eine wesentliche Rolle. Sinkt die Zahl der T-Helferzellen unter einen bestimmten Wert, können diese spezifischen Immunantworten nicht mehr ausreichend eingeleitet werden. Der Patient wird nun anfällig für Lungenentzündungen, Hauttumore und andere sogenannte opportunistische Infektionen. Selbst normalerweise harmlose Krankheiten können zum Tod führen.

2.3 *Erklären Sie unter Berücksichtigung der beschriebenen Therapie, weshalb sechs Monate nach der Knochenmarktransplantation bei T. R. Brown keine HI-Viren mehr nachweisbar waren.*

Lösungshinweis: Die wesentlichen Informationen zur Beantwortung dieser Frage finden Sie im einleitenden Text. Lesen Sie sich diesen unbedingt nochmal durch.

Vor der Knochenmarktransplantation wurde das körpereigene Knochenmark des Patienten durch eine Chemotherapie komplett zerstört. Dadurch wurden keine Lymphozyten mit „normalen" CCR5-Membranproteinen mehr gebildet. Da das transplantierte Knochenmark von einem Spender stammte, der gegen das HI-Virus resistent war, trugen fortan alle vom Patienten gebildeten Leukozyten diese Resistenz in Form veränderter CCR5-Proteine. Die HI-Viren im Blut des Patienten waren nun nicht mehr in der Lage, die T-Helferzellen zu befallen und zu zerstören, bzw. sich in ihnen zu „verstecken". Das dadurch immer stärker werdende Immunsystem des Patienten war im Laufe von sechs Monaten in der Lage, die freien Viruspartikel durch eine spezifische humorale Immunantwort zu entfernen.

3   Geben Sie hierfür eine mögliche Erklärung.

Lösungshinweis: Das Fehlen von 137 Aminosäuren bei lediglich 32 Basenpaaren weniger ist nur damit zu erklären, dass die Protein-Synthese abbricht, bevor die gesamte mRNA translatiert wurde. Überlegen Sie sich, wodurch das möglich wird.

Dadurch, dass (32) Basenpaare fehlen, liegt eine Rastermutation vor. Die Verschiebung des Leserasters führt offensichtlich dazu, dass sich ein Stoppcodon bildet und die Translation so früh abbricht, dass im Vergleich zum „normalen" CCR5-Protein 137 Aminosäuren fehlen.

4.1   Erklären Sie das Funktionsprinzip der Gel-Elektrophorese.

Lösungshinweis: Die Gel-Elektrophorese gehört zu den wesentlichen Grundlagen der Gentechnik, die Sie auf jeden Fall beherrschen sollten (vgl. S. 50).

Die zu untersuchende DNA wird mit Restriktionsenzymen in unterschiedlich lange Stücke geschnitten. Die Proben der zu vergleichenden DNA werden in unterschiedliche Taschen eines in eine spezielle Kammer gegossenen Gels pipettiert und mit einer Pufferlösung bedeckt. Anschließend wird Gleichspannung angelegt. Die aufgrund der Phosphatgruppen negativ geladene DNA wandert durch das Gel zum Pluspol. Dabei wandern kurze DNA-Stücke schneller als längere. Es bilden sich verschiedene Banden jeweils gleichlanger DNA-Fragmente, die man färben und vergleichen kann.

4.2   Übertragen Sie Abbildung 1 ohne Legende in Ihre Reinschrift und ergänzen Sie die zu erwartenden Banden für die Proben des Knochenmarkspenders (a bis c) sowie von T. R. Brown (a bis c) sechs Monate nach der erfolgreichen Knochenmarktransplantation.
Begründen Sie die von Ihnen eingezeichneten Ergebnisse.

Lösungshinweis: Für die Lösung dieser Aufgabe ist es wichtig, dass Sie sich die Abbildung und ihre Legende genau anschauen. Es wird deutlich, dass T. R. Brown heterozygot bezüglich des ccr5-Allels ist. Damit ist auch klar, dass eine Resistenz durch ein verändertes Membranprotein CCR5 nur dann auftritt, wenn die betroffene Person – in diesem Fall der Spender – homozygot in Bezug auf das mutierte ccr5-Allel ist. Beachten Sie, dass bei einem homozygoten Spender die Banden streng genommen doppelt so dick sein müssen. Allerdings würde man Ihnen diesen „Fehler" nachsehen. Entscheidend ist die richtige Position der Banden.

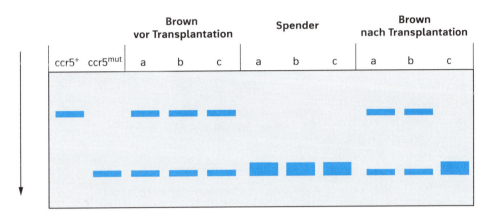

Begründung: Der Spender muss homozygot in Bezug auf das mutierte ccr5-Allel sein, ansonsten wäre T. R. Brown (heterozygot) schon vor der Transplantation resistent gewesen. Für alle drei Zelltypen gibt es daher beim Spender nur eine (doppelt so dicke) Bande auf der Höhe des ccr5^{mut}-Allels. Nach der Transplantation sind die weißen Blutzellen von T. R. Brown homozygot bezüglich ccr5^{mut}. Alle anderen Zellen unverändert heterozygot.

5   Erläutern sie, weshalb der Einsatz dieser Therapieform nur in seltenen Fällen möglich ist.

Lösungshinweis: Machen Sie sich klar, warum es so schwierig ist, bei Leukämie einen passenden Knochenmarkspender zu finden und warum es noch unwahrscheinlicher ist, damit gleichzeitig noch die HIV-Resistenz zu übertragen.

Um Leukämie mittels einer Knochenmarkspende heilen zu können, muss ein Spender gefunden werden, dessen Stammzellen zum Patienten „passen", damit es nach der Transplantation nicht zu autoimmunologischen Reaktionen kommt. Dafür müssen die Zellen des Spenders in ihrem MHC (*Major Histocompatibility Complex*, vgl. S. 66) denjenigen des Empfängers möglichst ähnlich sein, was nur selten der Fall ist. Die Wahrscheinlichkeit dann auch noch einen Spender zu finden, der ausgerechnet homozygot in Bezug auf das ccr5^{mut}-Allel, also resistent gegen HIV ist, ist noch viel geringer.

Zusatzinformation: Der MHC Komplex wird beim Menschen auch als HLA-System (humanes Leukozytenantigen-System) bezeichnet.

Aufgabe 3: Farbvarianten von Leguanen

Teil 1

Der Streifenleguan und der Taubleguan kommen in New Mexico jeweils in einer hellen und einer dunklen Farbvariante vor (Abbildung 1). In den Hautzellen der dunklen Farbvarianten wird mehr vom dunklen Farbstoff Melanin gebildet als bei der helleren Farbvariante. Die Bildung von Melanin wird durch das Melanocytenstimulierende Hormon (MSH) ausgelöst.

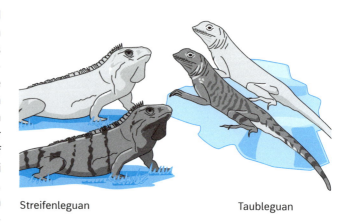

Streifenleguan   Taubleguan

Abbildung 1: Farbvarianten von Leguanen

MSH setzt an einem Membranprotein, dem Melanocortin-Rezeptor (MCR) an. Dieser verändert daraufhin seine Konformation, wodurch im Zellinneren ATP in cyklisches AMP (cAMP) umgewandelt wird. Die erhöhte cAMP-Konzentration setzt die mehrstufige Melanin-Synthese in Gang. Melanin wird letztendlich durch ein Enzym aus einer farblosen Vorstufe gebildet.

1.1 Fertigen Sie unter Berücksichtigung der Informationen des Textes eine beschriftete Skizze (Größe mindestens ½ Seite) einer Biomembran auf der Basis des Flüssig-Mosaik-Modells an, in der Melanocortin-Rezeptoren ohne und mit gebundenem MSH dargestellt sind. 3 VP

1.2 Beschreiben Sie zwei prinzipiell unterschiedliche Möglichkeiten, wie eine erhöhte cAMP-Konzentration in einer Zelle die Melaninbildung in Gang bringen kann. 3 VP

Teil 2

Die Melanocortin-Rezeptorproteine (MCR-Proteine) des Streifenleguans und Taubleguans bestehen aus 314 Aminosäuren. Das für die dunkle Färbung verantwortliche MCR ist bei beiden Arten identisch. Die MCR-Proteine der hellen Variante der Leguane unterscheiden sich in den Positionen 168 bzw. 170 (Tabelle 1). Diese Positionen liegen nicht an der MSH-Bindungsstelle.

Rezeptor-variante	MCR 1	MCR 2	MCR 3
Vorkommen	Streifen- und Taubleguan	Streifenleguan	Taubleguan
Aminosäure an Position 168	Val	Val	Ile
Aminosäure an Position 170	Thr	Ile	Thr
Intrazellulärer erzeugte cAMP-Konzentration	100 %	36 %	72 %
Färbung	dunkel	hell	hell

Tabelle 1: Vergleich der drei MCRVarianten

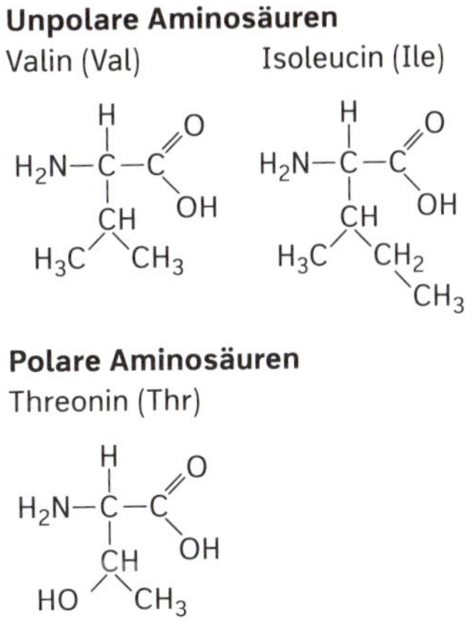

Unpolare Aminosäuren
Valin (Val)   Isoleucin (Ile)

Polare Aminosäuren
Threonin (Thr)

Abbildung 2: Aminosäuren

2   Beschreiben und erklären Sie die unterschiedlichen cAMP-Konzentrationen in den Zellen mit den Rezeptorvarianten (MCR 1, 2 und 3) mithilfe der Angaben in Tabelle 1 und Abbildung 2.   3 VP

Teil 3

In einem Nationalpark in New Mexico gibt es eine Wüstenlandschaft aus weißen Gipsdünen, die sogenannten White Sands, sowie Buschlandbereiche mit dunklerem Boden. In diesem Nationalpark wurde die Häufigkeit heller und dunkler Farbvarianten des Streifenleguans untersucht (Tabelle 2).

	White Sands	Buschland
Häufigkeit heller Tiere	89 %	1 %
Häufigkeit dunkler Tiere	11 %	99 %

Tabelle 2: Häufigkeit heller und dunkler Streifenleguane an verschiedenen Standorten

3   Erklären Sie, weshalb an beiden Standorten jeweils eine Fahrfarbvariante wesentlich häufiger vorkommt.
Geben Sie eine mögliche Erklärung, warum die seltene Variante nicht vollständig verschwindet.   3 VP

Teil 4

Im Nationalpark wurde untersucht, ob ein genetischer Austausch zwischen Taubleguanen unterschiedlicher Standorte stattfindet. Dazu wurden Individuen an fünf Standorten A bis E gefangen. Sieben Individuen stammen von Standorten in den White Sands (Standorte A und B mit den Individuen A_1 bis A_3, B_1 bis B_4) und acht aus dem

Buschland (Standorte C, D, E; Individuen C_1, C_2; D_1, D_2; E_1 bis E_4). Mithilfe von DNA-Sequenzen wurde ein Verwandtschaftsdiagramm erstellt (Abbildung 3).

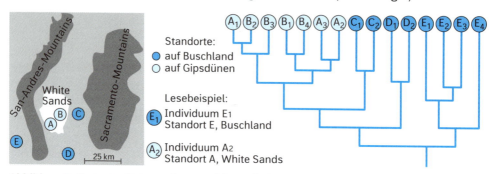

Abbildung 3: Karte des Untersuchungsgebiets mit den Standorten A bis E und Ergebnis der Verwandtschaftsanalyse von 15 Individuen dieser Standorte

4.1 Begründen Sie, warum mithilfe von DNA-Sequenzen ein Verwandtschaftsdiagramm erstellt werden kann.
2 VP

Wie das Verwandtschaftsdiagramm zeigt, sind Individuen von Standort A mit Individuen von Standard B näher verwandt als mit solchen des eigenen Standorts. A_1 ist z. B. enger verwandt mit B_2 als mit A_3. Im Gegensatz dazu sind die Individuen der anderen Standorte C, D und E untereinander immer enger verwandt.

4.2 Erläutern Sie mögliche Ursachen für den unterschiedlichen Verwandtschaftsgrad der Individuen an den Standorten A bis E.
3 VP

4.3 Leiten Sie aus dem Ergebnis der Verwandtschaftsanalyse und der Verbreitung der Populationen (Abbildung 3) eine begründete Vorhersage zu möglichen zukünftigen Artbildungsprozessen beim Taubleguan ab.

Lösungen

1.3 *Fertigen Sie unter Berücksichtigung der Informationen des Textes eine beschriftete Skizze (Größe mindestens ½ Seite) einer Biomembran auf der Basis des Flüssig-Mosaik-Modells an, in der MelanocortinRezeptoren ohne und mit gebundenem MSH dargestellt sind.*

Lösungshinweis: Bei dieser Aufgabe müssen Sie aufpassen, nichts zu vergessen. Sie sollen einerseits die typische Biomembran nach dem Flüssig-Mosaik-Modell zeichnen (vgl. S. 38), wie sie immer wieder in Aufgaben der vergangenen Jahre aufgetaucht ist. Gleichzeitig sollen Sie aber auch sämtliche Informationen aus dem einleitenden Text verarbeiten. Dem Text ist zu entnehmen, dass die Konformationsänderung des MCR die Umwandlung von ATP in cAMP ermöglicht. Wenn Sie das so zeichnen, ist die Aufgabe vollständig erfüllt. Tatsächlich ist der ganze Prozess komplexer, da u. a. G-Proteine und das Enzym Adenylatcyclase daran beteiligt sind.

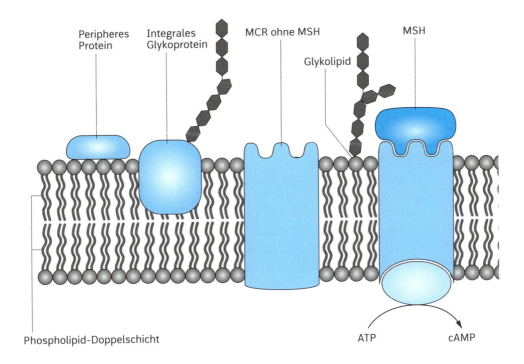

1.4 Beschreiben Sie zwei prinzipiell unterschiedliche Möglichkeiten, wie eine erhöhte cAMP-Konzentration in einer Zelle die Melaninbildung in Gang bringen kann.

Lösungshinweis: Hier sollen Sie sich zwei Wege überlegen, wie cAMP dazu beitragen kann Enzyme zu aktivieren, die aus einer farblosen Vorstufe Melanin bilden. Dazu könnte entweder das Enzym direkt aktiviert werden, oder auch seine Synthese. Hier sind verschiedene, in sich schlüssige Lösungen denkbar.

Möglichkeit 1: cAMP wirkt als allosterischer Effektor, indem es sich in das allosterische Zentrum des inaktiven Enzyms setzt, eine Konformationsänderung bewirkt und das Enzym so aktiviert.
Möglichkeit 2: cAMP bewirkt im Zellkern eine Genaktivierung, sodass das Gen für das benötigte Enzym transkribiert und das Enzym synthetisiert werden kann. Die Aktivierung könnte einerseits erfolgen, indem cAMP einen Transkriptionsfaktor aktiviert, also ein Protein, das der RNA-Polymerase ermöglicht mit der Translation zu starten. Oder aber, indem cAMP einen Repressor inaktiviert, der die Translation verhindert. Vergleichbar mit der Substratinduktion nach dem Operon-Modell (Jacob-Monod-Modell; vgl. S. 47 f).

2 Beschreiben und erklären Sie die unterschiedlichen cAMP-Konzentrationen in den Zellen mit den Rezeptorvarianten (MCR 1, 2 und 3) mithilfe der Angaben in Tabelle 1 und Abbildung 2.

Lösungshinweis: Achten Sie darauf, dass die Aufgabe zweigeteilt ist. Beschreiben Sie zunächst nur die jeweiligen Voraussetzungen die gegeben sind, damit es zu einer hohen oder niedrigen cAMP-Konzentration kommt. Nutzen Sie dazu die Informationen aus Tabelle 1. Anschließend müssen Sie eine mögliche Erklärung für die Konzentrationsunterschiede geben. Einen wichtigen Hinweis dazu liefert Abbildung 2.

Bei der Rezeptorvariante MCR 1 befindet sich an Position 168 die Aminosäure Valin, an Position 170 Threonin, was eine 100 % cAMPKonzentration zur Folge hat. Im MCR 2 befindet sich an Position 170 Isoleucin statt Threonin, was zu einer cAMP-Konzentration von lediglich 36 % führt. MCR 3 unterscheidet sich von MCR 1 an Position 168 (Isoleucin statt Valin), mit dem Effekt, dass eine cAMP-Konzentration von 72 % erreicht wird. Erklärung: In der Variante MCR 2 wurde eine polare Aminosäure (Thr) gegen eine unpolare (Ile) getauscht. Das hat offensichtlich so starke Auswirkungen auf die Tertiärstruktur des Rezeptorproteins, dass die MSH-Moleküle schlechter binden können und dadurch weniger cAMP im Zellinneren gebildet wird. In Variante MCR 3 wurde im Vergleich zu MCR 1 eine unpolara (Val) gegen eine andere unpolare (Ile) ausgetauscht, was geringere Auswirkungen auf die Tertiärstruktur zu haben scheint, da die Funktionsfähigkeit des Proteins weniger stark eingeschränkt ist, als bei MCR 2.

3 Erklären Sie, weshalb an beiden Standorten jeweils eine Fahrfarbvariante wesentlich häufiger vorkommt.
Geben Sie eine mögliche Erklärung, warum die seltene Variante nicht vollständig verschwindet.

Lösungshinweis: Der erste Teil der Aufgabe sollte sich relativ leicht beantworten lassen. Denken Sie beispielsweise an die hellen und dunklen Birkenspanner. Für den zweiten Teil sind mehrere logische Lösungen denkbar.

Dass in den White Sands die hellere Variante deutlich häufiger vorkommt (89 %) und im Buschland die dunklere (99 %) ist darauf zurückzuführen, dass die Tiere mit der jeweils „passenden" Farbe wesentlich besser auf dem Untergrund getarnt sind als die anderen. Der Selektionsdruck durch Fressfeinde ist auf die dunklen Tiere in den White Sands und die hellen im Buschland deutlich höher, als auf die jeweils andere Farbe. Die Tiere, die besser getarnt sind, haben einen höheren Fortpflanzungserfolg. Die unterschiedlichen Fortpflanzungsraten wirken sich auf den Genpool der jeweiligen Population aus, was letztlich zu der festgestellten Ungleichverteilung der Farbvarianten führt.
Für die Tatsache, dass die jeweils andere Farbvariante nicht komplett verschwunden ist, gibt es mehrere mögliche Erklärungen. So wird für die Tiere mit der „falschen" Farbe die Wahrscheinlichkeit, gefressen zu werden immer geringer, je weniger es gibt.

Außerdem ist es denkbar, dass durch Migration immer wieder Tiere von den White Sands ins Buschland wandern oder umgekehrt.

4.1 Begründen Sie, warum mithilfe von DNA-Sequenzen ein Verwandtschaftsdiagramm erstellt werden kann.

Lösungshinweis: Diese Aufgabe ist ganz allgemein gefasst und sollte sich daher leicht beantworten lassen. Achten Sie darauf, dass nicht gefragt ist, wie diese Verwandtschaft im Detail geprüft wird, sondern wie/warum sich aus den Ergebnissen ein Diagramm erstellen lässt.

Untersucht man vergleichbare DNA-Basensequenzen, beispielsweise mit der Sequenzierungsmethode von SANGER, kann man anhand der Anzahl durch Mutationen zustande gekommener Basenunterschiede den Verwandtschaftsgrad bestimmen. Gibt es nur wenige Unterschiede, haben seit der Abspaltung vom letzten gemeinsamen Vorfahren nur wenige Mutationen stattgefunden. Diese Abspaltung liegt also noch nicht so lange zurück, die beiden Individuen sind nah miteinander verwandt. Ist die Zahl der Mutationen höher, liegen viele Generationen zwischen den beiden Individuen und ihrem gemeinsamen Vorfahren. Sie sind entfernter miteinander verwandt.

4.2 Erläutern Sie mögliche Ursachen für den unterschiedlichen Verwandtschaftsgrad der Individuen an den Standorten A bis E.

Lösungshinweis: Machen Sie sich zunächst einmal anhand des Stammbaums in Abb. 3 klar, welche Besonderheiten es in den Verwandtschaftsbeziehungen der einzelnen Standorte gibt. Besonders sollten Sie auf die der Standorte A und B achten. Der Operator „erläutern" erfordert, dass Sie diese Besonderheiten unbedingt zunächst beschreiben, ehe Sie sie erklären. Finden Sie dann – auch mithilfe der Karte in Abb. 3 – eine mögliche Erklärung.

Betrachtet man den Stammbaum in Abbildung 3, erkennt man, dass die Individuen der Standorte C, D und E jeweils mit solchen ihres eigenen Standortes näher verwandt sind als mit Individuen anderer Standorte, was zunächst auch logisch erscheint. Anders verhält es sich mit den Individuen der Standorte A und B. So ist A_1 beispielsweise näher mit B_2 verwandt als mit A_2 und A_3.
Erklärung: Die Tatsache, dass die Verwandtschaft zwischen den Individuen des Standortes E und allen anderen die entfernteste ist, lässt sich mit der geografischen und damit auch genetischen Isolation der Population durch die San-Andres-Mountains erklären. Einen ähnlich isolierenden Effekt könnte die räumliche Distanz zwischen den Populationen C und D bewirken (laut Karte mind. 30 km). Die beiden Standorte A und B liegen hingegen sehr nah beieinander, was einen häufigen Genfluss und damit nahe Verwandtschaft zwischen den beiden Standorten begünstigt.

4.3 Leiten Sie aus dem Ergebnis der Verwandtschaftsanalyse und der Verbreitung der Populationen (Abbildung 3) eine begründete Vorhersage zu möglichen zukünftigen Artbildungsprozessen beim Taubleguan ab.

Lösungshinweis: Diese Aufgabe lässt sich mit den Grundlagen der Artbildung (vgl. S. 69 ff.) beantworten. Überlegen Sie sich für jeden einzelnen Standort eine Zukunftsprognose.

Standorte A und B: Aufgrund des regen Genflusses zwischen den Individuen ist nicht davon auszugehen, dass es zu einer Isolation der Genpools und damit zur Bildung unterschiedlicher Arten kommt.
Standort C: Die räumliche Distanz zwischen C und B scheint nicht groß genug zu sein, um zu einer Isolation und damit zur Bildung einer neuen Art zu führen. Ob allerdings die unterschiedlichen vorherrschenden Farbvarianten der beiden Standorte B und C auf lange Sicht zu einer ethologischen Isolation führen und damit eine sympatrischen Artbildung einleiten, ist schwer vorherzusagen.
Standort D: Auch hier ist eine Prognose schwierig, da aus den vorliegenden Informationen zu wenig über Standorttreue, Migrationsverhalten etc. der Taubleguane hervorgeht, um sagen zu können, ob der Standort so weit von den anderen entfernt ist, dass ein ausreichender Genfluss zwischen den Populationen nicht mehr gewährleistet ist.
Standort E: Aufgrund der geografischen Isolation durch die San-Andres-Mountains ist davon auszugehen, dass es auf lange Sicht gesehen zu einer allopatrischen Artbildung kommen wird. Auftretende Mutationen in der Population des Standortes E werden durch den fehlenden Genfluss nicht an die anderen Standorte weitergegeben. Bringen diese Mutationen einen Selektionsvorteil mit sich, der zu einer entsprechenden Veränderung des Genpools der Population E führt, werden sich die Individuen möglicherweise auf Dauer auch phänotypisch immer mehr unterscheiden. Eine zunehmende reproduktive Isolation wäre die Folge und der Grundstein für die Entstehung einer neuen (Unter-)Art gelegt.

3 VP

Aufgabe 4: Das Adrenogenitale Syndrom

Teil 1

Kaum auf der Welt, wird Neugeborenen bereits Blut abgenommen. Das mag keine schöne Begrüßung sein, ist aber sinnvoll, da das entnommenen Blut beim Neugeborenen-Screening dazu verwendet wird, den Säugling auf die häufigsten angeborenen Stoffwechselerkrankungen zu untersuchen, um diese gegebenenfalls sofort behandeln zu können.

Eine dieser Stoffwechselerkrankungen ist das Adrenogenitale Syndrom (AGS). Ursächlich für diese Erkrankung ist ein genetisch bedingter Defekt des Enzyms Hydroxylase I. Das intakte Enzym wandelt Progesteron durch Anfügen einer OH-Gruppe (Hydroxylierung) in Desoxycorticosteron um.

1.1 Beschreiben Sie zwei charakteristische Eigenschaften von Enzymen.   2 VP

1.2 Stellen Sie den Ablauf der durch Hydroxylase I katalysierten enzymatischen Reaktion in einer Abfolge beschrifteter Schemazeichnungen dar.   3 VP

1.3 Das Enzym Hydroxylase I kann neben der Hydroxylierung von Progesteron zu Desoxycorticosteron auch die Hydroxylierung von OH-Progesteron zu Desoxycortisol katalysieren.
Geben Sie eine mögliche Erklärung für diese Besonderheit.   2 VP

Teil 2

Von AGS betroffene Mädchen weisen schon bei der Geburt leicht „vermännlichte" äußere Geschlechtsorgane auf. Außerdem kommt es in Stresssituationen zu Störungen des Wasser- und Salzhaushalts, weil Natriumchlorid (NaCl) vermehrt über den Urin ausgeschieden wird. Betroffene haben zudem eine stark herabgesetzte Stressresistenz. Alle Symptome beruhen auf Störungen der Produktion der Nebennierenhormone.

Abbildung 1 zeigt den Syntheseweg für die Nebennierenhormone Aldosteron, Cortisol und Testosteron.

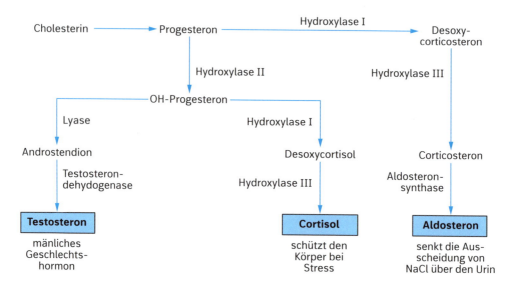

Abbildung 1: Synthesewege und Wirkungen (vereinfacht)

2 Erklären Sie anhand der Abbildung 1, wie es zu den drei geschilderten Symptomen bei AGS-Patienten kommt.
3 VP

Teil 3

Für das Hydroxylase-I-Gen sind verschiedene Mutationen bekannt, die zu unterschiedlich schweren Ausprägungen von AGS führen.
Abbildung 2 zeigt einander entsprechende Ausschnitte aus dem Hydroxylase-I-Gen.

nicht mutiert: 3'... GAC GCC GGG CAA CAC.....CCG ATG CTG TAG...5'
Mutation 1:   3'... GAC ACC GGG CAA CAC.....CCG ATG CTG TAG...5'
Mutation 2:   3'... GAC GCC GGG CAA CAC.....CCG ATC CTG TAG...5'

Abbildung 2: Ausschnitt aus dem nicht mutierten Hydroxylase-I-Gen eines gesunden Menschen und zwei homologe Ausschnitte mit AGS-auslösenden Mutationen

3 Ermitteln Sie mithilfe der Codesonne (siehe Seite 32) die Aminosäuresequenzen zu den in Abbildung 2 dargestellten DNA-Abschnitten.
Begründen Sie, welche der beiden Mutationen vermutlich zu einer schwereren Form von AGS führen wird.
3 VP

Teil 4

Beim Neugeborenen-Screening wird das Blutserum des Säuglings mithilfe eines immunologischen Nachweistests auf einen erhöhten OH-Progesteron-Wert (OHP-Wert) getestet, der ein Indikator für AGS ist. Dabei werden parallel zum Blutserum synthetisch hergestellte OH-Progesteron-Moleküle eingesetzt, an die das Enzym HRP gebunden ist (OHP/HRP). Der Ablauf des Nachweisverfahrens ist in Abbildung 3 schematisch dargestellt.

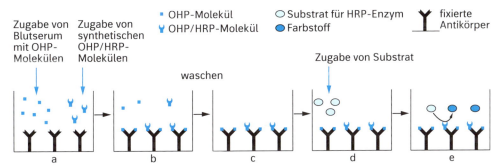

Abbildung 3: Schematusche Darstellung des Nachweisverfahrens für OHP

4.1 Beschreiben Sie die in Abbildung 3 dargestellten Prozesse.
Begründen Sie, weshalb ein erhöhter OHP-Wert ein Indikator für die Erkrankung AGS ist. 3 VP

4.2 Erläutern sie, unter welchen Versuchsbedingungen der obige Test Aussagen über die Konzentration von OHP im Blutserum erlaubt.
Erläutern Sie, welches Testergebnis bei einem Säugling mit AGS im Vergleich zu einem gesunden Säugling zu erwarten ist. 4 VP

Lösungen

1.1 Beschreiben Sie zwei charakteristische Eigenschaften von Enzymen.

Lösungshinweis: Mit den Grundlagen der Enzymatik sollten Sie eigentlich mehrere verschiedene Eigenschaften von Enzymen zur Auswahl haben. Achten Sie darauf, die zwei ausgewählten nicht nur zu nennen, sondern sie auch zu beschreiben.

- Enzyme sind substratspezifisch. Jedes Enzym hat ein Substrat, das nach dem Schlüssel-Schloss-Prinzip in das aktive Zentrum des Enzyms passt.
- Enzyme sind wirkungsspezifisch. Jedes Enzym katalysiert immer die gleiche chemische Reaktion, d. h. es entsteht immer das gleiche Produkt.

Hinweis: Statt der beiden genannten Eigenschaften könnten auch die pH-Abhängigkeit oder die Temperaturabhängigkeit von Enzymen beschrieben werden.

1.2 Stellen Sie den Ablauf der durch Hydroxylase I katalysierten enzymatischen Reaktion in einer Abfolge beschrifteter Schemazeichnungen dar.

Lösungshinweis: Alle für diese Aufgaben benötigten Informationen können Sie dem letzten Satz des einleitenden Textes entnehmen. Bitte beachten Sie, dass die auf das Progesteron zu übertragende OH-Gruppe von einem zweiten Substrat stammen muss, was im Text allerdings nicht erwähnt wird.

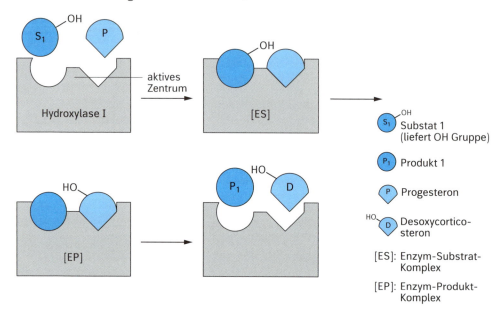

1.3 Das Enzym Hydroxylase I kann neben der Hydroxylierung von Progesteron zu Desoxycorticosteron auch die Hydroxylierung von OH-Progesteron zu Desoxycortisol katalysieren.
Geben Sie eine mögliche Erklärung für diese Besonderheit.

Lösungshinweis: Machen Sie sich zunächst klar, was daran die Besonderheit ist (Stichwort Substratspezifität) und finden Sie dann eine mögliche Erklärung.

Wie unter 1.1 beschrieben, sind Enzyme substratspezifisch, können also immer nur ein spezielles Substrat im aktiven Zentrum binden. Die Tatsache, dass die Hydroxylase I zwei verschiedene Prozesse katalysieren kann, widerspricht dem zunächst. Dafür gibt es zwei mögliche Erklärungen.

- Progesteron und OH-Progestereon, oder zumindest die Teile des Moleküls, die wie ein Schlüssel in das aktive Zentrum passen, sind von ihrer Struktur gleich oder so ähnlich, dass sich beide in das Enzym setzen können.
- Bei Hydroxylase I handelt es sich um einen Enzymkomplex (Quartärstruktur), der aus zwei Enzymuntereinheiten beteht, die je einen der beiden beschriebenen Vorgänge katalysieren.

2   Erklären Sie anhand der Abbildung 1, wie es zu den drei geschilderten Symptomen bei AGS-Patienten kommt.

Lösungshinweis: Alle benötigten Informationen können Sie dem Text und Abbildung 1 entnehmen. Machen Sie sich anhand des ersten einleitenden Textes nochmals klar, was ursächlich für AGS ist.

Da bei AGS das Enzym Hydroxylase I defekt ist, können alle Synthesewege, die von diesem Enzym katalysiert werden, nicht ablaufen. Die betroffenen Patientinnen können also kein Desoxycorticosteron und kein Desoxycortisol bilden. Ersteres bedingt, dass kein Aldosteron gebildet wird. Es kommt zu einer verstärkten Ausschüttung von NaCl über den Urin. Durch das fehlende Desoxycortisol leiden die Betroffenen unter einem Cortisolmangel, was die Stressresistenz herabsetzt, da Cortisol den Körper vor zu viel Stress schützt.
Das vorhandene Progesteron wird also lediglich zu OH-Progesteron umgewandelt (die Hydroxylase II ist funktionstüchtig). Der OH-Progesteron-Spiegel steigt. Da dieses OH nicht zu Desoxycortisol umgewandelt werden kann, kommt es – katalysiert durch Lyase – zu einer vermehrten Testosteronsynthese und in deren Folge zu einer „Vermännlichung" der Geschlechtsorgane.

3   Ermitteln Sie mithilfe der Codesonne (siehe Seite 32) die Aminosäuresequenzen zu den in Abbildung 2 dargestellten DNAAbschnitten.
Begründen Sie, welche der beiden Mutationen vermutlich zu einer schwereren Form von AGS führen wird.

Lösungshinweis: Der Umgang mit der Codesonne gehört zu den Grundlagen der Genetik und darf Ihnen keine Mühe bereiten. Achten Sie auf zwei Dinge:
1) Es ist ein Ausschnitt aus der DNA gegeben, Sie müssen also zuerst in die mRNA übersetzen, ehe Sie die Aminosäuren bestimmen. Machen Sie diesen Schritt nicht im Kopf, es passieren sonst zu leicht Fehler!
2) Da nur Gen-Ausschnitte gegeben sind, ist kein Startcodon zu erwarten. Je nach Mutation kann allerdings ein „verfrühtes" Stopp-Codon auftreten.

Nicht mutiert: mRNA: CUG CGG CCC GUU GUG … GGC UAC GAC AUC
                 AS-Sequenz: Leu – Arg – Pro – Val – Val … Gly – Tyr – Asp – Ile

Mutation 1:   mRNA: CUG UGG CCC GUU GUG … GGC UAC GAC AUC
                 AS-Sequenz: Leu – Tpr – Pro – Val – Val … Gly – Tyr – Asp – Ile

Mutation 2:   mRNA: CUG CGG CCC GUU GUG … GGC UAG GAC AUC
                 AS-Sequenz: Leu – Arg – Pro – Val – Val … Gly – Stopp

Mutation 1 unterscheidet sich in einer Aminosäure von der nicht mutierten Form (an „zweiter" Position Tpr statt Arg). In Mutation 2 führt die Punktmutation zu einem

Stoppcodon und damit zu einem verfrühten Kettenabbruch. Bei Mutation 1 handelt es sich also um eine Missens-Mutation, die mehr oder weniger starke Auswirkungen auf die Tertiärstruktur des Enzyms hat. Das Enzym kann u. U. dennoch arbeiten. Wenn die Mutation nicht das aktive Zentrum betrifft, arbeitet es möglicherweise sogar fast normal. Bei Mutation 2 handelt es sich um eine Nonsens-Mutation, da die AS-Kette zu früh abbricht. Es ist zu erwarten, dass das Enzym eine komplett andere Tertiärstruktur hat, oder je nach Position des Stopp-Codons diese gar nicht zustande kommt. Es ist davon auszugehen, dass das Enzym funktionslos ist. Mutation 2 wird also mit großer Wahrscheinlichkeit zu einer schwereren Form von AGS führen.

4.1 Beschreiben Sie die in Abbildung 3 dargestellten Prozesse.
Begründen Sie, weshalb ein erhöhter OHP-Wert ein Indikator für die Erkrankung AGS ist.

Lösungshinweis: Das dargestellte Nachweisverfahren entspricht im Wesentlichen dem ELISA-Test, der in den letzten Jahren mehr und mehr zum Standardwissen der schriftlichen Abiturprüfung wurde. Die Aufgabe lässt sich aber auch lösen, wenn Sie dieses Testverfahren noch nicht besprochen/gelernt haben. Schauen Sie sich Abbildung 3 in Ruhe an, sie enthält alle benötigten Schritte. Es wird (noch) nicht erwartet, dass Sie ein Testergebnis bewerten oder erklären können, wann der Test positiv oder negativ ausfällt. Das wird erst in Aufgabe 4.2 erwartet.
Achten Sie darauf, den zweiten Teil der Aufgabe nicht zu vergessen!

a) Das zu untersuchende Blutserum mit OHP wird zusammen mit synthetisch hergestellten OHP/HRP-Molekülen auf eine Testplatte gegeben. Auf dieser Testplatte sind spezifische (monoklonale) OH-PA-ntikörper fixiert.
b) OHP- und OHP/HPR-Moleküle binden (konkurrierend) an die Antikörper.
c) Überschüssige Moleküle werden durch Waschen entfernt.
d) Das Substrat für das HPR-Enzym wird zugegeben.
e) Die enzymatische Umwandlung des Substrates zum Farbstoff macht das Testergebnis sichtbar.

Aus Aufgabe 2 und Abbildung 1 geht hervor, dass bei einer Erkrankung an AGS der einzige funktionierende Syntheseweg der von Progesteron über OH-Progesteron (OHP) zu Testosteron ist. Die daran beteiligte Lyase wird mit der zu erwartenden Menge OHP überlastet sein und der OHP-Spiegel steigen. Ein erhöhter OHP-Wert ist also typisch für AGS-Patienten.

4.2 Erläutern sie, unter welchen Versuchsbedingungen der obige Test Aussagen über die Konzentration von OHP im Blutserum erlaubt.
Erläutern Sie, welches Testergebnis bei einem Säugling mit AGS im Vergleich zu einem gesunden Säugling zu erwarten ist.

Lösungshinweis: Machen Sie sich klar, unter welchen allgemeinen und spezifischen Versuchsbedingungen vergleichbare und damit aussagekräftige Ergebnisse zu erwarten sind. Denken Sie dabei beispielsweise an die Beeinflussung der Reaktionsgeschwindigkeit von Enzymen.
Für den zweiten Teil müssen Sie sich verdeutlichen, welchen Effekt es hat, wenn im Verhältnis deutlich mehr OHP-Moleküle zugegeben werden.

Damit der Test verwertbare Ergebnisse liefert, müssen einige Standardbedingungen eingehalten werden. So sollte der Test beispielsweise immer bei gleicher Temperatur und unter demselben pH-Wert durchgeführt werden, da beides die Reaktionsgeschwindigkeit der HPR-Enzyme beeinflusst. Darüber hinaus müssen immer gleiche Mengen Blutserum, OHP/HPR-Moleküle und Substrat zugegeben werden. Ebenso muss die Zeit, die man wartet ehe man die Intensität des Farbumschlages misst, definiert sein.

Die OHP-Moleküle aus dem Blut und die OHP/HPR-Moleküle konkurrieren um die Antigen-Bindungsstellen der Antikörper auf den Testplatten. Da die Menge der künstlichen Moleküle immer gleich bleibt, werden im Serum einer AGS-Patientin im Verhältnis deutlich mehr OHP-Moleküle sein. Dementsprechend werden mehr Antikörper von OHP-Molekülen besetzt als beim Serum eines gesunden Säuglings. Nach dem Waschen befinden sind im Testgefäß eines erkrankten Säuglings deutlich weniger OHP/HPR-Moleküle als in dem eines gesunden. Der Farbumschlag wird im Falle des kranken Säuglings aufgrund der geringeren Anzahl an Enzymen bei definierter Substratmenge und Zeit also deutlich schwächer ausfallen.

Hinweise zum mündlichen Abitur

Es gibt zwei Formen der mündlichen Prüfung: die **Präsentationsprüfung** im fünften, mündlichen Prüfungsfach und die **Zusatzprüfung** im schriftlichen Prüfungsfach.

Die Präsentationsprüfung

Sie stellen in Absprache mit Ihrem Fachlehrer eine Liste mit vier Prüfungsthemen zusammen, aus denen der Leiter des Fachausschusses ein Thema auswählt. Das Thema wird Ihnen etwa eine Woche vor der Prüfung mitgeteilt. Die vorgeschlagenen Themen sollten sich am Lehrplan orientieren, dürfen aber auch darüber hinausgehen.
Die Prüfung dauert 20 Minuten und gliedert sich in zwei Teile, die eigentliche **Präsentation** (10 Min.) und das **Prüfungsgespräch** (10 Min.)

Tipps zur Präsentationsprüfung

- Wählen Sie Ihre Themen mit Bedacht aus. Nicht jedes spannend klingende Thema ist für die Prüfung geeignet. Folgen Sie dem Rat des Fachlehrers.
- Überlegen Sie sich gut, welche Medien Sie zur Unterstützung einsetzen wollen. Weniger ist unter Umständen mehr. Achten Sie auf die benötigte Zeit!
- Lernen Sie nicht nur Ihren Vortrag. Machen Sie sich weiterführende Zusammenhänge klar, damit Sie im Prüfungsgespräch gewappnet sind.

Die zusätzliche mündliche Prüfung

Wenn Sie Ihre Note verbessern wollen, können Sie sich freiwillig für eine 20minütige zusätzliche mündliche Prüfung melden. Sie erhalten 20 Minuten Vorbereitungszeit, in denen Sie die von Ihrem Fachlehrer gestellten Fragen bearbeiten und Ihren Kurzvortrag vorbereiten. Die Aufgaben orientieren sich eng an den Themen der Kursstufe. In der Prüfung stellen Sie zunächst in einem Kurzvortrag (ca. 7 Min.) die Lösungen der Aufgaben vor. Das anschließende Prüfungsgespräch vertieft zunächst die angesprochenen Themen, hat im letzten Teil aber auch die Aufgabe zu prüfen, wie sicher Sie in anderen Lehrplanthemen sind.

Tipps zur Zusatzprüfung

- Nutzen Sie die Vorbereitungszeit auch, um Ihren Kurzvortrag zu gliedern.
- Bitten Sie Ihren Fachlehrer, Ihnen Overheadfolien und Stifte zur Verfügung zu stellen. Damit lassen sich Sachverhalte übersichtlich darstellen.
- Lassen Sie sich von Fragen nicht aus der Ruhe bringen, antworten Sie keinesfalls überhastet. Verdeutlichen Sie Antworten mit geeigneten Beispielen.

Stichwortverzeichnis

adaptive Radiation 71 f.
Adenylatcyclase 109 ff.
Aktionspotenzial 58, 165
aktiver Transport 38
Allergie 67, 115 ff.
allopatrische Artbildung 70, 131 ff.
Aminosäuren 40 ff., 91 ff., 144 ff.
Amniozentese 90 f.
Anforderungsbereiche 14
Antibiotika-Resistenz 51
Antikörper 63, 115 ff.
Antikörperklassen 64
Artbildung 69 ff., 131 ff.
Atavismen 73
ATP 39
Autoimmunerkrankung 68
Axon 56 f., 102 ff.
Basensequenz 97 f., 145
Biomembran 37 f., 115 ff., 176
BtMais 54
cAMP 109 ff., 176 f.
Chloroplast 36
Chromosomenmutation 46
Chylomikron 115 ff.
Code-Sonne 33, 90 f., 184
Cytochrom 76
Darwin 76
Denaturierung 41
Depolarisation 57
Dictyosomen 37
DNA 35, 40 f.
DNA-Hybridisierung 122 ff.
DNA-Vergleich 75 f.
ELISA-Test 115 ff., 185
Embryologie 73
Endknöpfchen 56
Endoplasmatisches Reticulum 37
Endproduktrepression 48
Enzyme 41 ff., 90 f., 183 f f.
Epigenetik 80 ff.
Erbkrankheit 90 f.

erregendes postsynaptisches Potenzial 60
Erregungsentstehung 57 f.
Erregungsleitung 57 f., 102 ff., 138 f.
Eucyte 35 f.
Evolution 68 ff.
Evolutionshinweise 71 f., 122 ff.
Evolutionstheorie 76, 122 ff.
Gel-Elektrophorese 50, 97 f.,171
Genaktivität 80 f.
Gendrift 69
genetischer Fingerabdruck 53, 97 f.
Genmutation 46
Genommutation 46
Gensonde 90 f.
Gentechnik 51 ff., 141
Gentherapie 54
Genwirkketten 47
grüne Gentechnik 53 f.
Hämoglobin 158
hemmendes postsynaptisches Potenzial 60
Histamin 116
HI-Virus 67, 170 ff.
Hominoide 77
Homologie 71, 73
humurale Immunantwort 64 f., 115 ff.
Hybridstränge 75
Hyperpolarisation 57
IgG 63
Immunabwehr 63
Immunbiologie 62 ff., 115 ff.
immunologisches Gedächtnis 65
Immunsystem 62 f.
Insulin 51
Ionenkanal 57
Isolation 69, 131 ff.
Kettenabbruchmethode nach SANGER 50
Klonen 54
Kompetenzbereiche 7

LAMARCK 76
Migration 69
Mitochondrium 36
Mikrovilli 164 f.
Mutagene 46
Mutationen 46 f., 69, 145, 184
Natrium-Kalium-Pumpe 39, 57
Netzhaut 61
Neurobiologie 55 ff.
Neuron 56, 102 ff.
Neurotransmitter 60
Nozizeptoren 102 ff.
Nukleotide 40
Ökosysteme 68
Operatoren 12
Operon-Modell 47, 80 f.
Osmose 38
Paläontologie 73
passiver Transport 38
PCR 49 f., 97 f.
Peptidbindung 41 ff.
Pheromone 165
Phospholipide 37
phylogenetischer Stammbaum 72 f.
Plasmid 51 ff., 158 ff.
postsynaptische Membran 60
Präimplantationsdiagnostik 55
präsynaptische Membran 60
Präzipitintest 75, 127
Primaten 74
Procyte 35
Prostaglandine 102 ff.
Proteine 40 ff.
Proteinbiosynthese 42 ff., 45, 80 f., 90 f.
Proteinvergleich 74 f.
Ranvierscher Schnürring 56
Reaktionsgeschwindigkeit-Temperatur-Regel 42
Refraktärzeit 58
Regulation der Genaktivität 47 f., 145
Replikation 42

Reiz 55 ff., 102 ff.
Reizaufnahme 61 f.
Replikation 42 ff.
Reproduktionsmedizin 54
Restiktionsenzyme 49
Retinal 62
Rhodopsin 62
Ribosomen 37
rote Gentechnik 54
Rudimente 73
Ruhepotenzial 57
Schmerzen 102 ff.
saltatorische Erregungsleitung 58
Schwellenpotenzial 60
Sehvorgang 61 ff.
Selbstdiagnosebogen 9
Selektion 69
Sequenzierung 50
Signaltransduktion 109 ff.
Sinneszelle 102 ff., 109 ff.
spezifische Immunabwehr 63 f.
Spleißen 45
Stäbchen 62
Stammbaumanalyse 122 ff.
Stammzellen 54
Stofftransport 37 ff.
Substratinduktion 48
Summation 61 f.
sympatrische Artbildung 70
Synapse 57 ff., 104 ff., 138
Synthetische Evolutionstheorie 152, 164
Systematik 68
Transkription 43 f., 147
Translation 44 f., 147
Transposons 147 f.
transspezifische Evolution 77
Vektoren 49
Zelle 35 ff., 80 f., 139, 152
Zellkern 36
Zellorganellen 36 f.
zelluläre Immunantwort 65 f.